Febrero 20/94
Rafael Mscobar

3527

El Secreto de Amar

El Secreto de Amar

JOSH McDOWELL

EDITORIAL BETANIA

Dedicatoria

A Jim y Doris Youd, mis suegros, con profundo cariño, respeto y aprecio por haber ejemplificado para sus hijos el secreto de amar y de ser amado. Mi familia y yo nos sentimos agradecidos por el beneficio que supone para el resto de nuestra vida su amor y ejemplo.

Prefacio

A menudo me preguntan: "¿No resulta duro para su matrimonio el que Josh viaje tanto?" O alguien insinúa: "¿No sufre la relación de ustedes debido al programa tan cargado de conferencias que tiene su esposo?"

Tengo que admitir que me gustaría que Josh estuviera en casa con más frecuencia; pero el contar con su presencia todas las noches no cambiaría la calidad de nuestro matrimonio. Josh demuestra vez tras vez, de innumerables maneras creativas, que los niños y yo somos su prioridad máxima, esté o no esté con nosotros. El saber y experimentar esto nos proporciona un profundo sentimiento de seguridad que no cambiaríamos por nada en el mundo; y es que Josh vive a diario lo que comparte en este libro acerca del amor, del matrimonio, del sexo y del cometido de padre.

Es cierto que una relación matrimonial excelente demanda esfuerzo. Desde el principio Josh ha rendido un 150 por ciento para hacer que nuestro matrimonio sea lo más emocionante que yo pueda imaginar; no es de extrañar, por lo tanto, que yo haya respondido encantada dándole también un 150 por ciento.

En este libro Josh comparte lo que tiene en el corazón y lo que ha aprendido en su búsqueda de lo que significa ser la persona adecuada como esposo o esposa. También suministra once claves para obtener una relación de amor maduro, las cuales sé que darán resultado en la vida del lector porque lo están dando en la nuestra.

—Dottie McDowell

Indice

SECCION I

¡EL SECRETO ES USTED!

Cómo ser la persona adecuada en una relación de amor

1

ALGO MAS

Cierta noche que me había quedado trabajando hasta tarde, mi concentración se vio interrumpida por la llamada insistente del teléfono.

—¿Es el señor McDowell?

Al otro lado de la línea, una joven obviamente deprimida apenas esperó a que yo contestara.

—Señor McDowell —dijo—, las últimas cinco noches me acosté con cinco hombres distintos; y hoy, una vez terminado todo, he permanecido sentada en la cama y me he preguntado: "¿Es esto todo?"

Luego, con la voz quebrada por el llanto, concluyó:

—Por favor, dígame que hay algo más. . .

—Sí que lo hay —le respondí—, se llama intimidad.

Tal vez, al igual que aquella joven, se esté usted preguntando: "¿Es esto todo?" Pensó haber encontrado una relación, y luego descubrió que la persona que había salido con usted lo único que buscaba era pasar una noche fuera. O quizá usted esté casada y anhela tener una cena íntima con su marido, pero lo único que logra sacar de él son unos pocos gruñidos mientras está viendo el partido de fútbol en la televisión. Puede ser también que ya esté usted separada o divorciada y que al mirar hacia atrás se diga: "¿Y eso es todo?"

Si ésta es la pregunta que usted se hace, sepa que no es el único. La búsqueda del amor verdadero es el tema de la mayoría de las canciones que tienen éxito, y forma la trama oculta de casi todas las películas. Constituye asimismo la vida de miles de novelas baratas de las que se nutren millones de personas. Hay campañas publicitarias alimentadas por cantidades ingentes de dinero que giran únicamente alrededor de nuestro deseo de intimidad. Tanto las comedias de situación como los folletines televisivos reflejan y reavivan nuestros sueños; y si usted quiere de veras triunfar como conferenciante, no tiene más que concebir un seminario acerca de las técnicas para tener éxito en el amor, el sexo y el matrimonio.

Cuando visito las universidades, estoy seguro de juntar una multitud si la propaganda anuncia "Cómo conseguir el mayor placer en las relaciones sexuales". Aunque al hablar a los jóvenes de las iglesias utilizo un tema menos provocativo, sé que cualquier charla sobre el sexo atraerá a mucha gente.

El hecho de que usted esté leyendo este libro demuestra que nuestra enorme preocupación por encontrar amor verdadero es en su mayor parte infructuosa. El amor real resulta cuando menos escurridizo. El doctor Leo Buscaglia, famoso columnista y autor de varios éxitos de librería, escribe lo siguiente: "Hemos dado la vuelta completa: dejando la familia, los valores morales, todo lo que es bueno. . . aquellas cosas que llamamos elementales, y probándolo todo: la promiscuidad sexual, los matrimonios múltiples. . . para encontrarnos con que todo ello nos ha dejado un sentimiento de soledad y vacío; de manera que ahora estamos comenzando a considerar de nuevo los valores antiguos y a reconocer que tal vez haya en ellos algo de verdad."[1]

El sexo no basta

Usted y yo sabemos que uno de esos valores antiguos es la intimidad. Al preguntar: "¿Preferiría usted los cariños a la relación sexual?", Ann Landers obtuvo una increíble respuesta. De las 90,000 personas de la encuesta, más de 64,000 dijeron: "Un abrazo cariñoso, o una suave caricia, es más importante que el coito."[2] Aunque no estoy convencido de que aquellos que respondieron preferirían en realidad una cosa a la otra, sus contestaciones expresaban claramente un anhelo de intimidad en la relación sexual.

¿Le han dado hoy algun abrazo? Entonces estará usted de acuerdo con el doctor Jerome Sherman, cuando dijo: "Siendo humanos, deseamos el cariño, la proximidad... Este es un deseo básico del hombre; la relación sexual en sí y de por sí es algo mecánico."[3]

Sin embargo, ¿resulta esto cierto también en los varones? ¿No se supone que éstos estén interesados principalmente en la actividad sexual?

La doctora Joyce Brothers, una sicóloga de renombre en los Estados Unidos, hablando acerca de los resultados de la encuesta de Ann Landers, reconoce: "Los resultados son precisos. Durante muchísimo tiempo —desde la era victoriana—, los hombres y las mujeres han tenido relaciones sexuales para conseguir caricias y abrazos cariñosos. Tenemos una inmensa hambre de caricias, y la relación sexual es la moneda que paga la gente para recibir afecto."[4]

¿No es verdad que sabemos muy poco en cuanto al amor y las relaciones sexuales? La tasa de divorcios no es sino un indicador de que todavía nos falta mucho para develar esos misterios; aun los especialistas en el tema lo reconocen.

"La ciencia apenas ha empezado a ocuparse de las cuestiones relativas al amor y a las aventuras amorosas", confiesa el doctor John Money, de la Universidad John Hopkins, un reconocido especialista en el campo de la sexología. "Resulta mucho más fácil hablar de las relaciones sexuales; pero lo que interesa realmente a las personas es el amor y las relaciones humanas."[5]

La libertad en bancarrota

Aconsejando a cientos de parejas, he descubierto que el problema mayor no es una represión victoriana; por el contrario, dichas parejas confiesan que la relación sexual ha perdido el gozo y la pasión. Este descubrimiento está respaldado por terapeutas sexuales como Rollo May, que en su libro *Love and Will* (Amor y voluntad) escribe:

Hoy en día los terapeutas raras veces entrevistan a pacientes que manifiestan represión sexual... De hecho, descubrimos exactamente lo opuesto en la gente que viene en busca de ayuda: mucha conversación acerca del sexo, mucha actividad sexual; prácticamente nadie se queja de prohibiciones culturales en lo referente a acostarse tan a menudo o con tantas personas como uno quiera. Pero de lo que sí se quejan nuestros pacientes es de una falta de sentimiento y de pasión. Lo curioso acerca de este fermento de discusión es cuán poco parece estar disfrutando todo el mundo de la emancipación. ¡Mucho sexo y muy poco significado, o incluso disfute, en el mismo![6]

La respuesta no está en las técnicas

Tampoco se encuentra la solución en una información más detallada acerca de la mecánica de la relación sexual o del control de la natalidad. Los terapeutas sexuales de renombre internacional William Masters y Virginia Johnson admiten que: "De todas las ideas recientes acerca del sexo que han recibido publicidad en estos últimos años, ninguna es tan dañina como la de que una relación sexual deficiente se puede *curar* aprendiendo cierta técnica de algun libro... de cualquier libro. El énfasis sobre la importancia de la técnica es característico de mucho de lo que hoy en día pasa por buen consejo. Sin embargo, en la cama nada bueno sucederá entre marido y mujer a menos que hayan estado pasando cosas buenas entre ellos antes de acostarse. Una buena técnica sexual no puede en modo alguno remediar una relación emocional deficiente. Para que un hombre y una mujer se deleiten el uno con el otro en la cama, ambos tienen que desear acostarse... juntos."[7]

Hoy día se necesita realmente la capacidad de devolver a las relaciones la pasión, el gozo y la intimidad duraderos; sin embargo, la mayoría de la gente está dispuesta a dedicar tiempo, energía y dinero a convertirse en una mejor pareja sexual, mientras descuidan el arte fundamental del interés, el amor y el compartir con el otro. Allí donde las nuevas técnicas fracasan, la responsabilidad y el compromiso, si se les dedica la misma cantidad de tiempo y de energía, restaurarán la intimidad y el gozo tan esenciales en el matrimonio.

El orden correcto

El matrimonio puede describirse como una "relación amorosa, matrimonial y sexual". Esto es únicamente poner en orden el proceso mediante el cual se desarrolla entre un hombre y una mujer una relación satisfactoria. A lo largo de todo este libro pondremos de relieve los valores y cualidades necesarios para obtener una relación y un matrimonio duraderos, de manera que usted pueda empezar a concentrar su atención en dichos valores y cualidades, en vez de en la destreza sexual. Esto lo ayudará a evitar muchos "atajos" tentadores pero sin salida en su esfuerzo por alcanzar el amor y la intimidad; y también a unirse a su pareja y adoptar los valores y las cualidades esenciales que hacen que uno eluda la trampa de la promiscuidad sexual —o si es casado, la del divorcio.

Este libro podría describirse como un proceso en dos etapas.

En primer lugar estudiaremos las cualidades propias de usted: lo que necesita ser para que sea la clase adecuada de persona debida en una relación de amor. Como usted ve, el secreto de amar es *ser la persona adecuada* para algún otro.

En la segunda parte de este libro examinaremos los atributos del amor verdadero, única fuerza que perdura en una relación. El secreto de amar, del matrimonio y de la relación sexual es un amor maduro manifestado en una relación de compromiso.

La tiranía del miedo

Creo que hay dos temores que impiden que mucha gente experimente la intimidad y el gozo de esta relación duradera: uno es el miedo de no ser nunca querido; el otro, el miedo de no poder amar jamás.

La razón primordial de que existan estos temores es el fracaso del amor que se ejemplifica en nuestros hogares. Los hábitos de amor verdadero no se desarrollan automáticamente, sino que los aprendemos observando modelos de comportamiento eficaces; y de un modo más especial, viendo la manera en que nuestros padres expresan su amor el uno por el otro día tras día.

La realidad es que, como dice el doctor Benjamín Spock, en los años de crecimiento "el amor resulta tan vital como las calorías". En su discurso de apertura de la conferencia sobre infancia y juventud de mitad de siglo, auspiciada por la Casa de gobierno, el doctor Spock insistió: "Esto no es una mera charla sentimental. Es un hecho el que los pequeños que han sufrido durante mucho tiempo la falta de compañía y de afecto. . . pueden languidecer física y espiritualmente. Estos pierden todo el gozo de hacer cosas y ver a personas. . . Tales tragedias son poco corrientes; pero demuestran que el amor resulta tan vital como las calorías."

Despues de dedicar mucho tiempo a trabajar con jóvenes que tenían problemas emocionales, el doctor Leo Buscaglia escribió que hay "gente que a esa edad tan temprana ya se ha rendido, por no haber experimentado en realidad ningún amor. No saben cómo compartir el amor, ni cómo darlo, ni tampoco cómo recibirlo. Si uno trata de llegar hasta ellos, gritan, patalean y le dicen:

—¡No me toque!" Y concluye expresando: "Se trata de una senda difícil, y algunos de ellos nunca vuelven."[8]

A menudo, estas personas crecen disminuidas emocionalmente: privadas de toda capacidad de recibir amor y de darlo —no pueden dar lo que no tienen. Por otra parte, cuanto más amor hemos recibido gratuitamente de nuestros padres, tanto más podemos permitirnos el compartir dicho amor con otros; pero primero tenemos que estar en el lado del que recibe.

También es importante que el niño crea, no sólo que "mis padres me aman", sino igualmente que "mis padres se aman el uno al otro"; ya que cuando a los pequeños les falta ver al amor ejemplificado en el hogar, crecen sin saber realmente cómo darlo o cómo recibirlo.

Muchos de nosotros hoy día hemos crecido sin ese instructivo ejemplo de nuestros padres, y como resultado de ello, consciente o inconscientemente tememos entrar en una relación tan íntima como el matrimonio. Si este ejemplo de amor faltó en su hogar, y usted nunca ha aprendido a amar, la idea de tener que querer a otro y vivir con él durante el resto de sus días, se convierte en algo imponente y terrible. A pesar de que anhele el calor y la intimidad que hay en una relación amorosa y profunda, con frecuencia ve que se retrae de dicha relación; tal vez incluso ponga pies en polvorosa cuando se encuentre ante una relación emocional que parece apuntar hacia el matrimonio.

Un estudiante expresó su miedo al amor de esta manera:

"Antes de hacerme cristiano sentía el temor de que jamás habría nadie que me amara; pero todavía más aterrador era el no saber si yo mismo sería capaz de amar a alguien algún día. . . Yo sabía que utilizaba a las personas. En todas mis relaciones había algunos motivos ocultos; y como resultado de ello jamás conseguía llegar a ningún grado de intimidad con nadie."

Y cierta jovencita de dieciséis años que vio mi programa especial de televisión *El secreto de amar y de ser amado*, formuló así sus temores: "Yo había determinado que jamás conocería el amor verdadero, y me creía incapaz de soportar una relación."

Hay esperanza

Aquel programa televisivo dio a esa chica una nueva esperanza; asi siguió diciendo: "Vi su programa, el cual me demostró que no era imposible que alguien llegara a amarme de veras." Esta es la esperanza que hemos incorporado a este libro: usted puede vencer el miedo y convertirse en un amante maduro, a pesar de su inadecuada preparación para el amor.

Incluso Leo Buscaglia emite una nota de esperanza: "La mayoría de nosotros —dice— tenemos otra oportunidad; de hecho, cada día presenta la posibilidad de una ocasión nueva."[9]

Sin embargo, este libro no solo le proporcionará una segunda oportunidad, sino que lo ayudará a sacar el mayor partido posible de la primera. Ya sea usted un joven estudiante de bachillerato o un adulto soltero, encontrará en este volumen instrucciones que lo ayuden a convertirse en la persona que desea ser: alguien capaz de dar y de recibir amor maduro. Aun si se había tragado usted la idea de que las relaciones sexuales eran el "superpegamento" que unía una relación duradera y ha llegado a quemarse en el empeño, hay esperanza para usted.

El material de este libro lo ayudará a contestar objetivamente a las preguntas: "¿Estoy personalmente listo para el matrimonio?" "¿Es nuestro amor lo suficientemente maduro para sustentar un matrimonio y una relación sexual satisfactorios y para toda la vida?" Si no ha comenzado usted formulándose estas preguntas, necesita hacerlo.

Si usted ya está casado, la investigación y las ideas que aquí se exponen lo ayudarán a comprender cómo puede desarrollar y mejorar diferentes áreas de su vida y de sus relaciones, para que le sea posible empezar a construir un matrimonio satisfactorio y verdaderamente íntimo.

Por último, si usted es un padre o una madre, o un consejero, pastor, maestro o alguien que trabaja con jóvenes o con personas solteras, estas verdades lo ayudarán a compartir con otros las cualidades y actitudes personales que son necesarias para disfrutar de un compromiso amoroso, matrimonial y sexual íntimo y duradero.

¿Está usted listo para emprender la aventura de su vida? Ahora mismo puede empezar a ser la persona adecuada para una vida de amor maduro.

Preguntas a considerar

- ¿Qué busca usted en una relación?
- ¿Qué es lo que puede proporcionarle una relación matrimonial duradera?
- ¿Qué temor le está impidiendo alcanzar la intimidad?

EN BUSCA DE LA PERSONA ADECUADA

¿Qué cualidades considera usted más importantes en el hombre de sus sueños? ¿Qué clase de persona cree usted que sería un buen amante?

Un estudio llevado a cabo recientemente por la revista *Family Journal* reveló que para muchas mujeres modernas la sensibilidad encabeza la lista de cualidades. El hombre "macho" es considerado en realidad por la mayoría de las mujeres que respondieron a una encuesta, como un riesgo que no vale la pena correrse.

Algunos de nosotros nos ponemos francamente exigentes cuando se trata de la persona que habrá de hacernos supuestamente felices. En una conferencia para personas solteras celebrada en Portland, Oregón, una mujer aparentemente próxima a los treinta años se me acercó y me dijo: —Señor McDowell, déjeme enseñarle cual es el de tipo de hombre con el que me quiero casar.

Luego, con un ademán desdobló una lista de 49 características que buscaba en un hombre.

—Señorita —le dije examinando su lista—, usted no quiere un marido, sino a Jesús.

Sin embargo, no son sólo las mujeres quienes hacen listas

de lo que están buscando. En la universidad de Washington se me acercó un estudiante de segundo año, quien abriendo de repente su diario, me dijo: —Permítame mostrarle el tipo de mujer con que deseo casarme.

De las catorce cualidades que había en su lista sólo recuerdo las de fidelidad y confiabilidad.

Esta vez hice un planteamiento distinto:

—Déjame formularte una pregunta —dije—: ¿Cuál es *tu* puntuación en esas catorce características?

—¿Qué quiere decir? —inquirió.

—Quiero decir si las cualidades que buscas en una esposa pueden encontrarse en tu propia vida.

Vi que lo había hecho pensar.

—Mira —continué—, en el matrimonio lo más importante no es encontrar la persona adecuada, sino ser la persona adecuada. Si quieres casarte con una reina tienes que ser un rey; y si deseas una buena amante, eso es lo que has de ser tú mismo.

Descubrir el secreto de amar es bastante parecido a estar buscando tus propios lentes y darte cuenta de que los tienes puestos; o tratar de encontrar tu llavero y ver que lo tienes en la mano. La mayoría de nosotros buscamos y buscamos a la persona adecuada, mientras que la clave está en ser la persona adecuada. Hay muchos por ahí fuera buscando, cuando lo que deberían estar haciendo es esforzarse para llegar a ser la clase adecuada de persona.

Pero ¿cómo podemos llegar a ser la persona adecuada? Primeramente resulta importante que reconozcamos que nuestra vida de amor siempre será un reflejo de las cualidades de nuestro carácter.

Usted se convierte en la medida

Cuando alguien comenta: "Por aquí no hay buenos hombres o mujeres", yo siempre respondo: "Tal vez el problema tenga que ver con usted, y no con una escasez de hombres o mujeres adecuados." Admito que ésta puede ser una medicina más bien fuerte para algunos; pero el hecho es que los buenos hombres y las buenas mujeres orientan sus pasos hacia otros buenos hombres y mujeres.

Reforzando esta afirmación, dos sociólogos —los doctores Evelyn Duvall y Reuben Hill— escriben:

¿Qué lleva usted consigo al matrimonio? ¿Un vestuario nuevo? ¿Unos ahorros en el banco? ¿Algunos muebles que ha heredado? ¿Uno o dos parientes a su cargo? ¿Un buen trabajo y perspectivas de ascenso? Sean cuales sean sus bienes o sus obligaciones, hay algo aún más importante que todo eso: usted mismo como persona, su forma de actuar con la gente y sus actitudes.

El tipo de matrimonio que uno consigue, depende de la clase de persona que es. Si se trata de un individuo feliz y bien ajustado, hay muchas probabilidades de que su matrimonio sea también feliz. Si hasta ahora usted ha llevado a cabo sus ajustes con más satisfacción que congoja, es muy posible que realice satisfactoriamente también sus ajustes matrimoniales y familiares. Si usted está descontento y amargado con la suerte que le ha tocado en la vida, necesitará cambiar, al objeto de poder vivir feliz de allí en adelante.[1]

Duvall y Hill terminan diciendo que se ha culpado de gran parte de la infelicidad en los matrimonios al hecho de haber escogido la pareja equivocada, a los problemas económicos, al mal ajuste sexual o a la religión; pero que en realidad dicha infelicidad proviene de lo que uno ha llevado consigo al matrimonio.[2]

Estos sociólogos subrayan la necesidad que hay de llegar al matrimonio "preparados para significarle mucho a la persona elegida. El éxito de su relación matrimonial —siguen diciendo— depende de si usted aporta a la unión el hábito de la felicidad y la capacidad de amar y ser amado. Estos atributos de una personalidad emocionalmente madura es la mejor dote que se puede llevar al matrimonio".

Esto mismo se recalca en el libro *Your Life Together* (Su vida juntos), de Elof Nelson. Allí se dice: "El éxito en el matrimonio supone mucho más que encontrar la persona adecuada. Es de una importancia aún mayor que uno mismo sea la persona debida. He descubierto que los jóvenes a quienes aconsejo, están buscando la pareja perfecta sin preocuparse demasiado acerca de la persona que se va a llevar su cónyuge."[3]

Si usted quiere casarse con alguien fuera de serie, usted mismo ha de ser uno fuera de serie; y el proceso para discernir las áreas personales que necesita mejorar es sencillo: haga una lista de las cualidades que busca en su cónyuge, y luego mídase por cada una de ellas.

El matrimonio no puede ser más que un compromiso de dar y recibir; usted debe estar dispuesto a dar aquello mismo que desea que le den. Como bien lo dijo un terapeuta: "Hay dos cosas que pueden hacer infeliz un matrimonio: ¡el hombre y la mujer!"

El merecimiento de lo que uno recibe

Recibimos lo que nos merecemos. Aunque un poco exagerada con objeto de subrayarla, la descripción[4] que hace el autor Bob Phillips del contraste entre lo que buscamos y lo que hallamos no es tan desatinada.

La esposa ideal lo que todo hombre espera

- Siempre guapa y alegre. Podría haberse casado con un astro de la pantalla, pero sólo le quería a usted. Sus cabellos jamás necesitan rulos ni salones de belleza.
- Una belleza que no se deshace cuando llueve. Jamás se pone enferma —únicamente es alérgica a las joyas y a los abrigos de pieles.
- Experta en cocinar, en limpiar la casa, en reparar el automóvil o el televisor, en pintar paredes y en estar callada.
- Sus pasatiempos favoritos son: cortar el césped y quitar la nieve de la entrada.
- Aborrece las tarjetas de crédito.
- Su expresión favorita es: "¿Qué puedo hacer por ti, querido?"
- Piensa que usted tiene el cerebro de Einstein y el aspecto de Míster Universo.
- Le gustaría que saliera usted con los amigos para así poder dedicarse un poco a la costura.
- Lo quiere a usted por lo 'sexy' que es.

Lo que recibe

- Habla 140 palabras por minuto con ráfagas de hasta 180.
- En cierta ocasión sirvió de modelo para un tótem.
- Comedora ligera —¡no hay más rápida que ella!

- Donde hay humo allí está ella. . . ¡cocinando!
- Le hace saber que usted sólo tiene dos faltas: todo cuanto dice y todo cuanto hace.
- Haga lo que les haga, sus cabellos parecen una explosión en una fábrica de virutas de acero.
- Si se pierde usted, abra la billetera que ella lo encontrará enseguida.

EL MARIDO IDEAL
Lo que toda mujer espera

Un brillante conversador.

Un hombre de gran sensibilidad: amable, comprensivo. . . verdaderamente amoroso.

Alguien muy trabajador.

Un hombre que ayuda en casa fregando los platos, limpiando los pisos y cuidando del jardín.

Ayuda a su esposa con la educación de los hijos.

Alguien con fortaleza emocional y física.

Inteligente como Einstein pero guapo como Julio Iglesias.

Lo que recibe

Siempre la lleva a los mejores restaurantes (algún día quizá incluso la haga entrar).

No tiene úlceras —las produce.

Siempre que tiene una idea la dice en cuatro palabras.

Se lo considera un trabajador prodigioso —supone un prodigio que trabaje.

Mantiene a su esposa como ella estaba acostumbrada —la deja que conserve su empleo.

Es tan aburrido que incluso la aburre hasta más no poder cuando le hace un cumplido.

Tiene momentos ocasionales de silencio que hacen brillante su conversación.

Como es natural usted ha captado la idea. La regla de oro para conseguir un matrimonio feliz podría formularse como sigue: "Desarrolla previamente tú mismo(a) las cualidades que deseas que tenga tu cónyuge."

El formar una relación matrimonial solícita, amante y satisfactoria lleva tiempo y esfuerzo —de hecho el proceso durará toda la vida. Simplemente se requiere un verdadero empeño para transformar los patrones de conducta egoísta adquiridos durante el noviazgo, en la clase de amor desinteresado que sustenta un buen matrimonio.

Mientras usted lee el siguiente capítulo, tenga presente dos preguntas: (1) ¿Qué tipo de persona debo ser yo?; y (2) ¿Qué cualidades necesito incorporar a mi vida para trabajar por un amor, un matrimonio y una relación sexual satisfactorios? Ciertamente el punto de partida es tener un buen concepto de sí mismo; veamos lo saludable que es el suyo.

Preguntas a considerar

- ¿Por qué piensa usted que es importante estar orgulloso de la persona amada?

3

UN AUTORRETRATO ADECUADO

¿Le ha enseñado usted alguna vez a alguien las fotos que lleva en su bolso o en su billetera? En la escuela para graduados, por ejemplo, las chicas con quienes salíamos eran un tema frecuente de conversación en el comedor. En aquel entonces yo estaba saliendo con una joven muy atractiva, de manera que abría de un golpe mi cartera y mostraba la foto de Connie. Todos los chicos prorrumpían en exclamaciones de admiración, y lo mismo me pasaba a mí.

Con frecuencia los padres, y algunas veces los abuelos, esperan con impaciencia que sus amigos les pregunten por las fotografías de sus hijos o nietos; y luego, con una velocidad asombrosa y un entusiasmo incontenible sacan todas las fotos que tienen.

Bueno. . . casi todas. Por lo general hay una fotografía que no quieren enseñar a nadie, y usted protege la suya con el mismo celo. Antes de que tenga la más mínima oportunidad de aparecer, se quita de la vista la foto del permiso de conducir. Este es el retrato más feo de uno mismo en cautividad y el más embarazoso que exista; y probablemente usted, al igual que yo, esté convencido de que el Estado hace todo lo que puede por sacarnos con las expresiones más avinagradas y menos halagüeñas posibles en el rostro.

Por traumático que eso resulte, todos llevamos encima otro retrato de nosotros mismos cuya importancia es mucho mayor que la de la foto de nuestro permiso de conducir: es lo que los sicólogos llaman la imagen propia —el retrato mental que tenemos de nosotros mismos. Esa imagen, por sí sola, determina a diario cómo nos vemos personalmente delante de otros.

Sería interesante que nuestra cara y nuestro cuerpo pudieran alterarse de alguna manera a fin de que los demás nos vieran del mismo modo que nosotros nos contemplamos en realidad a nosotros mismos. Con sólo pensarlo sentiríamos que nos invade un sudor frío; y sin embargo eso sucede realmente, ya que para cuando llegamos a la edad madura, nuestro rostro (y con frecuencia también nuestro cuerpo) son un reflejo sorprendente de la opinión que tenemos de nosotros mismos.

¿Quién cree usted que es?

A fin de preparar la escena para nuestra charla sobre la imagen propia, quisiera hacerle dos preguntas:

1. ¿Cuánto vale usted? No hablo en términos de dinero, sino ¿cuál es su valor como persona?

2. ¿Está usted contento y emocionado consigo mismo? ¿Se encuentra a gusto con su propia persona?

Las formas conscientes o inconscientes en las cuales usted contesta a diario estas preguntas, determinan lo que escoge, sus valores, sus respuestas y sus actitudes... fundamentalmente la manera en que vive su vida. Las opiniones que tenemos acerca de nosotros mismos afectan a todo lo que hacemos.

El doctor Robert C. Kolodney, del Instituto Masters y Johnson de San Luis, por ejemplo, refiere que menos del 10 por ciento de la terapia matrimonial se concentra en la parte física de la relación, a pesar de que esa es la razón por la cual las parejas van en busca de ayuda. El 90 por ciento de dicha terapia se ocupa de las áreas de la autoestima y de la comunicación interpersonal.[1]

Su imagen propia no sólo afecta a la forma en que usted se ve a sí mismo, sino también a cómo se relaciona con sus padres, sus amigos, su cónyuge y Dios. El escritor de Proverbios del Antiguo Testamento nos da una pista cuando en el capítulo 23, versículo 7, expresa: "Porque cual es su pensamiento en su corazón, tal es él." De modo que no es lo que uno dice o lo que aparenta exteriormente lo que determina sus acciones, sino que la actuación de la persona es motivada por el concepto que tiene de sí misma en lo más hondo —por cómo se siente básicamente.

Por lo general, los sicólogos hablan de la imagen propia "alta o baja, buena o mala" de las personas; yo prefiero denominarla "saludable" o "enfermiza". Pero sea cual sea la etiqueta que le pongamos, las cuestiones reales son: ¿Qué es una imagen propia saludable? ¿Cómo debemos vernos a nosotros mismos?

Si ha leído usted las cartas neotestamentarias del apóstol Pablo, estará de acuerdo en que él no se pone detrás de nadie, aunque al mismo tiempo escribe que el creyente "no tenga más alto concepto de sí que el que debe tener" (Romanos 12:3). Ahora bien, los cristianos muchas veces interpretan esto como que no deben tener un concepto alto de sí mismos. Pero eso no es lo que está diciendo Pablo en absoluto; él dice que no tengamos un concepto "más alto" del que debemos tener.

Entonces ¿qué concepto hemos de tener? Pablo lo aclara en el mismo versículo. Debemos pensar de nosotros mismos "con cordura"; o diciéndolo de un modo más sencillo: según la perspectiva de Dios, ni más ni menos. No más, para no caer en el orgullo; ni tampoco menos, para no ser falsamente humildes. De manera que si usted quiere pensar de sí mismo con cordura, necesita considerarse desde la perspectiva bíblica.

Deténgase un momento y analice los sentimientos y pensamientos que tiene en cuanto a su persona. ¿Por ejemplo, le gustaría mucho más ser algún otro individuo? En tal caso su perspectiva quizá necesite un cambio. A pesar de tantas limitaciones serias que tengo, no puedo sinceramente pensar en ninguna otra persona sobre la faz de la tierra la cual preferiría ser. Esto es una muestra de cómo me ha ayudado Dios a ver los valores positivos, los puntos fuertes, y las habilidades que El ha puesto en mí.

Vértigo espiritual

A fin de que cada uno de nosotros obtenga un autorretrato adecuado, necesitamos poner en práctica varios principios bíblicos. Para algunos ésta puede ser una idea nueva; pero *las cosas más ciertas acerca de usted son aquellas que Dios dice en su Palabra, la Biblia.* Sus propias emociones, su cultura o sus sentimientos no pueden dictar quién es usted, y si permite que lo hagan, se verá fácilmente extraviado. A veces me siento tan cerca de Dios que estoy seguro de no poder aproximarme más; en otras ocasiones, sin embargo, me veo tentado a creer a mis sentimientos negativos, los cuales me dicen que entre Dios y yo existe una gran distancia. Así me enfrento a la necesidad de decidir si debo creer a mis sentimientos o aceptar lo que la Biblia dice en cuanto a la realidad de Dios.

Cuando Jesús dice: "He aquí yo estoy con vosotros todos los días" (Mateo 28:20), o "No te desampararé, ni te dejaré" (Hebreos 13:5), prefiero creerlo a El en vez de a mis sentimientos.

Esto se parece mucho a un extraño fenómeno llamado vértigo que experimentan a veces los pilotos. Si un pequeño avión atraviesa una densa niebla o una capa espesa de nubes, o se ve atrapado en una fuerte tormenta que impide la visibilidad de toda referencia en cuanto al horizonte, el piloto puede, sin darse cuenta, inclinar mucho el aparato, y sin embargo *sentir* que está volando nivelado; pero la única forma de estar seguro de ello es observar su cuadro de mandos, que no miente.

Los cinco sentidos del piloto —lo que ve, lo que oye, lo que huele, lo que toca y lo que gusta— pueden estarle diciendo que todo va perfectamente bien; no obstante, si se trata de un piloto experimentado, sabrá que cabe la posibilidad de verse profundamente engañado y se esforzará por confiar en sus instrumentos, que son la única guía fiable en cuanto a la realidad definitiva. Los pilotos que dejan de ejercer esta disciplina, rara vez viven para disfrutar de una segunda oportunidad.

Cada día de mi vida cristiana experimento cierto tipo de "vértigo espiritual". Tal vez estoy falto de sueño o de ejercicio; o quizá alguien me ha ofendido y eso ha afectado a mis emociones, las cuales me guían hacia una conclusión o conducta determinada. Sin embargo, la Palabra de Dios me muestra otro rumbo a seguir; y es en ese momento cuando me encuentro en una crisis de elección: ¿A qué guía de la realidad debo creer?

Como en el caso del piloto, la indecisión puede ser fatal para mí y hacerme entrar en una montaña rusa de estados de ánimo espirituales. En un momento estoy arriba, y en el siguiente abajo. Pero cuando vuelvo en mí, y me comprometo con el principio de que lo más cierto en cuanto a mi persona es lo que Dios dice, entonces salgo de dicha montaña rusa y comienzo otra vez a crecer hacia la madurez en mi experiencia de Cristo.

¿Recuerda la última vez que estuvo haciendo un rompecabezas? La mejor forma de proceder es tomar como guía la ilustración que hay en la tapa de la caja. Me viene a la memoria un íntimo amigo mío, Dick Day, quien me habló acerca de cierto individuo que compró dos rompecabezas como regalo de cumpleaños para un familiar al que le encantaban los rompecabezas, y cambió las tapas de las cajas antes de envolverlos. ¿Puede usted imaginarse la frustración del otro? Sin embargo esa es la manera en que muchos cristianos de hoy están tratando de componer el rompecabezas de su vida: con la tapa equivocada como guía. La tapa de las emociones está puesta en el lugar donde debe encontrarse la Palabra de Dios, la Biblia. El resultado, como podría preverse, es claro: una vana frustración.

De manera que comprobemos nuestro cuadro de mandos; volvamos a mirar nuestra tapa espiritual; repasemos algunas de las cosas que Dios afirma acerca de nosotros.

¿Cuánto vale usted realmente?

¿Ha dicho usted alguna vez: "En realidad yo no cuento; podría desaparecer y nadie lo notaría ni se preocuparía"? La mayoría de la gente piensa cosas así en uno u otro momento; sin embargo, la Biblia revela que Dios nos mira de una forma bastante distinta. El le dice a usted en su Palabra que lo considera alguien muy especial, porque *lo ha creado a su imagen.*

En el comienzo mismo del Antiguo Testamento —Génesis 1— leemos que Dios dijo: "Hagamos al hombre a nuestra imagen"; y así lo hizo. Esa es la razón por la cual somos capaces de amar, de ejercer nuestra voluntad, de escoger y de tomar decisiones morales. La mayoría de nosotros no nos hemos parado a pensar lo especial que es esto en realidad.

Suponga, por ejemplo, que usted sale afuera y se pone junto a un árbol. Usted podría decir que en muchos aspectos tiene el mismo valor que dicho árbol, ya que tanto el árbol como usted fueron creados por Dios. Pero existe una diferencia crítica: Dios lo creó a su imagen, imagen que no otorgó a ningún otro ser de su creación.

Usted es especial también porque *Dios lo considera muy valioso y digno.* En 1 Corintios 6, Pablo dice que hemos sido comprados por un alto precio. El precio de compra o de rescate que uno está dispuesto a pagar por un objeto es lo que determina el valor o la dignidad de dicho objeto —nada más cierto de usted y de mí. Cuando alguien me pregunta si soy valioso, puedo contestarle objetivamente que valgo el precio que Dios pagó por mí: "Jesús".

Antes de ser cristiano, la comprensión de esto realmente me humillaba. Aunque yo hubiera sido la única persona viva, Jesús habría muerto igual por mí; o por usted en el caso de que hubiese sido usted el único que lo necesitara. En cierta ocasión, en Dallas, Texas, una joven me dijo: "Josh, yo creo que eso es cierto; pero también significa que yo habría sido la única presente para atravesar sus manos con los clavos para crucificarlo".

Sin duda alguna usted es alguien especial y de mucho valor. Esto lo subraya Jesús en Mateo 6:26. Allí se narra que sus seguidores tenían un problema: estaban preocupados por lo que habían de vestir, lo que habían de comer, lo que habían de beber y dónde habían de dormir; y Jesús escogió a los pájaros para ilustrar su enseñanza. El Señor explicó que las aves no siegan ni recogen en graneros, y sin embargo "vuestro Padre celestial las alimenta". ¿Ha visto usted alguna vez a un gorrión morirse de hambre? Luego Jesús remachó lo que era evidente: "¿No valéis vosotros mucho más que ellas?"

Me quedo asombrado de ver cuántos parecen pensar que no valen ni siquiera lo que vale un gorrión. Dios lo ha hecho a usted de gran valor; y la verdadera base para que tenga una imagen propia saludable es que comprenda y acepte el valor que El le ha dado.

Cuando sopese esta verdad, cuide bien de reconocer que dicho valor no se debe a ningún mérito de parte suya: su valor y su dignidad no dependen de lo que usted haya hecho, sino de lo que es Jesús y de lo que El ha realizado por usted. Las amorosas acciones de Cristo a su favor han demostrado y documentado para siempre el gran valor que Dios le atribuye.

¿Mejor que uno entre un millón?

Otra razón por la que usted es especial es porque *no hay nadie más como usted*. De los más de 5,000 millones de personas que viven ahora mismo en este planeta, ninguno es exactamente igual a usted; y si entre esos 5,000 millones sólo hay un *usted*, ¿por qué querría ser como otro? Aun así la mayoría de la gente pasa por la vida envidiando a otros: sus cosas, su físico, su pelo o sus talentos y habilidades. Usted debe empezar a concentrarse en el hecho de que Dios lo ha hecho único, y que, como dijo cierta persona: "Dios hace cosas que valen la pena."

Después de una de mis conferencias sobre la unicidad, cierto joven escribió una poesía titulada simplemente "Yo", en la que hacía esta profunda observación: "Si yo dedico todo mi tiempo a ser otro, ¿quién dedicará el suyo a ser yo?" Piense acerca de ello. Dios lo creó sólo a usted para que fuese usted, y nadie será mejor usted que usted mismo. Desde la eternidad pasada hasta la eternidad futura nunca ha habido ni habrá otra persona como usted; y cuando usted comprenda lo único que eso lo hace, podrá abandonar la práctica mortífera de compararse con otros.

A veces hay personas que me preguntan por qué no hago las cosas como Chuck Swindoll, o no enseño como John McArthur, o no hablo de la misma manera que Billy Graham. La respuesta, naturalmente, es sencilla: porque Dios no me creó para que fuese Chuck Swindoll, John McArthur, Billy Graham ni ningún otro. El me creó para que fuera yo; y a usted para que sea usted. Nuestra verdadera unicidad excluye por completo la necesidad de que compitamos el uno con el otro.

De manera que lo primero que Dios dice con respecto a usted es que es especial; y que tiene un gran valor porque El lo hizo a su imagen y usted es completamente único.

Recuerde quién le ama

Dígame ahora mismo: ¿Puede usted pensar en alguna persona que lo ama de veras? Aun si no puede hacerlo, recuerde que Dios dice que usted es alguien amado —y nosotros le tomamos la palabra.

La ciencia ha demostrado que un bebé al que se priva completamente de amor, abandona en realidad la voluntad de vivir y muere. Todos nosotros anhelamos ser amados por nuestros padres, por nuestros hijos, por nuestros amigos —en el trabajo y en nuestro vecindario.

No hace mucho el padre del ídolo del *rock* Marvin Gaye, mató a su hijo de un disparo. Los amigos del artista cuya música había alcanzado los primeros puestos en todas las listas de éxitos, dicen que Marvin habría podido tener todo cuanto hubiese querido; pero que pocos días antes de su muerte les había comentado que lo único con que siempre había deseado contar era con el amor de su padre.

Yo me crié en un pueblecito de Michigan sin saber en realidad cómo dar o recibir amor. Mi primer ejemplo en cuanto al amor no fueron mis padres. Ellos no se querían; meramente llevaban una existencia juntos. No recuerdo que mi padre abrazara jamás a mi madre... ni a mí tampoco.

Después de haber leído mi primer libro —*Evidencia que exige un veredicto*, muchos piensan que yo me convertí porque no podía refutar intelectualmente el cristianismo; pero lo que no sabe la mayoría de la gente es que Dios usó el desafío intelectual simplemente para abrir a su amor la puerta de mi corazón. El captó mi atención mediante la apologética —la sólida evidencia intelectual que respalda al cristianismo—, pero fue su amor lo que venció mi resistencia.

En el libro de Jeremías, Dios dice: "Con amor eterno te he amado; por tanto, te prolongué mi misericordia" (Jeremías 31:3). Fue el amor de Dios lo que hizo que me volviera a El: "Porque de tal manera amó Dios al mundo, que ha dado a su Hijo unigénito..." (Juan 3:16).

Pero puede que usted diga que eso está escrito en pretérito; ¿qué del presente? En el mismo libro, Jesús dice que el Padre nos ama —presente de indicativo; y en Romanos 8:38, 39 Pablo documenta el amor eterno de Dios en el futuro, a pesar de las pruebas y penalidades que tengamos que sufrir, al afirmar que nada puede separarnos de dicho amor de Dios.

Muchos no comprenden que Dios los amó aun antes de hacerse cristianos. Por Romanos 5:8 sabemos que incluso cuando éramos sus enemigos Dios nos amaba —aun siendo pecadores. Y si El nos amó estando en esa condición, ¿cuánto más no nos amará ahora que somos sus hijos adoptivos? La profundidad de su amor se revela en Juan 15:9, cuando Jesús dice: "Como el Padre me ha amado, así también yo os he amado; permaneced en mi amor."

Bill y Gloria Gaither escribieron una canción que he escuchado varias veces, titulada: *Soy amado*. Un día cierta frase de dicha canción pareció cobrar vida para mí: "Soy amado, soy amado —decía—. . . *Aquel que mejor me conoce es el que más me ama* (cursiva del autor)".[2] Y es cierto: el Salmo 139:4 revela que aun antes de que esté la palabra en mi boca, Dios ya la sabe. Sin embargo, este Dios que me conoce mejor que mi esposa o que ninguna otra persona en el mundo, que nos conoce a usted y a mí más que nadie, es quien más nos ama.

Mi esposa, Dottie, fue muy afortunada de criarse con el amor y la aceptación incondicionales de sus padres que ejemplificaban el amor incondicional de Dios. Según sus propias palabras: "Una de las razones por las cuales llegué a aceptarme a mí misma fue el hecho de que mis padres me amaran incondicionalmente. Yo sabía que me amaban, que me querían, que era su deleite y que estaban orgullosos de mí. Se jactaban de mí en la forma más sana, y deseaban impacientemente estar conmigo. Me apreciaban como la persona que era y nada más.

"Cuando una cuenta con personas que la aprecian y que piensan que es extraordinaria, haga lo que haga, eso es algo que la guía cuando está equivocada y la ayuda a crearse una buena imagen propia. Mis padres me apoyaron en mi unicidad; siempre me decían que me amaban hiciera lo que hiciese, sin importar, por ejemplo, lo buenas que fueran mis notas. Jamás he tenido la más mínima duda de que ellos me querrían siempre; ni la tengo ahora. No creo que nada que yo pueda hacer sea capaz de apagar su amor. Esa fue la clase de amor con que me crié."

Acepte su aceptación

Si alguna vez ha experimentado el rechazo, permítame asegurarle que *usted es* aceptado; de hecho es acepto "en el Amado".

Todos anhelamos que nos acepten tal y como somos —en la familia, en el trabajo o en la iglesia. En realidad gran parte de nuestra energía la gastamos tratando de ser aceptados. Para mí fue de mucha ayuda comprender que gracias a lo que Jesucristo ha hecho en la cruz al quitar el castigo de mis pecados, Dios puede aceptarme tal como soy. Si yo hubiese podido hacer algo para merecer su aceptación, entonces mi salvación no sería únicamente por la fe. Dios lo acepta a usted y me acepta a mí exactamente como somos, sólo por los maravillosos méritos de Jesucristo. Eso es algo que usted no puede mejorar.

Pero si usted es como yo era antes, le costará trabajo creer que Dios lo acepta verdaderamente. A pesar de que yo sabía que El me aceptaba gracias a la obra que Jesucristo realizó en la cruz a mi favor, yo no podía aceptarme a mí mismo; y si yo mismo no me aceptaba ¿cómo podía confiar en que otro lo hiciera? Dios, una esposa... cualquiera; todo el mundo me rechazaría también. Cuando uno no puede aceptarse a sí mismo, se forma inevitablemente un muro alrededor de su verdadero yo.

Sin embargo, descubrí que estaba siendo obstaculizado por dos ideas erróneas corrientes respecto a la aceptación que tal vez estén también saboteando su imagen propia. Una es que pensaba que debía *ser perfecto*; y no sólo eso, sino que creía que tenía que ser *el mejor*.

Ahora me parece absurdo; pero realmente me había propuesto alcanzar la perfección. Trataba con todo ahínco de ser un triunfador. En cierta ocasión planeé, minuto por minuto, mi vida entera y lo que pensaba realizar; ya que creía que la única manera segura de llegar a ser aceptado era demostrarme a mí mismo y a todos los demás que *era* alguien. En lo más íntimo de mi ser en realidad creía que no tuviera ningún valor intrínseco.

Espero que algo de lo que yo he experimentado puede ayudarlo a usted a verse más como Dios lo ve y a evitar los errores que yo he cometido, permítame hablarle de un modo muy personal.

Mucha gente se pregunta si la popularidad de mis libros y de mis películas, y el hecho de que he hablado a más estudiantes universitarios que ninguna otra persona en la actualidad, se me suben a veces a la cabeza. Lo cierto es que creo que no; y ello es debido a que estoy muy consciente de que es Dios quien está llevando a cabo todo eso a través de mí. Un vistazo a mi trasfondo revela enseguida por qué me considero la persona menos adecuada para hacer lo que estoy haciendo.

Gracia zurda

Mis padres nunca llegaron más allá del segundo grado de la escuela primaria. Yo, por mi parte, asistí a una pequeña escuela de Michigan donde nos enseñaban gramática; pero no aprendí dicha asignatura, ni de los maestros ni de mis padres. Mi lenguaje siguió siendo sumamente deficiente, y lo más cerca que llegué a aprender algo correctamente del habla fue con mi hermano Jim. El era dos años mayor que yo y un tipo listo; yo solía temer su regreso a casa de la Universidad de Michigan, porque cada vez que volvía, se ponía a corregirme la gramática. Mi miedo a abrir siquiera la boca cuando Jim estaba presente se hizo cada vez mayor.

Mi maestra de segundo grado de primaria trató de que dejara de ser zurdo, aunque aun hoy en día no me importa serlo. Además, las investigaciones han demostrado que uno usa el lado de su cerebro opuesto a la mano de que se sirve, lo que significa que los "zocatos" son los únicos "diestros".

No sé cómo tratan hoy día a los zurdos en las escuelas; pero por aquel entonces yo tenía que ir dos tardes por semana a un cuarto con aquella maestra para aprender a usar la mano derecha mientras mis amigos estaban en el patio jugando al béisbol y al baloncesto. Ella me daba diferentes trabajos que hacer o cosas que construir; y siempre que empezaba a utilizar la mano izquierda, alargaba una regla de treinta centímetros y... ¡ZAS! Como es natural, yo enseguida retiraba la mano.

La gente se ríe de eso, pero a consecuencia de aquel trato yo adquirí un problema de tartamudeo. Siempre que me sentía cansado, nervioso o asustado, empezaba a tartamudear. En cierta ocasión en la que tuve que ponerme en pie para recitar el discurso de Abraham Lincoln en Gettysburg, recuerdo haber estado allí balbuceando delante de la clase mientras la maestra profería una y otra vez: "¡Dilo! ¡Dilo!..."; hasta que por último rompí a llorar ante todos mis amigos y me escapé corriendo. Aquel fue un comienzo poco memorable para una vida de orador. Y la cosa no quedó allí, sino que se informó del suceso a todos los otros maestros.

El verdadero problema era que nadie me había dicho nunca que estaban tratando de ayudarme; y se me dejó creer que el ser zurdo demostraba la inferioridad de uno, o algo aún peor. Pero a pesar de aquella suposición, yo seguí determinado a no dejar que me cambiaran; y no lo hicieron.

Sin embargo, mis problemas de imagen propia no terminaron con la escuela primaria. En mi primer año en la universidad, cierto profesor de inglés estaba pasando lista y preguntó por un compañero. Yo solté abruptamente: —¡No se encuentra bueno!

En tono de burla, aquel profesor dijo inmediatamente: —¿No se encuentra *bien*, señor McDowell?

Creo que aquella fue la última vez que alcé la voz en clase.

De manera que ya ve usted por qué pienso que yo era el candidato menos recomendable para hacer lo que hago hoy día.

Cuando la doctora Hampton, mi consejera en el primer año de universidad, examinó mi historial, dijo: —Josh, tú eres claramente un estudiante que aprueba por los pelos; pero tienes algo que a mucha gente le falta.

—¿Qué es? —le pregunté—. Aceptaré ahora mismo cualquier cosa.

—Tienes determinación y empuje —contestó—; y eso puede llevarte más lejos de lo que alcanzará la mayoría de las personas. Si estás dispuesto a trabajar para conseguirlo, yo estoy dispuesta a ayudarte.

Eché mano de la oportunidad y pasé hora tras hora grabando cintas magnetofónicas para que ella pudiera escucharlas y corregir mi modo de hablar. Y aunque yo experimentaba una punzada de resentimiento cada vez que la doctora Hampton hacía esto último —algo así como un "quién se ha creído usted que es"—, yo sabía que me estaba ayudando; de manera que seguí en el empeño.

Mi sentimiento de poco valor se veía regularmente reforzado en mi propia iglesia, así como en la universidad y en los campamentos. La invitación a un compromiso con Cristo tenía más o menos esta forma: "Traigan sus habilidades, sus talentos, y entréguenselos a Jesús. El quiere tomarlos a ustedes y usarlos."

Yo jamás fui al frente; e incluso después de haber llegado a conocer a Jesucristo como mi Salvador y Señor, no creía que ese desafío se dirigiera a mí. Lo que pasaba era que yo no creía poseer ni habilidades ni talentos. Naturalmente, los tenía; pero como nos recuerda el libro de Proverbios: "Cual es su pensamiento en su corazón, tal es él." Yo pensaba no contar con nada a mi favor, y así vivía.

Nada que ofrecer a Dios

Durante el semestre de otoño de mi último año como pregraduado en la Universidad de Wheaton, escuché un mensaje del doctor Richard Halverson, ahora capellán del Senado de los Estados Unidos. A él le tocaba hablar la última noche de la Semana de énfasis espiritual, y el auditorio se encontraba lleno hasta los topes. Cuando llegó el momento de la invitación, yo me dije: "Otra vez con lo mismo". *Traigan sus talentos, sus habilidades y sus dones; pónganlos en el altar y digan: Dios, heme aquí, úsame.*

Cientos de estudiantes respondieron. Mientras, yo me quedé sentado preguntándome por qué tendría que soportar aquello una vez más. De repente, me puse en pie, allí mismo delante de todo el mundo, y salí disparado por la puerta lateral de la sala perdiéndome en el aire de la noche. No paré de correr hasta el dormitorio, y una vez allí intenté dormir, pero no pude. Luego saqué de la cama al capellán Walsh, sin provecho alguno. Llamé a la joven con quien estaba comprometido, pero ella tampoco pudo ayudarme.

Aproximadamente a las cuatro de la madrugada me encontraba andando por la calle West Union de Wheaton, Estado de Illinois, E.U.A. Una maravillosa luna llena otoñal —la luna llena de octubre— iluminaba la noche. Yo no podía soportarlo ya más, y simplemente clamé:

—¡Dios, ya tengo bastante!

No sé si mis palabras y mis actitudes fueron precisamente correctas; pero le dije: —Dios, no creo tener ningún talento ni habilidad; tartamudeo; mi gramática es mala; no puedo hacer ni esto ni aquello... Pero aquí están todas mis limitaciones y todos mis defectos; todas mis debilidades... Te las entrego. Si puedes tomarlas y glorificarte en ellas, te serviré el resto de mi vida con cada soplo de aliento que tenga.

Desde que hice aquella desesperada oración no he vuelto a ser el mismo, y he vivido en un nivel sobrenatural. Gracias a la presencia permanente de su Santo Espíritu en mi interior, Dios ha tomado de veras mis deficiencias y las ha convertido en mis mayores ventajas.

Demasiada gente siente compasión de sí misma por alguna área débil que tiene en su vida, y está convencida de que Dios no puede utilizarla por esa causa. Yo soy una prueba viviente de que El usa a personas imperfectas. Dios es más grande que nuestras limitaciones; y si los cristianos dejan de abatirse y de autocompadecerse y empiezan a ofrecerse sinceramente al Señor, descubrirán que Jesucristo los encuentra en el mismo sitio donde están y los transforma a su propia imagen.

Yo creo que cuando uno goza de una imagen propia sana y se ve a sí mismo como Dios lo ve —ni más ni menos—, puede hacer frente a sus limitaciones. Usted puede entregar sus limitaciones a Cristo y dejarlo que obre en ellas, e igualmente puede rendirle sus habilidades y talentos para que estas cosas no lo conduzcan al orgullo en su vida. No se necesita ser perfecto para tener una imagen propia saludable, sino solamente celebrar el que Dios lo haya hecho la persona única que es.

A menudo, cuando voy andando por ahí, me imagino que llevo un cartel en la espalda con las palabras: "Todavía en construcción." He aprendido a aceptarme a mí mismo sobre las mismas bases que Dios me acepta: por medio de Jesucristo y de su muerte en la cruz. A pesar de ser cristiano me llevó años comprender esto; pero una vez que vi que podía aceptarme a mí mismo, me sentí libre para aceptar también a otras personas como son —sin poner condiciones a nuestra relación.

Sabe usted, el amor de Dios es incondicional, y su aceptación también. El lo acepta a usted ahora mismo exactamente como es; por esa razón Juan escribió: "En esto consiste el amor: no en que nosotros hayamos amado a Dios, sino en que él nos amó a nosotros, y envió a su Hijo en propiciación por nuestros pecados" (1 Juan 4:10). Dios lo acepta porque El lo ha perdonado sobre la base de lo que Jesucristo hizo a favor de usted. Yo no creo ya aquella primera idea errónea de que para ser aceptable *tengo que ser perfecto.* Soy perfecto en Jesucristo, y no necesito más aceptación que esa.

¡Basta con hacerlo lo mejor posible!

La segunda idea errónea que me atormentaba referente a la autoaceptación era que necesitaba *ser el mejor* o de lo contrario no sería aceptable. Me encuentro con mucha gente que se cree en la necesidad de ser la mejor cocinera del mundo, el mejor hombre de negocios de todo el estado, o el mejor centro delantero de la liga de fútbol. Se ven impulsados por esto para aceptarse a sí mismos y sentirse aceptados por otros. El problema es, naturalmente, que si usted ha de ser el mejor en lo que hace para aceptarse, entonces un solo músico, un solo estudiante y un solo hombre de negocios en todo el país se aceptarían a sí mismos.

En cierta ocasión le preguntaron a un *pitcher* novato de la liga mayor de béisbol: —¿Qué te pasa?

—El primer bateador al que me he enfrentado hoy empezó a jugar con los Medias Rojas cuando yo estaba en cuarto grado. En el primer lanzamiento le mandé la pelota más difícil y rápida que haya lanzado en mi vida.

—¿Y qué sucedió?

—¡Le escupió al pasar!

Aquel novato estaba en un aprieto. Su imagen propia dependía de la posición que ocupaba. En las ligas menores había sido alguien importante, y los bateadores lo consideraban un *pitcher* duro de batir. Sin embargo, un repentino cambio de uniformes, y el paso de la liga menor a la mayor, habían hecho que su temible lanzamiento se desvaneciera y junto con él su imagen propia.

Si vamos a vivir de esa forma (y la mayoría de nosotros así lo hacemos), nos veremos en la necesidad de ser los mejores en todo, en cada momento, para poder sentirnos satisfechos de nosotros mismos. Y aunque todos nosotros somos buenos en algunas áreas, en otras no damos la medida; de manera que si dependemos de nuestra posición, tenemos que luchar inevitablemente con nuestra imagen propia.

¿Podría ser esta la forma en que Dios quiere que vivamos? ¡Claro que no! El apóstol Pablo dice: "Cada uno esté seguro de que actúa correctamente..." ¿Por qué? "... porque sentirá la satisfacción del deber cumplido sin tener que andar comparándose con nadie" (Gálatas 6:4, La Biblia al Día). El amor que Dios nos tiene y su aceptación de nosotros no requieren unas circunstancias especiales, y esa es la perspectiva que El quiere que tengamos de nosotros mismos.

Si voy a hablar en una conferencia y utilizo lo mejor que sé ("correctamente") los talentos y habilidades que Dios me ha dado por medio del poder de su Santo Espíritu, no me importa que haya otros cincuenta oradores que sean mejores que yo. Puedo volver a la habitación del hotel, mirarme al espejo, y decir: "McDowell, ¡eres magnífico! ¡Me gustas! ¡Has tomado lo que te ha sido otorgado y has hecho con ello lo mejor que sabías para la gloria de Dios!" Si uno tiene una imagen propia sana, puede hacer eso. Cuando no estoy satisfecho conmigo mismo es porque no he hecho mi mejor esfuerzo con las cosas que son importantes.

Pero ¿cuál es nuestro patrón de medida para determinar lo que es importante? ¿Es lo que Dios considera importante? ¿O su propia familia, sus amigos o usted mismo? No debemos olvidar que hay muchas situaciones en la vida en las cuales no importa tanto que hagamos las cosas lo mejor que podamos. Algunas personas querrán hacer lo mejor posible al cocinar, y me parece bien, especialmente cuando me han invitado a cenar a mí; pero si se esfuerzan al máximo en cada desayuno, cada almuerzo, cada cena y cada aperitivo, no tardarán mucho en "quemarse" en cuanto al cocinar. Debemos esforzarnos al máximo sólo en aquello que lo exige de veras.

El recordar que Dios *me ama tal y como soy*, me ayudó a aceptar esto. Cuando vine a Jesucristo y creí en El como mi Salvador y Señor, me di cuenta por una enseñanza bíblica clara de que Dios me amaba y me aceptaba exactamente tal cual yo era; El me aceptaba con todas mis deficiencias y mis faltas. Resulta lógico entonces que éste sea también el fundamento para aceptarme yo a mí mismo.

Cuando usted simplemente *hace* simplemente las cosas lo mejor que puede, no compite con nadie y tiene libertad para apreciarse a sí mismo como Dios lo hizo. En las *Cartas de un diablo a su sobrino*, C. S. Lewis dice que Dios quiere que el hombre "finalmente, esté tan libre de toda inclinación a su propio favor, que pueda regocijarse de los talentos que tiene de un modo tan franco y tan agradecido como si fueran de su vecino —o como en una salida de sol, en un elefante o en una cascada. El desea que, con el tiempo, cada hombre sea capaz de reconocer a todas las criaturas (incluso a sí mismo) como cosas gloriosas y excelentes."[3]

La comprensión de esto también me abrió la puerta para aceptar a otros. Ya no necesito juzgarlos sobre la base de su actuación, ni tienen que demostrarme nada; los acepto del mismo modo que Dios me acepta a mí. Puesto que me es posible aceptarme a mí mismo, Josh McDowell, tal y como soy, puedo también confiar en que mi esposa, Dottie, me acepte de la misma manera; así que puedo abrirme a ella y ser verdaderamente libre en mi conversación y mis acciones.

Amar de veras

Otra forma de tener una imagen propia saludable —de verse como Dios lo ve— es ser un conducto de amor. Una de las mayores necesidades en la iglesia de hoy es que los creyentes manifiesten el amor divino los unos hacia los otros y para con el mundo que los rodea.

En cierta ocasión sostuve un debate televisivo de tres horas y media con el cofundador de la revista *Playboy,* un ético de situación que no creía que existía el bien ni el mal, sino que en cada caso las circunstancias dictan lo que se ha de hacer. En otras palabras, que antes de entrar en una determinada situación no hay ni bien ni mal, pero una vez que estamos en ella tenemos que hacer "lo que dicte el amor —aquello que parece correcto".

Los seguidores de esta filosofía citan Romanos 13:8, que dice: "No debáis a nadie nada, sino el amaros unos a otros; porque el que ama al prójimo, ha cumplido la ley." Sin embargo, jamás continúan con el versículo 9, donde Pablo expresa: "No matarás, no hurtarás. . . no codiciarás. . ."

¿Qué significa esto? Pues significa que el Dios de amor nos ha dado mandamientos, diversas amonestaciones a lo largo de toda la Biblia, a fin de que nuestras acciones amorosas tengan un sólido contenido; de manera que cuando dice: "Amaos los unos a los otros", puedo saber qué es lo que el amor me exige hacer. Si usted ama realmente a alguien, no lo matará ni le robará.

Cuando alguien me explica: "Bueno, tal persona me dijo que si realmente la amara, tendría con ella relaciones sexuales", y cuando ello sucede fuera del compromiso del matrimonio, puedo contestar honestamente que si uno ama a dicha persona, no lo hará; eso no sería amar con amor verdadero. Dios no nos ordenó que usted y yo nos amásemos el uno al otro, dejando luego que de un modo arbitrario inventáramos nosotros mismos definiciones del amor convenientes para cada situación; sino que El ha dado contenido a dicho amor. Dios definió para nosotros lo que era amar en 1 Corintios 13, los Diez Mandamientos (Exodo 20), y a lo largo de 'toda la Biblia.

Uno de los ejemplos más memorables con que me he topado, de alguien que fue un conducto de amor gracias a su seguro sentido de identidad propia, es el de una azafata de la compañía Eastern Airlines.

En los últimos dieciocho años he realizado casi 5,000 vuelos en avión, de manera que he experimentado poco más o menos todo lo que pueda experimentarse en esos viajes. Sin embargo, jamás había visto lo que presencié en un vuelo de Atlanta a Chicago. Mientras pasaba una vez más por la primera clase hacia atrás en dirección al "vagón del ganado", pude ver a una azafata que recibía a cada pasajero con una gran sonrisa y una docena de rosas en las manos.

"¡Qué raro!" pensé; y como no soy ningún retraído, le dije mientras pasaba por su lado:

—¡Vaya, su novio le ha regalado unas flores!

—No, —contestó.

—¿Entonces quién?

—¡Me las he regalado yo!

¿Verdad que es extraño? Yo no supe qué decir; de modo que busqué mi asiento y me senté.

Sin embargo, no podía dejar de pensar en lo que había dicho aquella azafata; y tanto me intrigaba, que antes de que el avión se retirase de la terminal aérea, volví y me presenté a ella.

Al descubrir que era cristiana, le pregunté:

—¿Podría hacerle una pregunta muy personal? ¿Por qué se compró una docena de rosas?

—Porque me agrada mi persona —contestó.

¡Imagínese, estaba contenta consigo misma y por lo tanto fue y se compró una docena de rosas!

La elocuencia de las flores

Ahora déjeme preguntarle: ¿Se ha comprado alguna vez una docena de rosas?

Durante todos estos años yo he pasado unas cuantas noches solitarias lejos del hogar, de mi esposa, de mis dos hijas y de mi hijo. Para un conferenciante de la Cruzada Estudiantil y Profesional para Cristo probablemente la noche más solitaria del año sea la de fin de año. Yo me voy de casa el día de Navidad por la noche, o a la mañana siguiente, y viajo por todos los Estados Unidos hablando en diversas conferencias navideñas. Hablo durante todo el día y me traslado de un lugar a otro por la noche; finalizando por lo general la tarde de la víspera de Año Nuevo en San José, California, E.U.A.

Trece de los últimos catorce años, después de haber terminado mi recorrido, he volado hasta el aeropuerto John Wayne, en el condado de Orange, al sur de Los Angeles, donde alguien me ha recogido para llevarme al mismo motel junto a la playa en que me hospedo siempre. Mi esposa y mis hijos están en Boston con los padres de ella, mientras yo, física, emocional y espiritualmente agotado, descanso.

Hace algunos años, tras finalizar una vez más mi gira de conferencias, Don Stewart —quien ha escrito varios libros conmigo— me recogió con su pequeño Honda *Civic* en el Aeropuerto John Wayne, y juntos tomamos la autopista. Justo al entrar en Laguna Beach, pasamos al lado de un camión con la plataforma cargada de flores. Le pedí a Don que se detuviera, y él se detuvo —en el medio mismo de la carretera. Entonces le pedí que se arrimara junto al borde. Luego salí, me dirigí al camión y compré cinco docenas de flores.

¿Ha intentado usted alguna vez entrar en un Honda *Civic* con cinco docenas de flores? No es fácil; sobre todo si nadie le abre la puerta a uno. Me quedé allí parado con todas las flores, y lo único que hizo Don fue mirarme sin decir ni una palabra. Más tarde me confesó que había pensado: "Aquí tenemos a Josh

McDowell, del personal de la Cruzada Estudiantil y Profesional para Cristo y conferenciante cristiano, que deja a su mujer en Boston y el día de la víspera de Año Nuevo se va a una habitación de hotel con cinco docenas de flores... ¡Buen material para murmuraciones!"

Durante un rato Don no dijo nada; pero luego, mientras íbamos por la carretera que bordea la costa del Pacífico, por fin soltó:

—¿Para qué has comprado las flores?

Tuve ganas de responderle: "Eso no te importa" pero no lo hice; sino que le contesté que estaba cansado y que cuando me encuentro así, al diablo le gusta trabajar en mi vida, le gusta desanimarme, hacerme que quite los ojos de Dios y de las victorias y que los ponga en los problemas.

—Don —seguí diciendo—, voy a pasar aquí cuatro días y pondré estas flores por toda la habitación: una docena en la galería, otra encima del televisor, otra en la mesa cerca de la cama... Y cada vez que mire a una de esas docenas de flores, será como si Dios me dijera: "Te amo, Josh; te acepto, Josh; te perdono, Josh; Josh, como el Padre me ha amado, así también yo te he amado; ¡eres especial, Josh!" Por medio de cada docena de flores, Dios estará expresando: "Eres muy valioso, Josh; yo te he creado a mi imagen... eres único."

¿Sabe una cosa? Desde aquella noche de fin de año las flores no han tenido el mismo sentido para mí.

Así que le pregunto otra vez: ¿Se ha comprado una docena de rosas? Para conocer el secreto de amar —para tener una máxima expresión en la relación amorosa, matrimonial y sexual— usted tiene que ser la persona adecuada; y el primer requisito para ello es poseer una imagen propia saludable. ¡Se puede conseguir! La auténtica imagen propia que Dios creó para usted es suya si está dispuesto a creerla y a recibirla.

Preguntas a considerar

- ¿Qué le gusta a usted de la persona que Dios lo hizo?
- ¿De qué forma es usted único?
- ¿Cómo sabe que Dios lo ha aceptado?
- ¿Que puede hacer usted hoy o mañana para ser un conducto de amor?

MANTENGA LA COMUNICACION ABIERTA

¿Se ha detenido usted a pensar alguna vez en qué aporta a una relación como consecuencia natural de la persona que es? ¿Qué fue lo que trajo su pareja a dicha relación?

Cuando dos individuos entran en una relación, y especialmente en el compromiso del matrimonio, cada uno lleva consigo a la misma un trasfondo, una cultura y un estilo de comunicación particulares. Dos historias personales, dos estilos de vida y dos catálogos de experiencia distintos se mezclan para formar una sola unidad. A menos que ambos cónyuges tengan grandes dotes de comunicación y sean capaces de comprender a su pareja, nunca alcanzarán una intimidad satisfactoria: la capacidad de comunicarse en unos niveles significativos representa uno de los requisitos más fundamentales para ser la persona adecuada.

La incapacidad de comunicar es una de las quejas más corrientes que escuchan hoy día tanto los sicólogos como los terapeutas matrimoniales de las parejas. En una encuesta realizada a 730 consejeros matrimoniales de profesión, una abrumadora mayoría de éstos informaron que el problema marital que trataban con más frecuencia era el del "colapso de la comunicación".[1]

La revista *Ladies Home Journal* hizo una encuesta a más de 30,000 mujeres y sólo un problema quedó por encima de los conflictos a causa del dinero en las contestaciones de éstas: "la comunicación deficiente". La investigadora Terri Schultz escribe que "aunque muchas mujeres escogieron a sus parejas sobre la base del atractivo sexual, los estudios demuestran que en caso de tenerlo que hacer de nuevo, considerarían mucho más importante la capacidad de comunicar."[2] Para esas mujeres que habían alcanzado más sabiduría, la capacidad de comunicar en una relación era más importante que la atracción sexual, el aspecto físico y la personalidad.

Las investigaciones documentan el hecho de que los matrimonios que comparten sus sentimientos y cuentan con un grado mayor de franqueza el uno con el otro, son los que disfrutan de una relación marital satisfactoria. La principal disfunción en los matrimonios que fracasan no es sexual, sino verbal.

El doctor Mark Lee cita unos estudios llevados a cabo en once países que "demuestran que las parejas más felices son aquellas que hablan más entre sí". Como consejero matrimonial, Lee señala que "el problema que se está dando con más frecuencia en los matrimonios es el del aislamiento. Sabemos que la pareja media, después de un año de casada, pasa treinta y siete minutos por semana en una conversación privada significativa —demasiado poco".[3]

En una entrevista exclusiva se pidió al abogado Herbert A. Glieberman, un reconocido especialista en divorcios y derecho familiar durante veintiocho años, que mencionara la razón más importante por la que los matrimonios se rompen. Glieberman respondió: "La razón número uno es la incapacidad de hablar sinceramente el uno con el otro —de desnudar su alma y tratarse mutuamente como los amigos más íntimos. . . Me da la impresión de que demasiada gente habla sin llegar al otro, en vez de hablar con el otro".[4]

Leo Buscaglia envió cuestionarios matrimoniales a un millar de personas y contó a *USA Today* que "por lo menos el 85 por ciento de las respuestas decían que la cualidad más importante para mantener el asunto funcionando es la comunicación: la capacidad de dos personas para hablar entre sí a un nivel realmente íntimo".[5]

Lynn Atwater, una socióloga profesora de la Universidad Seton Hall, dice que las mujeres tienen aventuras extramaritales principalmente porque buscan una mayor intimidad emocional; y cita al efecto nuevas investigaciones que revelan que las mujeres consideran importantes la variedad y el placer físicos, pero que al contrario de los hombres no buscan amoríos principalmente por la relación sexual. "Los hombres me preguntan continuamente qué pueden hacer para evitar que sus esposas tengan una aventura amorosa —dice Atwater—, y yo les aconsejo: *Hablen con ella.*" Según Lynn Atwater, las mujeres consideran la comunicación emocional como la mayor gratificación de una aventura amorosa.[6]

La comunicación es sencillamente la forma principal que tenemos de aprender más el uno acerca del otro. Cuanto mayor sea nuestra capacidad de comunicar verdaderamente, tanto más profunda resultará la satisfacción de ambos en la relación. Dos personas que viven cerca la una de la otra manifestarán diferencias; y si esas diferencias no se discuten, conducirán inevitablemente a la confusión y al conflicto. Incluso el apóstol Pablo y su socio Bernabé experimentaron esto. Aparentemente no habían hablado siquiera de lo que pensaban acerca de la deserción de Juan Marcos hasta que llegó el momento de realizar un segundo viaje; y entonces ya fue demasiado tarde para alcanzar un acuerdo.

El intercambio verbal

¿Qué quiere decir comunicar? Según el diccionario, significa: "Dar o intercambiar ideas, sentimientos, información o cosas semejantes por escrito, de palabra, etc." El doctor H. Norman Wright, consejero matrimonial y autor de numerosos libros excelentes acerca de la comunicación familiar, propone una simple definición: "La comunicación es un proceso (verbal o no verbal) mediante el cual se comparte información con otra persona, de tal forma que ésta comprende lo que uno expresa. En el proceso de la comunicación están implicados *el hablar*, el *escuchar* y el *comprender*."[7]

Comunicar significa compartir verdaderamente el uno con el otro; y este diálogo es la *necesidad vital* de las parejas de hoy en día.

Dwight Small escribe: "El diálogo tiene lugar cuando dos personas se comunican entre sí el pleno significado de su vida, cuando cada una participa en la vida de la otra de las maneras más significativas en que pueden hacerlo."[8]

"Para comunicar —dice Cynthia Deutsch en su artículo *The Danger of the Silent Partner* (El peligro de la pareja silenciosa)— hacen falta dos. Si uno no está dispuesto a ello, puede que haya charla, pero no comunicación. Comunicar acerca de problemas es una actividad difícil que hace a la gente sentirse vulnerable. Sin embargo, no existe ninguna relación que no tenga algunos problemas, y el discutir dichos problemas es la forma de empezar a solucionarlos. Cuando uno de los implicados no participa, no podrá haber solución, y el conflicto quizá se intensifique y se extienda a otras áreas de la relación. Esto puede resultar especialmente cierto si es la misma persona la que se niega de continuo y persistentemente a hablar de ciertos temas".

Y Deutsch sigue diciendo:

"Cuando uno de los dos rehúsa tener comunicación, existe la tendencia clara por parte del otro a negarse también a dar, y en lo que puede ser un tiempo muy corto, ambos cónyuges pueden llegar a airarse, a sentirse rechazados y a aislarse el uno del otro; a menudo aun después de resolverse el problema central, hay que reconstruir también otras áreas de interacción. La buena comunicación que abre una a la otra a las personas puede ser muy frágil, y una vez rota, puede necesitar reparaciones cuidadosas y a menudo concienzudas".[9]

La mayoría de la gente considera el hablar como comunicación —hablar con el sólo propósito de expresar su punto de vista. Sin embargo una comunicación significativa es de doble vía y consiste tanto en hablar *como* en escuchar. La faceta más descuidada por los matrimonios de hoy día es la de escuchar.

Partiendo del hecho de que Dios nos dio dos oídos y una boca, los irlandeses han llegado a la reflexiva conclusión de que debemos escuchar el doble de lo que hablamos. Santiago escribió: "Todo hombre sea pronto para oír, tardo para hablar" (Santiago 1:19), y Shakespeare se hizo eco de la sentencia expresando: "Presta a todo hombre tu oído, pero haz oír a pocos tu voz".[10]

La expresión "pronto para oír" significa "listo para escuchar". Pero la mayoría de la gente se siente más a gusto con la comunicación cuando son ellos quienes hablan. Encuentran una mayor seguridad afirmando sus posturas, sus opiniones, sus ideas y sus sentimientos propios, que escuchando los de algún otro. Para la mayoría de las personas el escuchar representa el aspecto más difícil de la comunicación. Escuchar nunca es algo natural para nosotros.

¡Cuidado extrovertidos!

Cuando a una o a otra de las partes en relación les falta la capacidad de escuchar de un modo efectivo, viene la frustración, la cual madurará dando lugar a serios problemas en la unión si no se la trata. Los extrovertidos como yo son a menudo especialmente culpables de hablar demasiado y de no escuchar bastante. Este es un problema con el que todavía lucho en mi matrimonio.

Aproximadamente siete u ocho meses después de casarnos Dottie y yo, ella vino a mí de un modo más bien vacilante. Se podía ver que estaba dolida.

—No creo que tú me quieres —confesó.

—¿Qué? —exclamé yo—. ¡Debes estar bromeando! ¡Te quiero más que a nadie sobre la faz de la tierra!

—Querido —respondió ella—, realmente no creo que estés interesado en algunas de las áreas de mi vida que me interesan a mí. Me parece que no te importan algunas de las áreas "menores".

¡Ay! Aquello fue como si me traspasaran el corazón con un cuchillo; e inmediatamente afirmé:

—¡Pero claro que me importan!

Me quedé boquiabierto mientras Dottie explicaba por qué se sentía así:

—Nunca me escuchas. Empiezo a compartir algo contigo y me cortas o cambias de tema. O te estoy diciendo algo y tu mente se encuentra en otro sitio. A menudo haces como si escucharas, pero tu pensamiento está en una plataforma de debate en Bolivia.

Esa es la forma que tiene mi esposa de decir: "Querido, mientras te hablo, tú estás pensando en otra cosa".

Un indicador de la salud de una relación es el número de pequeñas frases que se pronuncian y que sólo son importantes para la pareja. No voy a compartir todas las que tenemos Dottie y yo; pero cuando ella quiere hacerme ver que la estoy mirando y sin embargo pienso en alguna otra cosa, expresa: "¡Estás en una plataforma de debate en Bolivia!" (Yo empecé debatiendo con marxistas en Latinoamérica.)

¿Sabe usted lo que descubrí que estaba sucediendo? Debido a que yo jamás había aprendido a escuchar a la gente, le comunicaba involuntariamente a mi esposa que no me importaban sus cosas; y ella estaba empezando a encerrarse en una concha.

> La atención a lo que dice nuestro cónyuge —escribe Richard Austin— es una medida del respeto que le tenemos. Con demasiada frecuencia oímos las palabras de una conversación pero no su mensaje. El escuchar las palabras y el oír el mensaje son cosas bastante distintas.[11]

Puesto que yo no había hecho un esfuerzo concertado (y en algunas ocasiones esfuerzo en absoluto) por escuchar a Dottie, le estaba comunicando que lo que ella pudiera decir no era importante para mí. ¡Qué forma más efectiva de ahogar el entusiasmo de nuestro cónyuge! Estar atento al escuchar transmite a la otra persona el mensaje de: "¡Eres importante! ¡Tienes gran valor!" El respeto comienza al prestar atención.

Escuchar es una de las maneras más profundas que tenemos de demostrar a alguien que lo tomamos en serio; que nos interesa; que valoramos su opinión. El doctor David Augsburger lo expresa de la siguiente manera: "Un oído abierto es la única señal creíble de que existe un corazón abierto."[12] Así es cómo relaciona Augsburger el escuchar efectivo con la autoestima de una persona:

"Si me escuchas, debo ser digno de oír".

"Si me ignoras, probablemente sea porque soy un pelmazo".

"Si apruebas mis opiniones o valores, es que tengo algo valioso que ofrecer".

"Si desapruebas mis comentarios o mi contribución, aparentemente es que no tengo nada que aportar".

"Si no puedo estar contigo sin utilizar tus comentarios para autoevaluarme, entonces la nivelación entre nosotros será imposible. Si estoy preocupado por lo que puedas pensar de mí, es que te he cerrado la puerta".[13]

Más allá del mero escuchar

¿Le ha dicho usted alguna vez a su cónyuge: "No estás escuchando", sólo para que él (o ella) le conteste: "Claro que sí", pasando luego a repetir su última frase? En tal caso usted reconoce que una cosa es *oír* y otra muy distinta es *escuchar*. El doctor Norman Wright describe así la diferencia: "Oír es fundamentalmente obtener contenido o información para sus propios fines. Escuchar significa interesarse por la persona que está hablando e identificarse con ella... Oír significa que uno está preocupado por lo que pasa dentro de él durante la conversación; y escuchar, que trata de comprender los sentimientos de la otra persona y le está prestando atención por el bien de ella."[14]

El concepto bíblico de escuchar no se refiere únicamente a los sonidos audibles; también significa "prestar atención". Y el valor de un oído que escucha ha sido confirmado una vez más por los sociólogos George Warheit y Charles Holzer III, de la Universidad de Florida. Estos "han realizado investigaciones, las cuales indican que la disponibilidad de los amigos y de la familia de uno tiene que ver más con su vulnerabilidad a la depresión, que incluso el número o el tipo de experiencias cargadas de tensión por las que pasa. El estudio revelaba que aun personas que estaban bajo un alto grado de tensión, eran capaces de soportarla mejor cuando tenían estrechos contactos humanos. Como usted puede adivinar, el estudio mostró que los no casados eran más propensos a la depresión."[15]

Existen varios niveles de escuchar, y en su libro *Caring Enough to Hear and Be Heard* (La solicitud suficiente para oír y ser oído) el doctor Augsburger relaciona cada uno de ellos con la *solicitud*:

"Uno puede escuchar para obtener hechos, datos y detalles a fin de usarlos para sus propios fines o citarlos con otros propósitos, no siendo en absoluto solícito.

"Uno puede escuchar por compasión, y dicha compasión estar activada por la lástima. Nutrirse de la lástima que uno siente por los demás es alimentar su propio orgullo con el dolor de otros. Cosa bien distinta es ser movido por la lástima al cuidado solícito. La simple compasión puede no ser en absoluto solícita.

"Uno puede también escuchar a otro mientras critica a un tercero que no está presente y aumentar así el sufrimiento y la distancia entre ambos, dando a entender al escuchar, que el chismorreo acerca de personas ausentes es una charla provechosa. Eso no significa en absoluto ser solícito.

"Uno puede asimismo escuchar por apatía, obligación, hábito profesional o simple gentileza, sin interesarse en realidad por la otra persona. La solicitud implica algo más que prestar un oído. Y después de todo, el escuchar habitual puede no ser en absoluto solícito.

"Uno puede igualmente escuchar con espíritu curioso; como un fisgón que espía en las áreas privadas de otra persona. Ser solícito es algo más que poner ojos de asombro. El oído o el ojo ansiosos pueden no tener ninguna solicitud en absoluto.

"Uno puede escuchar también para "prestar ayuda", como un salvador listo para dar primeros auxilios, aportando apoyo, comprensión, confianza en cada pausa que el otro hace. La solicitud consiste tanto en dar ayuda como en retenerla; una persona crónicamente servicial puede no ser de ayuda en absoluto.

"Sin embargo, la solicitud incluye elementos de todo lo anterior: atención precisa a lo que se dice, empatía genuina, disposición a permanecer con el otro cuando está diciendo cosas exageradas a causa de la fatiga, desinterés que permite ser objetivo, disposición a ver a la otra persona como es en realidad, compromiso de ser verdaderamente de ayuda cuando llega el momento. . . Todas estas cosas son ingredientes de la verdadera solicitud; pero cada una de ellas es aclarada y corregida por el elemento central de dicha solicitud."[16]

Ahora bien, cuando uno no escucha a su cónyuge, ello no siempre conduce al silencio de éste; en muchos casos puede dar como resultado un aumento de su charla.

Resulta imperativo reconocer que siempre nos comunicamos, ya sea de una forma o de otra. Por así decirlo, aun el silencio es comunicación; de manera que dicha comunicación debe ser efectiva, del tipo que cree un clima de mayor intimidad y vulnerabilidad. Pero antes de que consideremos algunas de las formas de mejorar nuestra capacidad de escuchar, examinemos otra faceta de la comunicación eficaz.

¿Hablar más o menos?

El segundo ingrediente de la comunicación es el hablar. La mayoría de las personas necesitan mejorar en una o ambas cosas: en el escuchar y en el hablar. Pero luego están los que, como yo, necesitan crecer en ambas áreas a causa de las peculiaridades de sus estilos personales.

A Dottie le encanta compartir detalles, y necesita oírlos; a mí no —yo sólo quiero el cuadro general. Por consiguiente, durante mucho tiempo nos sentimos frustrados en nuestra relación, debido a que yo no comprendía su necesidad de contar detalles.

Cierto día, Dottie me dijo:

—Cariño, tú no hablas como es debido.

—¡He hablado así toda mi vida! —respondí.

—Pues no nos comunicamos.

Le pregunté qué quería decir, y ella me respondió que yo nunca compartía ningún detalle, que jamás le explicaba realmente lo que sucedía. Luego me dio un ejemplo: Si después de una conferencia muy importante me preguntaba cómo habían ido las reuniones, yo decía simplemente: "Ah, muy bien" —y pasaba a otra cosa.

Ella sabía que había habido algo más que eso, y lo que quería eran los detalles.

Otro ejemplo de los detalles que Dottie necesitaba oír, era si yo mencionaba que algunos amigos nuestros habían tenido un bebé.

—¿Cuándo? —me preguntaba.

—No lo sé —respondía yo.

—¿Y cuánto ha pesado?

Nuevamente no sabía decirle.

—¿Ha sido niño o niña?

—Ni idea.

—¿Qué nombre le han puesto?...

Y así pregunta tras pregunta.

Yo estaba satisfecho con lo que sabía, pero ciertamente no podía comunicarme como era debido con mi esposa.

Así que mi lema llegó a ser: "¡Piensa en los detalles!"; y empecé a escribirme notas a mí mismo como: "Josh, cuando hables con tu esposa necesitas aportar detalles" (lo cual también ha producido buenos resultados en otras relaciones). Ahora, cuando una amiga da a luz, estoy impaciente por hablar con Dottie.

—¿Cuándo?

—El martes pasado.

—¿Cuánto pesó?

—Tres kilos y medio.

—¿Fue niño o niña?

—Niño.

—¿Qué nombre le han dado?

—Jaime...

En la actualidad *recuerdo* cosas que jamás me preocupaban, y esto ha mejorado nuestra comunicación matrimonial, ya que puedo contarle a Dottie los detalles —un eficaz conducto a través del cual ella puede sentir mi amor.

El problema de algunos de nosotros son los detalles. Otros quizá necesiten compartir sus sentimientos con su interlocutor —darle a conocer lo que sucede en el interior de su persona. Esta área también me ha causado dificultades; para mí es más fácil hablar sobre una amplia variedad de temas, y aunque sé la importancia que tiene para una relación el compartir los sentimientos más íntimos, todavía me resulta difícil hacerlo.

Esta es la razón por la que tendemos a hablar de asuntos realmente sin importancia, tales como: el tiempo, cómo nos encontramos físicamente, etc. Pocos de nosotros compartimos fácilmente nuestras ideas u opiniones con otras personas cuando dichas ideas u opiniones tienen que ver con nuestros pensamientos y sentimientos más profundos. Sin embargo, la intimidad que produce este tipo de comunicación, es absolutamente decisiva para disfrutar de una relación amorosa y matrimonial saludable.

Tal vez se esté usted preguntando: "¿Cómo puedo llegar a ser un mejor comunicador, un mejor oidor, un mejor hablador...?" Quisiera sugerirle a usted y a la persona que usted ama, algunas formas prácticas de perfeccionar sus aptitudes para la comunicación interpersonal. Estos principios aumentarán sus oportunidades de conocer una solicitud más profunda en su relación.

Si usted no está casado o casada, deje que tales principios sean una guía para mejorar su comunicación personal con otros o aplíquelos inmediatamente en su noviazgo. En caso de estarlo, permítales ser un espejo de la comunicación con su cónyuge (e hijos); La mayoría de los matrimonios jamás logran alcanzar una intimidad que vaya más allá del nivel de sus aptitudes de comunicación y del deseo de abrirse el uno al otro y de tener un intercambio verbal.

Preguntas a considerar

- ¿Cuáles son algunas de las frases especiales que expresan sus sentimientos en cuanto a su cónyuge?
- ¿Qué clase de oidor es usted? Pida a su esposo o esposa que describa la manera en que usted lo escucha.
- ¿Cuándo piensan usted y su cónyuge tomar el tiempo necesario para mejorar su comunicación de un modo significativo?

MEJORE COMO COMUNICADOR

A estas alturas puede ser que usted esté diciendo: "Oiga, yo sé que tengo un problema. Dígame qué he de hacer al respecto. ¿Cómo puedo forjar una relación más amorosa mediante una mejor comunicación?"

Hay once principios que me han ayudado a través de los años mientras me esforzaba por mejorar como comunicador. No espero que usted se los aprenda de memoria, ni que pueda ponerlos en práctica inmediatamente. Sin embargo, tal vez quiera leer este capítulo varias veces, e incluso copiar en una hoja dichos principios, a fin de poder colgarlos encima de su escritorio o de su fregadero.

Si usted no es casado(a), los siguientes principios mejorarán su comunicación personal con otros dentro de su círculo de amistades, y si tiene novia(o), querrá aplicar dichos principios inmediatamente.

Para aquellos de ustedes que están unidos en matrimonio, estos principios pueden suponer una mejora dramática de la comunicación con su cónyuge e hijos. La mayoría de las parejas no alcanzan nunca una intimidad superior al nivel de comunicación existente entre esposos, y ello naturalmente depende de en qué grado deseen éstos la franqueza y el intercambio verbal. En caso de que usted sea padre, el poner en práctica estos principios reducirá la queja —probablemente la mayor que tienen los adolescentes contra sus progenitores— de: "No me estás escuchando."

¿Está usted listo para un poco de acción? Aquí están esos once principios:

1. Esfuércese en ello.
2. Aprenda a transigir.
3. Trate de comprender.
4. Afirme el valor, la dignidad y el mérito de su cónyuge.
5. Sea positivo y alentador.
6. Practique la confidencialidad.
7. Espere el momento oportuno.
8. Comparta sus sentimientos.
9. Evite leer la mente de su cónyuge.
10. Dé una respuesta para demostrar que está escuchando.
11. Sea sincero.

Bueno, ahora que están sobre la mesa, veamos cómo funcionan en la vida diaria. Dottie va a estar conmigo otra vez para que usted vea cómo trabajamos para poner en práctica estos principios.

1. Esfuércese en ello

Puede que el lema de muchas personas de nuestra cultura sea: "Haz lo que te venga de un modo natural". Pero llegar a ser un buen comunicador no sucede por casualidad. Todos nosotros hemos sido deformados por el egocentrismo, de manera que necesitamos realizar un gran esfuerzo basado en un sólido compromiso para conseguir una mejor comunicación. Dios no nos toca simplemente con una varita mágica después de que hemos entrado en una relación personal con El, sino que nos da la voluntad y el deseo y luego nos ayuda a llevar a cabo dicho deseo si seguimos actuando.

Yo tengo la filosofía de que si quieres que alguien sepa que estás sangrando, has de sangrar profusamente. En el caso de Dottie empecé a hacer todo lo posible por escucharla y darle a entender que realmente estaba interesado en aquellas áreas que ella consideraba importantes. No fue algo que me vino de un modo natural, tuve que esforzarme en ello.

Una de mis costumbres era leer el periódico durante el desayuno, costumbre con la que continué los primeros tiempos de mi vida de casado; sin embargo, cuando Dottie me recordó que la mesa era un lugar magnífico para hablar, abandoné el hábito. En nuestros últimos diez años de matrimonio no creo haber leído nunca un periódico mientras desayunábamos. He aprendido a decirme a mi mismo al ir hacia la mesa: "Ahora, Josh, recuerda: Vas a escuchar a tu esposa."

Antes, cuando Dottie venía a mi despacho, yo solía decir: "Cariño, ahora no puedo, estoy ocupado"; pero si trato de hacer de la comunicación con ella una prioridad, eso requiere una respuesta diferente por mi parte. Ahora, cuando entra, sea lo que sea en que esté ocupado, dejo de hacerlo, me vuelvo, e intento concentrarme lo más posible en sus palabras. Para adquirir este hábito me fue necesario incluso decirme a mí mismo: "Voy a *escuchar todo* lo que hable mi mujer y a responder a cada una de las cosas que diga."

Mientras estoy de viaje, soy muy sensible a lo que cuesta telefonear a la familia; sin embargo, empecé a darme cuenta de que es aún más difícil la situación para el cónyuge que se queda en casa que para el que está viajando. Quizá Dottie llevaba esperando todo el día para compartir conmigo algo que había sucedido en el hogar, y de lo cual quería hablar, y yo le decía: "Esto es una conferencia, cuéntamelo cuando vuelva."

Esta respuesta hacía trizas la motivación de Dottie para abrirse y comunicarse conmigo; de modo que he tenido que aprender a prepararme diciéndome a mí mismo: "Josh, cuando conteste Dottie, no te ocuparás primero del trabajo, sino que dirás: '¿Cómo han ido hoy las cosas?', y luego escucharás con ansia mientras ella expresa sus puntos de vista y habla acerca de sus necesidades." Ahora las llamadas me cuestan más, pero considero la inversión como una de las más provechosas que he hecho.

En cierta ocasión al cruzar el umbral de la puerta regresando de un viaje, Dottie me estrechó entre sus brazos y dijo:

—¡Muchas gracias, cariño!

—¿Por qué? —respondí.

—Por escucharme.

Yo me había estado esforzando de veras en escucharla, y aquello fue provechoso para cada área de nuestra relación. Ahora Dottie *sabe* que lo que ella piensa es importante para mí.

Si usted quiere llegar a ser una persona con la que merezca la pena casarse, debe, entre otras cosas, adquirir la habilidad de escuchar como es debido, y eso requiere esfuerzo. Ojalá alguien me hubiese dado un consejo así hace años.

2. Aprenda a transigir

La relación matrimonial saludable supone un dar y recibir; sobre todo cuando están implicados diferentes estilos de comunicación. Cada persona necesita la libertad de ser ella misma, al tiempo que se adapta a las necesidades de su cónyuge. Un estilo no es necesariamente mejor que otro, sino que simplemente indica que hay diferencias entre los individuos en lo referente a las necesidades de comunicación, y un experto comunicador sabe cuándo tiene que ajustarse.

Dottie y yo tenemos necesidades opuestas en cuanto a compartir detalles —tal vez usted puede identificarse con la frecuente frustración que ello engendra. Como expresa mi esposa:

"A Josh le gusta ir directamente al grano, conocer los hechos, saber el fondo de la cuestión. A mí se me ha dicho que tengo una aptitud especial para lo dramático; debido a mi personalidad creo que el contar una historia debe constituir en sí una obra de arte, algo como pintar un cuadro. Uno no se pone a pintar en caballete con rodillo, sino que aplica los detalles uno por uno. Así, cuando se trata de contar un relato, yo no intento en realidad ser dramática, pero pienso que se debe sentar un escenario, formar un tono y comunicar una atmósfera.

"Creo que al principio de nuestro matrimonio mi forma de comunicar casi volvía loco a Josh. Su lenguaje corporal parecía gritar: '¡Ve al grano!'; y por último decía: —¿Cuál es el sentido de la historia?

—Mira, Josh —respondía yo—, vas a tener que oír la historia a mi manera... es mi historia.

"Con el tiempo empezó a comprender que en un relato los detalles tienen gran importancia para mi.

"También he llegado a darme cuenta del lugar esencial que ocupa la transigencia en un matrimonio, y creo que ahora ambos nos esforzamos por suplir las necesidades del otro. El trata de recordar más los detalles y de ser paciente conmigo cuando los proporciono. Yo, a mi vez, procuro evitarle el suplicio de tener que aguantar lo accidental e intento resumir mi mensaje omitiendo el drama: suprimiendo los sentimientos y yendo directamente al fondo de la cuestión.

"Tenemos verdaderamente dos estilos de comunicación muy distintos, pero juntos somos más efectivos. Los puntos fuertes de uno tienden a proporcionar equilibrio a los del otro. He aprendido a adaptarme, y Josh también, lo cual ha ampliado nuestras perspectivas. Creo que éste es uno de los aspectos más significativos del matrimonio entre dos personas: ambos hacen las cosas de maneras distintas, tienen puntos de vista distintos, y se comunican de diferentes formas.

"Un buen ejemplo de esto fue mi embarazo de nuestra hija Katie —la tercera. Después de haber tenido a Kelly y Sean, ambos coincidimos en que queríamos otro hijo, pero me quedé encinta de Katie un poco antes de lo que habíamos previsto. La primera vez que sospeché que estaba en estado, Josh se encontraba de viaje, y yo sabía que le encantaría saberlo, pero no quise añadir preocupación a su increíblemente apretada agenda de conferencias en ese momento en particular. De manera que decidí esperar a estar bien segura en vez de decírselo por teléfono. Así tuve que mantener la cosa para mí sola durante algunos días.

"Para darle a Josh la noticia, compuse un pequeño poema realmente simpático que expresaba, dando un rodeo, el hecho de que me encontraba embarazada. Lo escribí de tal forma que había que escucharlo hasta la mismísima última línea para comprender cuál era su significado y que se trataba de nosotros.

"Por aquel tiempo vivíamos en Texas, y todavía nos ocupábamos en la compra y venta de antigüedades. Josh se encontraba en ese momento en California, y resulta que lo llamé a San Bernardino sólo cinco minutos antes de que comenzara una gran subasta de objetos de arte.

—Necesito hablar contigo —le dije.

—Muy bien —contestó—... pero no dispongo de mucho

tiempo; se están preparando para abrir las puertas y hay quinientas personas esperando para entrar.

"Le dije que tenía algo para leerle, y El consintió en escuchar siempre que lo hiciera de prisa.

"Comencé a leer el poema, y Josh me interrumpió en medio de la lectura y dijo: —Un momento, ¿de quién es ese poema?

"Le pedí que permaneciera callado durante un minuto y simplemente escuchara. Dos veces más me interrumpió mientras estaba leyendo: —Espera, ¿de qué estás hablando? ¿Quién va a tener un niño?

—No digas nada —seguí insistiendo—; tienes que escuchar todo el poema.

"Por último, se dio cuenta de que lo que le estaba diciendo era que *nosotros* íbamos a tener un bebé. Ahora bien, Josh hubiera preferido que yo declarase: "Estoy embarazada; tendremos un bebé en junio." Pero yo tenía que andar con rodeos, pintar ese cuadro, crear la atmósfera debida y hacer de ello algo muy excitante. Eso lo puso nerviosísimo (¡aunque creo que le gustó una vez que todo hubo terminado!). Aquella era mi forma de comunicarle algo muy especial, y tenía que hacerlo así. Durante unos minutos a él le resultó difícil; pero escuchó y eso significó mucho para mí.

"Hay ocasiones en que me adapto a su mentalidad y comunico con él en pocas palabras; otras, sin embargo, le digo: "¡Tendrás que escucharlo entero, porque voy a contar la historia a mi manera!" Son concesiones mutuas, y así tiene que ser el matrimonio. Eso constituye parte de su gracia."

3. Trate de comprender

¿Se ha citado usted alguna vez con una amiga en un determinado sitio del centro de la ciudad y esperado en vano mientras ella le buscaba una calle más arriba? Usted creyó haber sido muy clara en su comunicación, pero su amiga no la había comprendido claramente.

Hace poco unos amigos míos acompañaron a los padres de ella hasta el aeropuerto de Los Angeles, y cuando ya estaban cerca, el marido dijo a su esposa: —¿Dejamos a tu papá y mamá en la zona de salida de los vuelos?

Ocupado en vigilar el intenso tráfico, oyó que ésta decía algo acerca de estacionar el vehículo, y dio por sentado que ella prefería estacionar primero.

Mientras entraban, la mujer comenzó a señalar las zonas de estacionamiento para las diferentes terminales y él tomó aquello como una nueva indicación de que primero quería que estacionaran. Sin embargo, al meter el automóvil en uno de esos sitios de estacionamiento ella se puso bastante indignada.

—¡Ahora tenemos que llevar esas pesadas maletas hasta la terminal! —dijo furiosa.

Después de bastante intercambio verbal, él se dio cuenta de que más le valía salir del estacionamiento dar la vuelta al recinto y detenerse en la zona de salida de los vuelos, para poder registrar a los suegros y sus maletas mientras ella estacionaba el vehículo. No fue sino al salir del aeropuerto que mi amigo descubrió que la referencia de su esposa al estacionamiento cuando estaban llegando, había sido la última palabra de una frase: "Después de dejarlos, yo estacionaré el automóvil", y por no haberse tomado el tiempo suficiente para comprender la comunicación entera, interpretó de un modo totalmente erróneo las intenciones de ella.

Con frecuencia he visto en la pared de algunas oficinas un pequeño letrero que dice: "Ya sé que usted cree que comprende lo que piensa que dije; pero no estoy seguro de que se da cuenta de que lo que oyó no es lo que quise decir." Una de las claves para la comunicación y para conseguir intimidad, es comprender que la otra persona no sólo está tratando de entender, sino que realmente se interesa. Esta empatía hará que ambos individuos sean más francos en la relación.

Por otro lado, cuando usted siente que la otra persona no quiere escuchar, o no está tratando de comprenderlo, eso afecta a su propia autoestima, y hace que pronto empiece a encerrarse en sí mismo porque cree que lo que tiene que decir no se considera importante. Así empieza usted a sentir que es insignificante y la relación se dirige hacia una zona peligrosa. Los prejuicios anteriores o las expectativas perniciosas deben dejarse a un lado para impedir que tergiversen la conversación que ustedes están llevando a cabo. Debemos asumir el compromiso de escuchar de veras a la otra persona, sin tomar en cuenta las convicciones divergentes o los desacuerdos.

Según el doctor H. Norman Wright: "La aceptación no significa que uno esté de acuerdo con el contenido de lo que dice su cónyuge; sino más bien que comprende que lo que dice es algo que él o ella siente." Y añade: "Escuchar con sensibilidad es comunicarse con el otro, interesándose activamente en lo que dice o lo que quiere decir."[1]

El mejor comentario que he oído acerca del mandamiento de Jesús de "amarás a tu prójimo como a ti mismo" (Mateo 22:39), ha sido el de David Augsburger: "Amarte como me amo a mí mismo significa tratar de escucharte del mismo modo que yo quisiera ser escuchado, y comprenderte como anhelo ser comprendido."[2] Si cada persona tuviera este lema en sus relaciones, los abogados que se ocupan de tramitar casos de divorcio irían a la quiebra.

"La comunicación —señala Richard Strauss— es el medio por el cual aprendemos a conocer y comprender a nuestro cónyuge. Sin embargo, Dios ya lo comprende; El lo creó. Pidámosle que abra nuestros conductos de comunicación interpersonal y nos dé la misma comprensión que El tiene, para que nuestra relación matrimonial se haga más preciosa cada día."[3]

4. Afirme el valor, la dignidad y el mérito de su cónyuge

Toda persona tiene una necesidad profunda de que la oigan, de que la *escuchen*. El acto mismo de escuchar comunica un sentido de valor, estima, amor y dignidad, y hace que el individuo se sienta importante. Por lo general una relación, no progresará más allá del nivel de comunicación y respeto mutuos que haya entre dos personas. Trate siempre de robustecer la imagen de Cristo.

George y Nikki Koehler explican de la siguiente manera la necesidad que hay de afirmar el valor y la estima por medio de un escuchar atento:

> Cuando usted y yo escuchamos a otro, le estamos transmitiendo este pensamiento: "Me interesas como persona, y creo que tus sentimientos son importantes. Respeto tus ideas aunque no esté de acuerdo con ellas. Sé que son válidas para ti. Estoy seguro de que tienes algo que aportar. No trato de cam-

biarte ni de hacer una evaluación de tu persona. Sólo quiero comprenderte. Creo que mereces ser escuchado, y deseo que sepas que soy la clase de individuo con quien puedes hablar."[4]

La persona que tiene una autoestima deficiente o enfermiza no piensa que pueda aportar nada de valor, y tiene miedo a la transparencia a causa del posible rechazo. Dottie me dice que una de las maneras en que siente mi amor y estima por ella es cuando alabo su inteligencia.

"Josh siempre me está diciendo lo rápido que comprendo las cosas y lo inteligente que soy, lo cual, viniendo de él es un gran cumplido, ya que yo pienso que él es algo fuera de lo normal.

"Otra forma en que él manifestó su amor por mí fue sustituyéndome en mi trabajo voluntario que realizo en una escuela de enseñanza primaria. Yo presto mis servicios como ayudante de lectura en clase, pero por diversas razones el año pasado no pude ir varias veces y tuve que buscar a alguien que me reemplazara; de modo que Josh se presentó y enseñó a leer a los alumnos de segundo de primaria. Aquella fue una acción más que me dijo: 'Estoy interesado en lo que haces, te quiero, y deseo ayudarte.'

"Josh también me dice incesantemente cuánto me ama y me respeta, lo cual respalda con sus palabras y acciones. Asimismo pide mi opinión cuando está preparando algún libro, alguna película o alguna conferencia. Siempre está abierto a mis opiniones, y éstas no le entran por un oído y le salen por el otro. Le gusta saber lo que pienso acerca de ciertas cosas y valora mi aportación. Cuando siento una intuición fuerte respecto de algo, él lo toma en serio; y sus mismas acciones me comunican que tiene un alto concepto de mí."

Puedo asegurarle a usted que ese no es mi yo "natural". Este "fruto" sólo apareció cuando estuve dispuesto a hacer el esfuerzo de comprender a Dottie.

5. Sea positivo y alentador

El ser positivo constituye un valioso factor en la comunicación, ya que estimula la franqueza con el cónyuge, mientras que la crítica tiende a obstaculizar un intercambio saludable. Dos personas altamente críticas pueden comunicarse, pero no de un modo saludable. Por naturaleza, todos nosotros somos propensos a acentuar y recordar lo negativo.

Durante una serie de conferencias de tres días en la Universidad de Tennessee, tuve una reunión con el personal de La Cruzada Estudiantil y Profesional para Cristo y varios estudiantes claves. Una de las estudiantes entró en la habitación y dijo:

—No pienso repartir más volantes. Todo el mundo se muestra negativo en cuanto a las reuniones; esta mañana no he oído sino comentarios críticos de las mismas.

—¿Cuántas personas te han creado problemas? —pregunté de inmediato—. ¿Veinticinco?

—No.

—¿Diez?

—No.

—¿Cinco entonces?

—No —expresó nuevamente.

Y descubrimos que sólo dos personas habían reaccionado en forma negativa a los doscientos o trescientos volantes que llevaba repartidos la chica. Todo el mundo en la sala, incluso ella, se dio cuenta de que había acentuado lo negativo.

En la comunicación interpersonal tendemos a notar o a recordar sólo lo negativo que se ha dicho acerca de nosotros en conversaciones o declaraciones. Tal vez se hicieran diez comentarios positivos y uno negativo sobre nuestras personas, pero nos acordaremos más del negativo. La proporción de alabanza y crítica en una conversación debe ser de un saludable 90 por ciento de alabanza, y un 10 por ciento de crítica.

¿Es usted un comunicador positivo con la gente? De ser positiva su orientación, ello hará mucho más fácil para los demás el abrirse y compartir con usted.

El apóstol Pablo dio una orientación excelente en cuanto al énfasis debido en nuestras actitudes y estilo de vida cuando dijo: "Por lo demás, hermanos, todo lo que es verdadero, todo lo honesto, todo lo justo, todo lo puro, todo lo amable, todo lo que es de buen nombre; si hay virtud alguna, si algo digno de alabanza, en esto pensad" (Filipenses 4:8).

Muéstrese alentador, y deje que su conversación sea positiva. Compare las siguientes afirmaciones y estoy seguro de que reconocerá cuál es la más motivadora:

"¡Ya nunca me regalas flores!"

"¡Cuánto aprecié aquellas maravillosas ocasiones en que me regalaste flores!"

Dottie se muestra constantemente alentadora. Cuando me deprimo emocionalmente a causa de mi cargada agenda de trabajo y me vuelvo negativo y desalentado, ella suele decir: "Cariño, estás cansado, pero piensa en toda esa gente a la que has ayudado." Ella acentúa lo positivo.

6. Practique la confidencialidad

¡Qué factor tan positivo es para la comunicación que el propio cónyuge sepa que uno es capaz de guardar las cosas para sí mismo! Entonces siente automáticamente una mayor disposición de ser abierto. Si usted es un chismoso —alguien que suele hablar de los demás—, levantará inmediatamente una barrera impidiendo que otros compartan cosas íntimas con usted, por miedo a ver publicados sus más reservados sentimientos. Yo, por ejemplo, al hablar utilizo regularmente ilustraciones personales para explicar lo que quiero decir, pero tengo que tener cuidado con lo que comparto acerca de mi relación con Dottie. Si me expresase de un modo demasiado franco acerca de las intimidades de nuestro matrimonio, ella tendría que ser inevitablemente cauta y estar a la defensiva.

En una ocasión cierta señorita llamada Joyce pidió hablar conmigo acerca de su situación con Wendel. Wendel quería que la relación entre ellos siguiera un camino más serio hacia el matrimonio, y estaba apremiando a Joyce para que definiera su grado de compromiso con él. Joyce todavía no estaba muy segura de sus sentimientos, y en una larga charla que tuvo con el joven, compartió con él lo vacilante que se sentía en cuanto a hacer compromisos futuros, debido a algunas áreas personales que creía pensaba debía resolver primero.

Frustrado, Wendel acudió a varias personas en busca de consejo (y compasión), compartiendo lo que Joyce le había confiado. Cuando aquello llegó a oídos de la joven, ésta se puso muy a la defensiva; Joyce sentía que se había invadido su intimidad y era comprensible que le resultara difícil mostrarse abierta con Wendel.

¿Guarda usted las cosas para sí mismo, o chismorrea diciéndoselas a otros "confidencialmente"? El airear en público asuntos privados destruye la confianza en un matrimonio, y cuando uno de los cónyuges se siente traicionado, resulta mucho más difícil ser transparente la siguiente vez.

7. Espere el momento oportuno

En Proverbios 25:11, leemos: "Manzana de oro con figuras de plata es la palabra dicha como conviene"; y Proverbios 15:23 contesta: "Y la palabra a su tiempo ¡cuán buena es!" En una relación el diálogo se verá estimulado si se dicen las palabras correctas *en el momento oportuno*; y para saber cuándo y dónde debe usted compartir malas noticias o discutir un asunto difícil, el amor ha de ser su guía.

Mi madre siempre expresaba que si tenía algo difícil que decir a mi padre, primero le daba de comer. Para ella, comunicarle malas noticias cuando él estaba hambriento, constituía un importante error táctico. Mamá sabía que si se las daba después de que él hubiera comido, podía sobrellevarlas mejor. En nuestras relaciones con compañeros de habitación, con nuestro cónyuge, amigos, o con cualquiera debemos ser sensibles no sólo a cómo decimos las cosas, sino también al momento en que lo hacemos. Las bromas que consisten en anunciar una mala noticia la cual luego resulta ser buena, tienen gracia porque se basan en este principio.

Con frecuencia, según esté la situación, convendrá esperar hasta la mañana siguiente para compartir algo controversial con su cónyuge; esto es especialmente cierto si él o ella ha tenido un día muy difícil. Dottie explica de la siguiente manera su enfoque en cuanto a la oportunidad:

"Yo soy una persona muy comunicativa; la comunicación es algo importante para mí, y siempre he querido tener una relación en la que nos cumunicáramos acerca de todo en todo momento —y la sigo queriendo. Pero desde el principio de nuestro matrimonio comprendí que yo tenía que decirle a Josh algo muy importante —un problema, alguna cosa con la que estuviera luchando personalmente, o cualquier tema grave—, necesitaba escoger no sólo la forma de hacerlo, sino también el momento.

"Hay ocasiones en que Josh no quiere ocuparse de cosas graves —como por ejemplo diez minutos antes de dar una conferencia, o incluso el día de la misma. Si hay un problema verdaderamente serio con uno de nuestros hijos, o yo me siento herida, a menudo no se lo menciono en ese momento. Cuando alguien está a punto de aparecer ante setecientas personas, no se le dicen cosas que puedan preocuparle y disminuir su eficacia, por graves que éstas sean. También trato de no echar una carga pesada sobre Josh cuando va a acostarse, ya que ello le estropea el sueño. El tiene una mente muy activa; de modo que a menos que se trate de una emergencia absoluta, espero hasta la mañana siguiente."

8. Comparta sus sentimientos

Para gozar de un clima saludable de intimidad y cercanía es esencial que exista la vulnerabilidad necesaria para compartir sentimientos, pensamientos internos, heridas profundas y grandes alegrías. Aprenda a decir en conversación *cómo se siente*, así como *qué piensa*. Las parejas pueden discutir acerca de pensamientos o ideas, pero es imposible debatir los sentimientos. Estos sólo pueden reconocerse. De manera que el llegar a comprender las emociones el uno del otro, constituye el acceso a la intimidad sicológica. Cuando entre una pareja no hay expresión regular de sentimientos, dicha pareja se quedará sin experimentar el amor y la intimidad que representan su bien más preciado.

El matrimonio Blood, coterapeutas y coautores del libro *Marriage* (Matrimonio), describe a la pareja que evita la confrontación y dice:

> Al reprimir los sentimientos de hostilidad y evitar los conflictos abiertos, a menudo terminan en una escalada de resentimiento, frustración e ira. El guardarse las quejas puede preparar el camino para la violencia, el ensimismamiento, la depresión o incluso una mala salud (por ejemplo úlceras y asma) en el futuro. El sufrimiento silencioso erosiona la confianza y la intimidad e impide el crecimiento.[5]

El matrimonio debe ser una relación íntima basada en la comprensión mutua entre marido y mujer —escribe el sicólogo matrimonial y familiar Dr. J. Allen Peterson—; y para que esa comunión del corazón tenga lugar, la conversación debe ir más allá de los temas del hogar y de los niños e incluir un compartir de sentimientos y pensamientos en las experiencias de la vida diaria."[6] Con mucha frecuencia hablamos sólo de lo intrascendente, guardando para nosotros mismos nuestros más íntimos sentimientos; sin embargo, la capacidad de compartir a nivel íntimo es decisiva para una relación plena de amor y matrimonio.

Las vías de comunicación deben mantenerse abiertas especialmente al nivel de los sentimientos. Ello significa un acuerdo mutuo "de compartir los sentimientos negativos siempre que surjan, a ser posible sin amargura. Por ejemplo, usted podría decir: 'Cariño, has hecho algo que me irrita, y no quiero estar enfadado contigo. Si te lo cuento ¿me ayudarás a comprender por qué siento tanta hostilidad?' Puede que esto no dé resultado siempre, pero sí muchas veces. El principio consiste en intentar no tragarse o enterrar ninguno de los sentimientos negativos que experimenten el uno hacia el otro, y que ambos generarán en abundancia, sino sacarlos a la luz de la comprensión. Si todas las parejas casadas aprendieran a hacer esto llevarían a la quiebra a la mayoría de los consejeros matrimoniales."[7]

Los hombres considerarán a menudo el compartir emociones y sentimientos como un signo de debilidad, y pensarán que el llorar y reconocer que se han equivocado no es de "machos". Los varones tienen una mayor tendencia a los argumentos intelectuales y racionales. Norman Wright explica la grave situación en que se encuentran los hombres cuando "no se sienten a gusto compartiendo sus fracasos, ansiedades y desilusiones. Un indicador de virilidad es el *puedo hacerlo sin ayuda de nadie*. Por desgracia, esto conduce a la incapacidad de pedir ayuda cuando dicha ayuda se necesita desesperadamente."[8]

9. Evite leer la mente de su cónyuge

Aviso: No dé por sentado que la otra persona comprende sus gestos, el tono de su voz o su lenguaje corporal. Llega a ser muy desalentador en una relación que cada persona suponga que la otra sabe lo que él o ella está pensando, sintiendo y quiere ejecutar. La lectura del pensamiento pocas veces funciona y jamás lo hace de forma consecuente. Usted no pude responsabilizar a su cónyuge por no responder a sus heridas, necesidades o sentimientos de gozo o de agradecimiento, si no ha expresado esas cosas verbalmente. ¡Todo el mundo necesita abrir la boca!

Dottie, mi esposa, admite:

"Acepto toda la responsabilidad por un conflicto que tuve con Josh en nuestra luna de miel. Estábamos en México y nos dirigíamos hacia Acapulco, lo cual nos obligaba a estar juntos varias horas en el automóvil. Eramos recién casados, y pensé: 'Me he casado con este hombre, pero él no lo sabe todo acerca de mí; ¡incluso tengo algunas buenas amigas que me conocen mejor que mi propio esposo! Si vamos a ser marido y mujer, él debe saber todo acerca de mí.' (No se me ocurrió pensar que teníamos toda una vida por delante para conocernos). De manera que me pareció que debía decirle mi parecer sobre cada cosa, para que así pudiera realmente conocer a su esposa.

"El tiempo transcurrido entre nuestra primera cita y nuestra boda había sido de poco más de seis meses; de manera que yo sabía que eran muchas las cosas que no había podido decirle a Josh durante aquel corto noviazgo. Sentía la necesidad de compartir con él, así que comencé a hablar y hablar mientras él prestaba atención a las señales de la carretera y manipulaba torpemente los mapas. Le decía algo y no me respondía. Continuaba y recibía un: 'Ajá... muy interesante...' Y cuanto más compartía, menos respuesta obtenía a cambio —Josh estaba absorto en otras cosas. Yo me ponía cada vez más enfadada, pero no sabía cómo decirle: 'Estás hiriendo mis sentimientos, ya que no me parece que te interese lo que digo.' Simplemente daba por sentado que ya que yo estaba hablando, él debía escuchar; de manera que frustrada, me callé.

"A medida que el reloj marcaba los pasos en silencio, yo seguía enfadándome más y más. El problema era que Josh aún estaba con la mente en algún otro sitio, y no tenía ni la más mínima idea de lo que sucedía en mi cerebro. Mi marido tiene una capacidad maravillosa para concentrarse y pensar en varias cosas al mismo tiempo, mientras se aísla de lo que lo rodea. Sin embargo, en aquellos primeros días yo realmente no lo comprendía, y esperaba que permaneciera embelesado conmigo hasta el extremo cuando yo hablaba.

"Para cuando llegamos a Acapulco, yo apenas podía ver lo que tenía delante. Salí del automóvil y le dije que estaba furiosa.

—¿Por qué? —me preguntó.

—¡Porque ni siquiera me has hablado en todo el camino!

"El pobre Josh no tenía ni la menor idea de que yo quería hablar o de por qué estaba tan enfadada, ya que al comienzo de nuestra relación yo no sabía cómo comunicar mis sentimientos.

"El asunto lo dejó tan perplejo que se alteró conmigo; de manera que nos hablamos acaloradamente el uno al otro durante un rato. Por último, él tomó la iniciativa en cuanto a pedir perdón por no hablar y reconoció que había sido insensible, y expresó que lo lamentaba de veras. Aquello hizo que yo me sintiera mal por haber perdido de ese modo los estribos.

"Aquél fue nuestro primer verdadero malentendido, y me proporcionó una vislumbre de la importancia que tiene expresar verbalmente nuestras ideas y sentimientos. Uno debe manifestar sus verdaderos sentimientos y tratar con ellos, no guardárselos dentro comprimidos. El repasar todo aquel incidente y los sentimientos que tuvimos, nos ha ayudado a comprendernos mejor el uno al otro, y a convertir dicho incidente en una positiva experiencia de aprendizaje."

Suposiciones peligrosas

Cuando su cónyuge o un amigo hacen algo que hiere sus sentimientos, usted debe decírselo; no suponga ni espere simplemente que él o ella se darán cuenta y vendrán a usted primero. Cualquier relación sería más armoniosa e íntima si dejásemos de suponer y comenzáramos a comunicar nuestros sentimientos. Cuando Dottie no me dice una cosa, a menudo me quedo sin saberla, porque no leo su lenguaje corporal (y aún me cuesta trabajo leer su mente). Y cuando yo no estoy dispuesto a escuchar, por lo general ella tampoco quiere compartir. Si yo no hago un esfuerzo por cambiar, ella tampoco se sentirá motivada para hacerlo.

Escuche cómo describe Leo Buscaglia el peligro de enterrar nuestras emociones: "Si las retenemos el tiempo suficiente, especialmente las emociones negativas, estamos abocados a estallar: dichas emociones saldrán en el momento indebido. Si las almacenamos, por lo general es una persona inocente la que hace algo sin importancia y recibe el impacto de toda esa ira acumulada".[9]

Dottie cuenta que en varias ocasiones tempranas de nuestro matrimonio ella dejó de expresar su frustración en cuanto a mi aparente insensibilidad, y explica:

"Yo puedo entrar en una habitación y saber intuitivamente si alguien está herido; lo veo en sus ojos. Por el contrario, Josh raras veces lo descubre por sí mismo; pero si usted le dice que tiene un problema, le encontrará una solución antes de marcharse. Lo único que necesito es decirle que me siento herida y su compasión hace el resto. Puesto que yo no preciso que se me diga cuándo una persona necesita un hombro en que apoyarse o un empujón, resulta fácil para mí esperar que él sea capaz de leer mis sentimientos de un vistazo.

"Cierto día yo me encontraba malhumorada porque creía que Josh no estaba siendo sensible conmigo. Allí lo tenía hablando en un foro de debate, compartiendo el evangelio con aquella gente, dueño de sí mismo, entero, controlando por completo la situación mientras sus antagonistas le lanzaban insultos y acusaciones. Yo estaba sentada en la parte de atrás de aquella enorme multitud, cuando comprendí de pronto que si él fuera tan sensible y captara lo que cada individuo estaba sintiendo, como suele pasarme a mí, jamás podría hacer lo que estaba haciendo en ese momento. Josh no puede permitirse el lujo de sentirse herido cada vez que alguien miente acerca de él o lo insulta. De manera que en un sentido Dios lo protegió al no hacerlo excesivamente sensible. Yo sintonizo con los individuos; él con las multitudes. Dios me hizo ver muy claramente lo bien que nos complementamos el uno al otro y cuánto más eficaces somos juntos.

"Cuando uno se acaba de casar, necesita tiempo para comprender la forma de ser de su cónyuge y ver cómo Dios lo ha diseñado. Usted debe entender que sus características únicas no son peores o mejores que las de su esposo o esposa, sino simplemente diferentes. Mi problema consistía en que me daba bastante miedo decirle a Josh que había actuado de manera distinta a cómo yo esperaba; quería que se diera cuenta por sí mismo. Al ser recién casados, pensé que nuestra relación perdería toda su gracia si él cambiaba sólo cuando yo le indicaba lo que debía cambiar.

"Por ejemplo: Desde el principio mismo decidimos que consideraríamos las posesiones que teníamos como 'nuestras', lo cual no resulta nada fácil en los comienzos. Yo acababa de comprar un pequeño automóvil Ford completamente nuevo, el cual di por sentado que Josh trataría del mismo modo que mi padre trataba sus autos. En mis años jóvenes, me encantaba ver cómo papá conservaba sus automóviles perfectamente limpios —sin huellas dactilares en los cristales, sin basura en el suelo, y dándoles un lavado a fondo cada sábado. Aquello era algo que yo respetaba.

"Pero Josh consideraba los autos como un mero medio de transporte. No es que fuera un desaliñado; pero tampoco le importaba dejar en el suelo una lata vacía de Coca-Cola, ni tenía la costumbre de lavar el auto todos los sábados.

"Varias semanas después de nuestra luna de miel, yo estaba perpleja porque Josh no había sugerido ni siquiera una vez que laváramos el automóvil. Yo siempre había dado por sentado que los hombres responsables lo hacían, y creía que ello formaba parte del papel del marido. Al principio no podía adaptarme al estilo de Josh, y seguía pensando: 'Papá no deja que su automóvil se ponga tan sucio.' De modo que hacía comentarios en cuanto a lo bonito que mi padre mantenía siempre su auto, y cómo hacía esto o aquello. Josh no me comparaba a mí con su madre, ni con ninguna otra persona, pero yo a él sí.

"El hombre que más me había amado antes que Josh mantenía su auto inmaculado, y yo pensaba que si un hombre no mantenía limpio su automóvil, debía estar comunicando algo diferente al amor. Retuve en mi interior aquellos sentimientos y dejé que se acumularan hasta llegar al punto de ebullición. Cuando por fin le dije a Josh cómo estaba tratando nuestro auto y lo que yo sentía, él inmediatamente se hizo más sensible hacia mí y a mis sentimientos; entonces comprendí que debía haber compartido dichos sentimientos mucho antes, y también algo que era evidente: ¡que para ser una buena persona no se necesita mantener el automóvil inmaculado y esterilizado!

"Cuando dos personas se casan, por lo general ya han llegado a un acuerdo sobre las cosas grandes: el uso del dinero, el número de hijos que quieren tener, etc., de manera que dichas cosas grandes están más bien solucionadas. Lo que hay que hablar y solucionar entonces son las cosas pequeñas que uno jamás pensaría; y parte del gran gozo que supone llegar a ser uno, lo constituye el resolver juntos esas pequeñas cosas.

"Ningún matrimonio se ha despertado jamás una mañana y, por arte de magia, ha podido compartir sus sentimientos más profundos. Esto supone un proceso de aprendizaje. Usted y su cónyuge necesitan tiempo para llegar a sentirse a gusto con sacar de su interior y compartir los aspectos sensibles. Y uno de los mayores desafíos del amor es llegar a conocer cuál es el umbral del otro para expresar sentimientos."

10. Dé una respuesta para demostrar que está escuchando

Si hay algo que siempre estimula el compartir, son las respuestas verbales o corporales. Como se oyó exclamar a cierta mujer herida y frustrada por una falta total de reacción: "¡Si me estás escuchando, contesta! ¡Di algo! ¡Di cualquier cosa! ¡Déjame simplemente saber que me escuchas!" Cuando nuestro corazón se abre a los demás, anhela un reconocimiento.

He aquí algunas sugerencias prácticas para mostrar que usted está absorbiendo lo que el otro dice:

Reaccione físicamente. Vuélvase hacia la persona que le habla; inclínese hacia delante; mueva la cabeza en señal de asentimiento; manténgase mirando al otro a los ojos. Nada transmite más el interés que la mirada directa.

Pida más información. Haga preguntas para obtener una mayor claridad o detalles adicionales. Por ejemplo: "¿Qué has querido decir con eso?" "¿Por qué resulta eso importante para ti?" Al preguntar está usted expresando: "Dime más, estoy interesado."

Reflexione sobre lo que se ha dicho con una expresión como: "Pareces muy entusiasmada por haberte encontrado con él." o

"Debe haber sido duro para ti. . ." El escuchar reflexivo tiene como premio un compartir más íntimo.

Repita o parafrasee las expresiones con sentimiento. El hacerse eco del significado o del sentimiento de una expresión aclara la comunicación y estimula un mayor compartir.

Permanezca en silencio cuando alguien está contando un relato. No interrumpa ni ayude al otro a terminar las frases. Esto me resulta difícil a mí; tengo que decirme continuamente a mí mismo: "No interrumpas, Josh, no interrumpas. . ." Tampoco se apresure a llenar una pausa en la conversación sólo para evitar el silencio —usted puede cortar algo importante que la persona se aprestaba a compartir.

Dottie admite: "Algunas veces me enfada un poco que Josh se entrometa en mi relato. Eso me hace pensar: '¿Acaso no cree que puedo contar la historia yo sola?' o '¿Será que piensa que estoy entrando en demasiado detalle, o qué?' En otras ocasiones, sin embargo, me doy cuenta de que es meramente el reflejo de su entusiasmo —se emociona con lo que voy a contarle y sencillamente interviene; él no lo considera como una intrusión o una interrupción, ni cree que me esté quitando nada. Yo sé que él quiere unirse a mí en lo que estoy diciendo; pero lo mejor para mí cuando estoy compartiendo mis sentimientos es que Josh me deje contar la historia." La paciencia es una bendición.

Refrénese de concentrarse en la respuesta que va a dar o en la refutación que piensa hacer mientras el otro está todavía hablando; eso lo hace ponerse impaciente por intervenir. Cuando uno está constantemente preparando una refutación o una forma de justificar algo que ha dicho, lo que hace es meramente construir un mecanismo de defensa, y como consecuencia de ello no escucha de veras.

En su libro *Are You Really Listening?* (Estás escuchando de veras?), Margaret Lane comparte un embarazoso momento que ocurrió como resultado de no escuchar atentamente:

> Hace años, recién salida de la universidad y durante una entrevista para determinado trabajo en un periódico de pueblo, tuve que aprenderlo de la peor manera. La entrevista había ido bien hasta el momento, y entonces el director, de un talante efusivo, empezó a hablarme de cierto viaje que había hecho durante el invierno a una estación de esquiar. Ansiosa por causarle una gran impresión con un relato propio acerca de la

excursión que yo misma había llevado a cabo en aquellas montañas, me desconecté de él y comencé a planear *mi* historia.

—¿Y bien? —preguntó de repente—. ¿Qué le parece eso?

Yo que no había escuchado ni una palabra, balbuceé neciamente:

—Pues que debió ser una vacación maravillosa... ¡divertidísima!

Por un momento se quedó mirándome.

—¿Divertida? —expresó luego en un tono glacial—. ¿Cómo podía ser divertida si acabo de decirle que pasé la mayor parte del tiempo hospitalizado con una pierna rota?[10]

Aliente al otro y exprese su aprecio por lo que ha estado compartiendo; ambas cosas intensifican una comunicación saludable. Salomón, con toda su sabiduría, conocía que "panal de miel son los dichos suaves; suavidad al alma y medicina para los huesos" (Proverbios 16:24). Diga, por ejemplo: "Muchas gracias por compartir eso; estoy seguro de que no le ha resultado fácil, pero lo aprecio de veras." O quizá: "Lo que acaba de decir tiene mucho sentido, y creo que va a ser de gran ayuda."

Estas son sólo algunas de las técnicas más efectivas para mejorar como oyente. Recuerde que su oído puede abrirle la puerta al corazón de otra persona, así que no lo cierre. Créame, si se esfuerza usted por llegar a ser un mejor oyente, eso le reportará beneficios. ¡Si no, pregúnteselo a Dottie! Ella me ha visto cambiar.

11. Sea sincero

El apóstol Pablo estaba viendo el asunto claramente cuando nos amonestó a hablar "la verdad en amor" (Efesios 4:15). Hablar la verdad en amor significa tomar en cuenta los sentimientos de la otra persona. Un comunicador verdaderamente hábil y amoroso es sensible a las consecuencias de sus palabras y acciones.

Salomón nos dio un consejo sabio cuando dijo: "¿Has visto hombre ligero en sus palabras? Más esperanza hay del necio que de él" (Proverbios 29:20). "El amor —escribe Richard Strauss— nos ayudará a introducir nuestros comentarios con alguna palabra de alabanza o de aprecio, y hará que expongamos nuestros pensamientos de un modo agradable, constructivo y positivo. Si amamos, alentaremos a nuestro cónyuge en lugar de injuriarlo."[11]

Hay numerosas barreras que nos impiden ser sinceros; una de ellas es sencillamente que resulta arriesgado. Según el doctor H. Norman Wright: "Todas las relaciones profundas, y especialmente las matrimoniales, deben estar basadas en una franqueza y una sinceridad absolutas. Esto puede resultar difícil de lograr, ya que entraña un riesgo —el de ser rechazado a causa de su sinceridad—, pero es de vital importancia para que las relaciones se incrementen en el matrimonio."[12]

Cuando sentimos la necesidad de ser sinceros en algo que podría herir a otro, no sólo debemos repasar el estilo en el cual transmitimos nuestro mensaje, sino también examinar los motivos que nos impulsan a hacerlo. Muchas cosas crueles se han dicho en nombre de la "sinceridad".

Otra barrera consiste en que la sinceridad puede volverse quisquillosa —abrir a una persona y revelar que tiene dentro de sí todo un archivo acerca de faltas personales. La comunicación sincera, que habla y escucha en amor, no "lleva cuentas"; y como consecuencia de ello, cuando tiene lugar una comunicación amorosa, se puede compartir aquello que es más auténtico —¡con imperfecciones y todo!

El hablar la verdad en amor implica también dar expresión a su amor por otra persona *con palabras*:

"Gracias por ser tú mismo."

"Estoy orgulloso de ti."

"Gracias por amarme."

"Me siento tan contenta de estar casada contigo."

"Me encanta simplemente el hecho de estar contigo."

Hablar la verdad en amor requiere también un cuidado para no exagerar o disfrazar las cosas. El doctor Wright cuenta la historia de una mujer "que adquirió riquezas y decidió mandar escribir un libro sobre su genealogía. El conocido escritor a quien se encargó de ello descubrió que uno de los abuelos de la dama había sido electrocutado en la penitenciaría de Sing Sing, y cuando le dijo a ella que aquello habría que incluirlo en el relato, la mujer le rogó que buscara una forma de decirlo ocultando la verdad.

"Cuando apareció el libro —cuenta Norman Wright—, decía

lo siguiente: 'Uno de sus abuelos ocupó el sillón de electricidad aplicada en una de las instituciones mejor conocidas de E.U.A.. El hombre se apegó mucho a aquella posición y literalmente murió en su puesto.' " Y Wright subraya que "en algunos intentos de comunicación entre cónyuges el significado queda casi tan obscuro y confuso como en este relato. Por lo general es mejor decir *las cosas como son*; suavemente, si acaso, pero con claridad."[13]

El ser un comunicador efectivo y diestro constituye una herramienta importantísima para convertirse en "la persona adecuada", y usted puede empezar ahí mismo donde está. Si usted es soltero(a), comience a practicar estos principios con sus amigos y pretendientes; si está casado(a), con su esposa(o). Por medio de su ejemplo, y de su paciencia amorosa y sincera, estimule a su cónyuge a crecer con usted como comunicador.

Al igual que cuando se trata de aprender un idioma extranjero, el adquirir la habilidad de comunicar con pericia requiere tiempo, dedicación, concentración y práctica. Puede que algunos de nosotros seamos mejores que otros para comunicarnos, por lo que necesitamos tener paciencia con los demás y con nosotros mismos, pero todos podemos seguir mejorando.

Para comenzar, elija alguna situación de su vida en la que una comunicación más efectiva podría cambiar mucho las cosas. Luego desarrolle el plan utilizando varios de estos principios. Fije un momento en el cual llevará a efecto su plan.

Preguntas a considerar

- ¿Cuáles son los dos aspectos más importantes de la comunicación?
- ¿Cuáles son los elementos claves para una buena comunicación?
- ¿Por qué constituye el escuchar un aspecto importante de la comunicación?
- ¿Cuáles son los diferentes niveles de escuchar?

6

LA FORMA DE RESOLVER EL CONFLICTO

¿Cómo puede usted ser fiel al tipo de persona que Dios quiso que fuera y aún estar en paz con los demás? No muchos tienen éxito en ello, especialmente en el matrimonio —la más íntima de las relaciones.

Un veterano de diecisiete años de experiencia matrimonial, confesó: "Tengo que ponerme en contacto conmigo mismo. Mi sistema de valores siempre ha sido radicalmente distinto al de mi esposa, incluso después de que nos hicimos cristianos. Para evitar el conflicto, yo reprimí mis sentimientos, mis deseos y mis creencias, pero ya no puedo seguir haciéndolo, aunque me considero un siervo."

Y una mujer casada desde hacía catorce años, admitió: "Yo esperaba que mi marido me daría la misma clase de amor y de cariño que había experimentado en mi primer matrimonio, y cuando no lo recibí, inconscientemente traté de conseguirlo evitando toda confrontación. Sólo después de que nos divorciamos descubrí que él me consideraba una cobarde porque constantemente eludía el conflicto."

Esta clase de conducta no se limita sólo al matrimonio. En la sociedad, en los negocios y en la iglesia, a menudo nos comportamos como si la confrontación fuera algo anormal; sin embargo, nada menos que el apóstol Pablo reconoció que no lo es, sugiriendo en Romanos 12:4, 5 una razón clave para el conflicto: "Porque de la manera que en un cuerpo tenemos muchos miembros, pero no todos los miembros tienen la misma función, así nosotros, siendo muchos, somos un cuerpo en Cristo, y todos miembros los unos de los otros."

El mismo hecho de que seamos diferentes, hace el conflicto inevitable. Los cristianos traemos a nuestras relaciones diferentes trasfondos, puntos de vista, emociones e incluso culturas. Siempre que dos individuos vivos se unen, surge, tarde o temprano, la confrontación. Por lo tanto, la cuestión no es el *conflicto*; la prueba real consiste en si usted y yo podemos *resolver dicho conflicto.*

Por desgracia muchos de nosotros traemos a la nueva vida las reacciones a la confrontación que aprendimos antes de ser cristianos. De alguna forma no reconocemos que Jesús ejemplificó una respuesta totalmente distinta al conflicto. Los creyentes que han recibido el poder del Espíritu Santo pueden aprender a hacer frente a dicho conflicto y a resolverlo de un modo auténtico en verdad y amor.

Cuando esto no sucede, nuestro testimonio de Jesucristo se ve ensombrecido. Tal vez usted recuerde a Eldridge Cleaver, uno de los líderes activistas negros que organizaron no poca rebelión y violencia contra la policía y el sistema a finales de los años 60 y principios de los 70. Hace varios años, los medios de información revelaron que se había hecho cristiano; sin embargo, más tarde se apartó del cristianismo evangélico y se incorporó a la iglesia mormona. En una entrevista que le hicieron, Cleaver expresó: "No podía comprender el conflicto que hay entre los cristianos."

Contra nosotros mismos

Nuestra grave incapacidad de hacer frente a los conflictos se demuestra día tras día en nuestros lugares de trabajo. Me quedo asombrado de lo rápido que la gente cambia de empleo tras toparse con un conflicto en la oficina o en el taller. Muchos prefieren el esfuerzo de buscar y ocupar un puesto diferente a intentar resolver la tensión existente en su relación actual. Se trata simplemente de una preferencia por escapar en vez de luchar.

Cuando estuve en Israel, tuve el privilegio de visitar una de las antiguas fortalezas de Cesarea. Allí se me hizo recordar que a lo largo de la historia la gente ha tratado de protegerse contra la vulnerabilidad. Aquel fuerte tenía uno de esos "fosos secos": un ancho espacio abierto a su alrededor que no contenía nada de agua. Todo aquel que cruzaba el foso, estaba completamente sin protección. La puerta principal del castillo estaba diseñada de manera similar, oblicuamente a la entrada y dejando expuestas por lo tanto las partes vulnerables del cuerpo y de la armadura de cualquiera que se volviese para entrar por ella.

Mientras recorría aquella fortaleza, pensé en los millones de personas que viven tratando constantemente de aislarse y de buscar protección contra la vulnerabilidad y las heridas. Ansían y persiguen una intimidad emocional verdadera, pero nunca pueden encontrarla porque son incapaces emocionalmente de resolver los conflictos que siempre surgen en las relaciones íntimas a largo plazo. Esta es la razón por que hoy en día hay tan pocas relaciones duraderas.

Dos miedos que vencer

Anteriormente he mencionado dos temores que obsesionan a la gente de hoy en día: el temor de que nunca serán amados y el de que jamás serán capaces de amar. Estos mismos temores se introducen en la relación que los cristianos tenemos con Dios; albergamos un miedo interior a que Dios no pueda amarnos y a que no considere aceptable nuestro amor por El. Pero Dios utiliza a otros para proporcionar a su amor brazos reales a fin de que podamos creer en El y experimentarlo. A menudo, usted y yo necesitamos a otra persona que convierta el amor de Dios en algo real para nosotros.

No obstante, a medida que crece la intimidad en las relaciones que Dios planeó para usted y para mí, también aumenta la potencialidad del conflicto. Las complejidades de dos individuos que están creciendo en conocimiento mutuo proporcionan muchas más posibilidades de confrontación que incluso las relaciones entre dos superpotencias. El abrirse paso por el laberinto interpersonal puede ser más comprometido que dos naciones en guerra sentadas a la mesa de negociación. Por lo tanto, no resulta sorprendente que la gente que consigue una verdadera intimidad comience también a echarse un poco para atrás, ya que con la mayor intimidad viene un potencial creciente de conflicto, y quizá no haya aprendido nunca a hacer frente a esa faceta de la vida íntima.

Resolver o disolver

Hay una oración que quiero que usted recuerde; y es sencillamente ésta: *Es más gratificante resolver un conflicto que disolver una relación*. Naturalmente, irse resulta mucho más fácil que aplicar el esfuerzo necesario para resolver la disputa; pero la recompensa de quedarse es que cada vez que usted resuelve un conflicto, sale del mismo convertido en una persona mejor, más capaz de enfrentarse a las dificultades inevitables que depara el futuro.

Algunas veces olvidamos que las relaciones forman parte del gran diseño original de Dios. En Génesis 2:18 Dios dijo: "No es bueno que el hombre esté solo; le haré ayuda idónea para él." Yo creo que aquí las palabras de Dios abarcan más que la relación matrimonial. Usted y yo no fuimos creados para estar solos, sino para tener relaciones; pero a fin de experimentar la bendición que Dios quería para nosotros en el trato de unos con otros, debemos ir en contra de la falsa sabiduría de nuestro tiempo y resolver nuestros conflictos.

Hoy en día se lo anima a usted a exigir sus derechos y a lograr las cosas como usted quiere. El Ejército trata de conseguir reclutas con el lema de: "Sé todo lo que puedes ser"; y otra frase publicitaria le recuerda: "Hoy usted se merece un descanso". El énfasis de nuestra cultura está claramente en usted como individuo, y no en las relaciones que pueda tener. La elevación del yo por encima de otros ha creado una filosofía del "Yo soy el número 1", que no nos enseña a construir relaciones duraderas, ni tampoco a resolver los conflictos. Si el ganar lo es todo para usted, puede que llegue a alcanzar algunas metas personales, pero sacrificará las relaciones en el proceso. Las relaciones se construyen cediendo, no ganando. Por lo tanto, si queremos experimentar unas relaciones íntimas y satisfactorias, debemos elevarnos por encima de nuestra cultura. Yo creo que usted y yo podemos hacer esto gracias a Cristo.

De negativo a positivo

¿Se ha sentido usted bien alguna vez después de solucionar un conflicto? En tal caso, estará de acuerdo en que se reciben beneficios positivos de un conflicto. Yo sé que he llegado a ser un instrumento más afilado y útil en las manos del Espíritu Santo, porque Dios ha utilizado los conflictos con la gente en mi vida. Proverbios 27:17 enseña: "Hierro con hierro se aguza; y así el hombre aguza el rostro de su amigo." Yo me he hecho más sensible a las heridas y los sentimientos de los demás como resultado del conflicto. Romanos 5:3, 4 explica que la tribulación produce perseverancia y prueba el carácter. Dios utiliza los conflictos para cultivar en mi vida estas cualidades internas.

Respuestas ineficaces

También es cierto que a menudo nos enfrentamos al conflicto con una variedad de respuestas negativas. Creo que si examinamos algunas de dichas respuestas, cada uno podrá reconocer mejor cómo manejar los conflictos y sus efectos en nuestras relaciones.

No reconocer el problema o el conflicto constituye la primera respuesta negativa. Yo llamo a esto el síndrome del "todo marcha magníficamente". Se ignora a la persona o el tema del conflicto y dicho conflicto simplemente queda sin resolver.

La retirada es otra de las respuestas. Se le da al conflicto el "tratamiento del silencio": no se habla de él, y uno se oculta permaneciendo lejos de la persona o de la fuente que lo provoca. Cosa interesante, esa fue la respuesta que Adán y Eva dieron a Dios en el huerto de Edén. La Biblia dice que "se escondieron"; se apartaron y Dios tuvo que andar buscándolos. He descubierto que cuanto más le hablo a una persona que ha escogido el "tratamiento del silencio", tanto más silenciosa se vuelve dicha persona; y el levantar la voz para provocar algún tipo de respuesta, a menudo es contraproducente y lleva la confrontación a expresiones más violentas.

Ignorar la importancia del conflicto es la tercera respuesta. Nuestro lema llega a ser: "No tiene importancia." En este caso, la persona ofendida se imagina: "No importa, ya que de todas formas él (o ella) no me escucharía". O quizá: "No importa, ya que de todos modos él (o ella) no cambiará." O aun: "Pasaría desapercibido." El tratar el conflicto superficial o ligeramente no hará que éste desaparezca; sino que proporcionará al mismo una ocasión ideal para realizar una erupción mayor.

La espiritualización es la cuarta forma nociva de tratar el conflicto. Al comentario tantas veces oído de: "Bueno, gloria al Señor", se acompaña inmediatamente una recitación de Romanos 8:28: ". . . a los que aman a Dios, todas las cosas les ayudan a bien." Sin embargo, con demasiada frecuencia lo cierto es que falta sinceridad y que este planteamiento constituye meramente otra táctica de evasión.

Llevar cuentas constituye la quinta respuesta. La persona reprime los conflictos y los sentimiento de ira y de rencor dentro de sí, y se hace inevitable una explosión. Filipenses 3:13 nos exhorta, en vez de ello, a utilizar el extintor de fuego espiritual que es "olvidar lo que queda atrás". A mi modo de ver, todos los matrimonios deberían tener la práctica de no sacar en una disputa nada que haya ocurrido hace más de tres meses.

Cierto hombre fue a ver a un consejero matrimonial y se quejó de lo siguiente:

—¡Cada vez que me peleo con mi mujer —dijo—, ella se pone histórica!

—Querrá usted decir histérica —lo interrumpió el consejero.

—No, no. . . ¡histórica! ¡Siempre saca a relucir el pasado!

Eso es llevar cuentas.

Atacar a la persona en lugar del problema es una sexta respuesta negativa que se emplea a menudo. Hace poco presencié un ejemplo de esto cuando cierta mujer implicada en un grupo limítrofe del cristianismo evangélico me preguntó:

—¿Ha leído lo que escribió fulano acerca de tal y cual cosa?

Le dije que sí. Inmediatamente ella comenzó a atacar al escritor, y no lo que había escrito.

—¿Sabe usted que se ha divorciado tres veces? —profirió en tono de queja.

En vez de enfrentar el tema y resolver el conflicto, aquella mujer atacó a la persona.

Culpar a otro constituye la séptima forma que tiene la gente de enfrentarse a los conflictos. Por lo general esto indica incapacidad en la persona que censura, una incapacidad de reconocer sus propios fallos. Un perfecto ejemplo de esto es la reacción de Adán y Eva (Génesis 3:9–13) después de comer el fruto prohibido.

—¿Qué has hecho? —preguntó Dios.

—La mujer que me diste me dio del árbol —contestó Adán (primero Adán culpó a Dios y luego a la mujer).

La respuesta de Eva, por su parte, fue:

—La serpiente me engañó.

Los dos le echaron la culpa al otro.

Querer ganar cueste lo que cueste y ceder para evitar el conflicto son dos respuestas negativas más. Ninguna de esas posturas resuelve nada. En ambos casos sólo una de las partes se va con el sentimiento de haber conseguido algo. Además ambas prácticas producen siempre resentimiento.

Comprar un regalo especial para el otro constituye una décima respuesta deficiente al conflicto. Este es un truco particularmente predilecto de los maridos: en vez de resolver el conflicto, tratan de comprar la salida del mismo.

Aquí empiezan las soluciones

Quizá usted se haya reconocido en una o varias de estas formas negativas de hacer frente al conflicto. En tal caso, lo alegrará saber que existen maneras positivas y constructivas de enfrentarse al mismo. Cada una de ellas comienza con su sometimiento al señorío de Jesucristo. La madurez espiritual no se demuestra por la ausencia de conflictos, sino por la forma de tratar dichos conflictos bíblicamente y sin perder el dominio propio. Su deseo de resolver la disputa dependerá también del compromiso que usted tenga con la relación. Cuanto más cerca se halle de la otra persona, tanto más dispuesto estará a solucionar un conflicto.

En el día de mi boda dije: "Si, quiero." y lo dije de veras. Estoy comprometido —venga lo que venga— a resolver cada conflicto con que nos topemos Dottie y yo.

En una ocasión, cuando nuestro hijo Sean tenía sólo seis años de edad, me preguntó:

—Papá, ¿vas a dejar a mamá?

Le pregunté que por qué quería saberlo, y él me dijo que los padres de varios de sus amigos habían pedido el divorcio de sus esposas. Entonces comprendí que incluso los niños de hogares estables están empezando a experimentar los mismos temores que los de familias destrozadas. Así que miré a Sean a los ojos, levanté un poco la voz, y le dije:

—Hijo, yo quiero a tu madre, estoy comprometido con ella, y jamás la dejaré; eso es todo.

Sean lanzó un suspiro de alivio y profirió:

—¡Gracias, papá!

Mi hijo no estaba buscando un refuerzo de mi compromiso con él, sino que necesitaba saber que yo tenía dicho compromiso con su madre; ya que su seguridad está basada en la permanencia de nuestra relación matrimonial.

Verdades por las que vivir

Quisiera compartir con usted algunos principios que trato de poner en práctica cada día. No siempre los cumplo; pero el deseo de mi corazón es aplicar dichas verdades a mi vida diariamente, sobre todo en el área de los conflictos interpersonales. Tal vez lo ayuden a usted.

El primero de estos principios trata de las actitudes personales: *Reconozca que usted no es infalible.* El aceptar la crítica y admitir sus errores constituye una de las primeras actitudes a desarrollar para resolver los conflictos. La Biblia da un buen consejo en Proverbios 13:18: "Si rechazas la crítica caerás en pobreza y deshonra; si la aceptas, ya vas rumbo a la fama" (*La Biblia al día*). De manera que cuando se haya equivocado, reconózcalo, y si tiene razón, no diga nada; esa es una buena práctica para resolver un conflicto.

En Filipenses 1:6, Pablo nos asegura: "Estando persuadido de esto, que el que comenzó en vosotros la buena obra, la perfeccionará hasta el día de Jesucristo." Ningún error que usted cometa es fatal; Dios es más grande que sus mayores desaciertos, y por medio de la crítica constructiva puede utilizar nuestros errores para hacernos mejores individuos y con más amor para El y para otras personas. Por eso leemos en Proverbios 28:13: "El hombre que se niega a reconocer sus errores jamás podrá triunfar; pero si los confiesa y los corrige, tendrá una nueva oportunidad" (*La Biblia al día*).

Pablo escribió en Romanos 14:13: "Por eso, ya no debemos criticarnos unos a otros. Al contrario, háganse ustedes el propósito de no hacer nada que haga tropezar a su hermano" (*Dios llega al hombre*). Cuando me enfrento al conflicto, la actitud que trato de expresar es: "Señor, quiero que resuelvas este conflicto; por favor, empieza conmigo."

Un segundo principio que sigo es el de *aceptar la responsabilidad por mis reacciones emocionales*. No podemos culpar a otros de nuestro mal genio o nuestros arrebatos de ira. La ira debe ser nuestra reacción a una situación injusta, no a las faltas de otro individuo. En su libro *Caring Enough to Hear and Be Heard* (La solicitud suficiente para oír y ser oído), David Augsburger lo expresa de esta manera: "Cuando una falta en ti provoca en mí la ira, sé que tu falta es también la mía. Si dentro de mi he hecho las paces con esa misma área, mi ira no se despertará si la observo en ti. Pero cuando te escucho decir precisamente lo que aborrezco oír de mis propios labios, siento una agitación interior."[1] Cuando alguien se enfada con otro, a menudo es porque ve en esa persona una cualidad negativa que también reconoce en sí mismo.

Seguidamente, quiero destacar la importancia que tiene el *comprender el punto de vista de la otra persona* en un conflicto. En Romanos 10:2 el apóstol Pablo escribe: "Porque yo les doy testimonio de que tienen celo de Dios, pero no conforme a ciencia." Pablo estaba explicando que entendía perfectamente la conducta de los judíos. El también había estado en la misma situación, y se identificaba con ellos. Esa postura se denomina empatía.

Seguramente usted conoce aquel sano consejo de viejo proverbio indio que dice: "No critiques nunca a un hombre hasta haber andado una milla con sus mocasines." Trate de experimentar el conflicto desde el punto de vista de la otra persona, y luego reconozca que una cosa es la comprensión intelectual del mismo y otra bien distinta sentirlo con sus emociones. De este modo descubrirá que la otra parte en la disputa tiene una base sólida para sentir como siente. Si usted desea resolver el conflicto, deberá tratar realmente de ver el problema como lo ve la otra persona.

Esta clase de empatía es a menudo muy difícil; pero como nos recuerda Pablo en Filipenses 2:3, 4: "Nada hagáis por contienda o por vanagloria; antes bien con humildad, estimando cada uno a los demás como superiores a él mismo; no mirando cada uno por lo suyo propio, sino cada cual también por lo de los otros." En otras palabras, necesitamos mirar más allá de nuestras heridas para ver las del otro; y para hacerlo, tendrá que pedirle ayuda a Dios.

Una técnica que me ha ayudado en cuanto a esto mismo, es obligarme a ser tan ingenioso para comprender a la otra persona como lo soy tratando de que ella me comprenda a mí. San Francisco de Asís dijo: "Señor, concédeme que busque más comprender que ser comprendido." ¿Puede usted imaginarse lo que sucedería en nuestras relaciones si todos tuviéramos esta actitud? La mayoría de los conflictos se desvanecerían rápidamente, ya que son el resultado de dos personas que sostienen suposiciones diferentes.

Si usted desea hacer frente a los conflictos de un modo bíblico, debe recordar esta pregunta: ¿Qué quiere Dios enseñarme con este conflicto? Sea lo que sea puedo aprender de él.

Fórmula ganadora

Déjeme mostrarle un fabuloso esbozo en cuatro puntos para resolver conflictos, que se encuentran en los primeros cinco versículos del capítulo 7 de Mateo. Los versículos 1 y 2 dicen: "No juzguéis, para que no seáis juzgados. Porque con el juicio con que juzgáis, seréis juzgados, y con la medida con que medís, os será medido." Esto nos enseña que debemos *ser humildes*. El versículo 3 sigue diciendo: "¿Y por qué miras la paja que está en el ojo de tu hermano, y no echas de ver la viga que está en tu propio ojo?" Aquí se nos dice claramente que *seamos sinceros*. No creo haber estado jamás implicado en un conflicto sin que tuviera una viga en mi propio ojo.

Luego, en el versículo 4, leemos: "¿O cómo dirás a tu hermano: Déjame sacar la paja de tu ojo, y he aquí la viga en el ojo tuyo?" La lección aquí es *la integridad*. Y, por último, en el versículo 5 se nos manda que hagamos frente al conflicto *en amor*: "¡Hipócrita! saca primero la viga de tu propio ojo, y entonces verás bien para sacar la paja del ojo de tu hermano". Jesús nos ha llamado a ser humildes, sinceros, íntegros y a demostrar amor.

En esto reside el peligro, en que uno puede verse tan fácilmente envuelto en buscar la revancha y en querer saldar las cuentas en un conflicto, que pierda lo que Dios quiere enseñarle con esa situación. Usted debería concentrarse en qué es lo que Dios le está diciendo a *usted*. Esto requiere la disposición por su parte de admitir que usted no es perfecto. Su oración y la mía debería ser: "Oh Señor, dame la fuerza para admitir mis deficiencias". Esa admisión no es una señal de debilidad; por el contrario, se necesita valor para reconocer que uno se ha equivocado. Cuando admite una debilidad en su propia vida, se convierte inmediatamente en alguien más apto para aceptar debilidades también en las vidas de otros.

Otro requisito para aprender la lección que Dios tiene para usted es una disposición a dejarse corregir. Podemos ser fácilmente más ciegos a nuestras propias faltas que a las de los demás.

También resultan de vital importancia una actitud adecuada y una disposición al cambio. En cada situación usted debe tener el deseo de salir transformado en una persona mejor, en un mejor siervo y un mejor amigo. Con estas actitudes dejará usted libre al Espíritu Santo para que realice su obra.

Recuerde usted, principalmente cuando se enfrente a un conflicto, que el amor cubre muchos pecados. El apóstol Pedro trae a nuestra memoria: "Y ante todo, tened entre vosotros ferviente amor; porque el amor cubrirá multitud de pecados" (1 Pedro 4:8). Veo a muchos cristianos que se creen que deben ser la conciencia del cuerpo de Cristo... De alguna manera, dichos cristianos piensan que señalar cada falta y cada error que ven, es algo espiritual. Pablo marca la pauta en Romanos 15:1 cuando dice: "Así que, los que somos fuertes (o maduros) debemos soportar las flaquezas de los débiles, y no agradarnos a nosotros mismos." Con mucha frecuencia tratamos de hacer nosotros la labor del Espíritu Santo.

Si usted ama de veras a una persona, soportará las debilidades de ella y las llevará usted mismo. He conocido a algunos individuos cuya fe habría sido destruida si yo hubiese ido a ver una película; ellos sencillamente no creen que esté bien ir al cine. En esa clase de situación no señalo rápidamente su debilidad e insisto en mi derecho de ver una película, sino que paso tiempo con la persona y es asombroso contemplar cómo Dios la lleva a decir: "Entiendo tu punto de vista".

El amor cubre multitud de pecados y soporta las debilidades de los demás. En Efesios 4:2, Pablo lo dice con las palabras: "Por amor tolérense mutuamente las faltas que involuntariamente puedan cometer" (*La Biblia al día*). Usted debe estar dispuesto a transigir por el bien del otro. Observe que esto no se aplica a las cuestiones morales, sino simplemente a las idiosincrasias personales. En estas áreas de las relaciones, el amor es gracia en acción.

Soluciones activas

Junto con el desarrollo de algunas de las actividades que acabo de mencionar, usted puede dar ciertos pasos que le ayuden a resolver los conflictos.

Empiece por *buscar* en las dos áreas siguientes:

Primero: *escudriñe las Escrituras* en busca de información acerca de la clase de conflicto que usted está experimentando. A menudo he podido encontrar en la Biblia situaciones similares a las que yo estaba experimentando.

Segundo: *busque los hechos reales* acerca de la otra persona y de la situación en que se encuentra. Estoy de acuerdo con lo que dice Proverbios 18:13: "Al que responde palabra antes de oír, le es fatuidad y oprobio." Muchos conflictos tienen por origen los malentendidos y las falsas suposiciones acerca de algo que se ha dicho.

Hace algún tiempo, Dottie estaba tomando té con una buena amiga y ésta hizo un comentario sobre uno de nuestros hijos. A Dottie le pareció algo muy negativo, y se quedó tan aturdida y dolida que pidió excusas y se fue al dormitorio. Más tarde, aquella misma semana, dio la casualidad de que ella estaba preparando una charla sobre la confrontación, y mientras trabajaba en ella, se dio cuenta de que necesitaba poner en práctica sus convicciones y hablar con aquella joven amiga. No le resultó fácil, ya que a Dottie no le gustan las relaciones tensas. Pero la amistad no podía seguir hasta que se aclarara el asunto. Al hablar de dicho asunto, Dottie se dio cuenta de que había entendido incorrectamente lo que dijera su amiga, y el problema quedó resuelto con gran rapidez, simplemente estableciendo los hechos.

Otra forma de actuar es *orar*. Ore en primer lugar para recibir sabiduría. Santiago nos promete: "Y si alguno de vosotros tiene falta de sabiduría, pídala a Dios, el cual da a todos abundantemente y sin reproche, y le será dada" (Santiago 1:5). Ahora bien, no confunda la sabiduría con el conocimiento: la sabiduría es lo que nos ayuda en el uso adecuado del conocimiento.

Ore específicamente por la otra persona diciendo su nombre. Dios cambiará la actitud que usted tiene hacia ella y lo capacitará para enfrentarse mejor al problema. Otro buen consejo de Santiago es: "Orad unos por otros."

La oración debe hacerse con fe. En Santiago 1:6 leemos: "Pero pida con fe, no dudando nada." A menudo mi oración es algo así: "Padre, desde una perspectiva humana no sé cómo puede llegar a resolverse este conflicto, pero sé que el disolver la relación no te honra; de modo que por la fe confío en que nos usarás a mí, a tu Palabra y a otros para solucionar esta confrontación."

Ore, por último, pidiendo el éxito de la persona. Pedro nos recuerda: "No devolviendo mal por mal, ni maldición por maldición, sino por el contrario, bendiciendo" (1 Pedro 3:9).

La tercera forma de acción es *buscar consejo sabio*. En Proverbios 12:15 se nos recuerda: "El camino del necio es derecho en su opinión; mas el que obedece al consejo es sabio". Sin embargo, cuando busque dicho consejo, sea cauto. Por lo general nuestras emociones se exaltan si nos vemos envueltos en una situación conflictiva y tienden a cegarnos a nuestras propias faltas y a lo que hemos contribuido al conflicto.

Esta advertencia surge de mi experiencia personal. Por desgracia yo tengo la tendencia a buscar consejo de aquellos que sé que estarán de acuerdo conmigo y reforzarán mi posición; de manera que debo recordarme a mí mismo que no estoy tratando de ganar, sino de solucionar un conflicto.

Otro paso importante que puede dar es *resolver primeramente* sus emociones. Efesios 4:26 nos proporciona la pauta: "No se ponga el sol sobre vuestro enojo." Este versículo no prohíbe la ira, sino que más bien nos amonesta a que tratemos con ella prontamente. Si usted no controla su ira, ella lo controlará a usted. Los sentimientos de ira y dolor sin resolver agitarán su imaginación, y a medida que el tiempo vaya pasando, los hechos se distorsionarán cada vez más y la amargura se instalará en su corazón. Si no soluciona sus emociones inmediatamente, Satanás tendrá un día de ejercicios con usted.

Mantenga limpia la pizarra

Hace poco me sentí muy preocupado por el número de cristianos evangélicos que están en puestos visibles y que han caído en la inmoralidad sexual y en el divorcio, y compartí mi inquietud con un amigo íntimo y con Dottie. Al hablar específicamente acerca de lo que habíamos estado haciendo para mantener saludable nuestra relación, ella sacó a colación un punto interesante: mencionó que en tantos años de matrimonio yo jamás había salido de casa sin resolver un conflicto que pudiéramos tener.

En una ocasión llegué al auto, di la vuelta y regresé para pedir perdón; y otra vez, recorrí tres calles en automóvil bajo una tormenta de nieve, di la vuelta y volví a casa. Luego Dottie hizo una afirmación que considero muy importante: "Puedes irte por tres meses —dijo—, y si no hay nada mal en nuestra relación, me es posible soportarlo; pero si partieras alguna vez dejando algo sin resolver, no lo podría aguantar. La amargura y el resentimiento se instalarían en mí y llegarían a serme como una piedra pequeña en el zapato".

No creo que sea saludable ni siquiera salir hacia el trabajo por la mañana dejando un conflicto sin resolver. Mi esposa y yo practicamos esto fielmente. Del mismo modo, nunca intentamos irnos a dormir si hay alguna cosa que precisa solución.

Hace poco me enteré de algo que no sabía acerca de mi esposa. Mi pelo se está haciendo menos denso por algunas partes, de manera que le aplico un poco de laca. Una mañana Dottie y yo nos encontrábamos delante del lavabo y yo tomé el pulverizador y comencé a usarlo. Entonces ella me dijo: —Por favor, cariño, no hagas eso.

Ahora bien, en catorce años de matrimonio nunca habíamos hablado de la laca, y yo no sabía que ella, no sólo la odiaba, sino que no permitía que nadie la utilizara en casa.

De manera que creyendo que así sería muy benevolente, retrocedí del lavabo y empecé a aplicármela.

—Ya te he dicho que me molesta —dijo ella.

Puesto que yo ya había respondido echándome para atrás, me puse furioso y tiré el aerosol rompiendo un frasco de su costosa colonia; luego salí como una tromba de la casa.

Mientras iba en el auto hacía un restaurante para desayunar comprendí lo insensible que había sido y le pedí a Dios perdón. Tan pronto como llegué a mi destino, me dirigí hacia un teléfono y llamé a casa. Cuando en nuestro hogar sonó el aparato, Dottie le dijo a nuestro hijo: —Por favor, Sean, contesta tú, es tu padre.

Dottie y yo discutimos el incidente y nos perdonamos el uno al otro por la forma en que habíamos actuado.

A estas alturas creo que usted entiende que aunque necesita tratar con sus emociones de inmediato y antes de atacar el conflicto, con frecuencia éstas precisan que se les dé un poco de tiempo. Puede pasar un rato antes de que sus sentimientos heridos o su ira se disipen y usted pueda abordar el asunto sin dejar que interfieran en él unas emociones intensas.

En cierta ocasión recibí una enérgica carta de un pastor de cierta iglesia de Colorado que me había invitado a hablar, en la que cancelaba mi compromiso. Dicho pastor había consultado con los diáconos y ancianos de su congregación, y la conclusión a que habían llegado era que mi estipendio resultaba demasiado alto; de manera que me pedían que no fuese. Pasaron aproximadamente cuatro semanas antes de que les contestara. Necesitaba ese tiempo para que mis sentimientos heridos sanasen y pudiera recuperarme, así como para dar la oportunidad a la iglesia de calmarse. La carta que escribí constaba de cuarenta páginas, y envié ocho copias de ella por correo expreso a los diáconos.

Poco después de aquello fui a ver al pastor, y lo primero que me dijo fue: —¿Podrá usted perdonarme?

Luego compartió conmigo que la junta misionera en su totalidad había quedado quebrantada y había derramado lágrimas al leer mi carta y comprender lo mal que habían tratado a mucha gente a lo largo de los años desde su creación. Si yo les hubiera contestado entonces, con mis emociones exaltadas, nos habríamos perdido aquella gozosa sanidad y la glorificación del cuerpo de Cristo que tuvo lugar.

Recuerde el proverbio que dice: "¡Qué admirable es saber decir la palabra adecuada en el momento oportuno!" (Proverbios 15:23, *La Biblia al día*). Yo estoy de acuerdo con el versículo 28, el cual expresa: "El hombre bueno piensa antes de hablar; el malo derrama sus palabras perversas sin pensar." Mi médico dice que posiblemente la razón por la que yo no tengo úlcera es que me río mucho y digo a la gente lo que pienso. Es cierto que hago ambas cosas, pero cuando doy mi parecer, procuro siempre esperar el momento oportuno, un estado emocional sosegado y la motivación correcta.

Compruebe sus puntos negativos

Cuando estamos envueltos en una situación conflictiva siempre es muy importante resaltar lo bueno. No se extienda en los aspectos negativos, sino más bien en los positivos. Filipenses 4:8 nos ordena: "Por lo demás hermanos, todo lo que es verdadero, todo lo honesto, todo lo justo, todo lo puro, todo lo amable, todo lo que es de buen nombre; si hay virtud alguna, si algo digno de alabanza, en esto pensad".

Hágase cuidadosamente estas preguntas:

1. ¿Pasa usted más tiempo criticando mentalmente a la gente que considerando sus puntos positivos?

2. ¿Habla usted de otros de manera desdeñosa a sus espaldas?

3. ¿Utiliza para los demás una medida con arreglo a la cual usted mismo no puede vivir?

4. ¿Presiona usted a otros para que se conformen a sus criterios y así le resulte más fácil aceptarlos?

La manera en que uno contesta a estas preguntas dice mucho en cuanto a su forma de enfrentarse a los conflictos.

Hay personas en mi vida que me aceptan tal y como soy. Aunque me animan a ser mejor persona, sé que no me amarán menos si no lo consigo nunca. Ellos piensan en lo positivo, no en lo negativo. Tal vez usted necesite hacer un esfuerzo mayor para acentuar lo bueno, especialmente en sus situaciones conflictivas.

Mi última pero más importante amonestación es: *Asegúrese bien de que el Espíritu Santo controla su vida.* Si usted no está revestido del poder del Espíritu Santo, encontrará difícil, si no imposible, poner en práctica estos principios: El es la fuente que lo capacitará constantemente para aplicar lo que ha aprendido y lo guiará a las nuevas cosas que aún necesita comprender.

Preguntas a considerar

- ¿Por qué es importante resolver el conflicto en vez de abandonar una relación?
- ¿Cuáles son algunas de las respuestas negativas al conflicto?
- ¿Qué actitudes puede usted desarrollar que lo ayuden a resolver las disputas?
- ¿Cuáles son algunas de las acciones que le es posible llevar a cabo para resolver un conflicto?

C A P I T U L O

APRENDA A PERDONAR

Hace poco, en Hawai, un caballero muy elegante y su esposa se sentaron cerca de mí, y pronto comenzamos una conversación. Yo pregunté al hombre acerca de su trabajo, y él me contestó que era consultor para grandes compañías en las áreas de desarrollo y problemas del personal. Entonces inquirí de él cuál era el problema con que más se topaba, y él me contestó inmediatamente que las disputas.

De modo que le pregunté: —¿Y cuál es la forma principal que ha descubierto para resolver una disputa?

—El perdón —respondió sin vacilar.

La mayor dificultad con que se encontraba era la de desafiar a la gente a que abandonara su amargura y ofreciera y aceptara el perdón. Este hombre, que no era cristiano, comprendía claramente el poder reconciliador que hay en el perdonar.

Cuando Billy Graham llevó a cabo su campaña evangelística en Honolulu, los periódicos enviaron un grupo de veinte sicólogos reconocidos para que escucharan sus sermones e hicieran críticas de los mismos. En sus informes, todos ellos concordaron en una cosa: cuando el doctor Graham hacía su llamamiento a los presentes para que se arrepintieran y recibieran el perdón de Dios, sus amonestaciones eran sicológicamente razonables.

Usted y yo necesitamos que nos perdonen. El director de un sanatorio siquiátrico de Knoxville, Tennessee, E.U.A., dijo que el 50 por ciento de los internos podría irse a casa si supieran y creyesen simplemente que estaban perdonados.

Vivimos en un mundo infestado de rencores, resentimiento, amargura y corazones quebrantados, y si no se hace frente a tales problemas y se resuelven, los mismos afectarán también a la unidad del cuerpo de Cristo, desgarrarán las relaciones, embotarán el filo del Espíritu Santo en la vida de los individuos, y lo dividirán todo: desde las familias hasta los movimientos estudiantiles, ¡Necesitamos el perdón!

El aceite de las relaciones

El perdón es el aceite lubricante de las relaciones, el cual reduce la fricción y permite que los individuos se aproximen unos a otros. Si usted no cree que otra persona sabe perdonar, jamás podrá ser de veras abierto y vulnerable a ella.

Las personas rencorosas son incapaces de formar relaciones profundas, duraderas e íntimas. Por muy inteligente o hábil que usted sea, si no sabe perdonar, jamás podrá llegar a una relación íntima con nadie —ésta se verá desgarrada por conflictos no olvidados, debido a que usted no ha sabido perdonar.

Además, si usted es rencoroso, le espera inevitablemente la soledad; ya que la gente vacilará en hacerse vulnerable a usted. Usted habrá construído una barrera a su alrededor. Las amistades sin perdón no son duraderas. Para que dichas amistades se desarrollen y se hagan más íntimas, debe existir la seguridad de que uno puede fallar vez tras vez a los ojos de su amigo y ser aún querido y plenamente perdonado.

En el matrimonio, un esposo o una esposa rencorosos destruyen la posibilidad de realizar todo el potencial de intimidad que hay en esa relación, especialmente en el área de la comunicación. El otro cónyuge vivirá en un constante temor de ofenderlo, y así será reacio a comunicarse sinceramente por miedo a que su pareja se aproveche de la vulnerabilidad que exhibe. La amargura y el resentimiento acabarán dominando la relación entre ellos.

Por el contrario, el perdón, cuando se lo practica regularmente en el matrimonio, lleva a una mayor intimidad al engendrar la comunicación franca. Si alguien lo ama a usted a pesar de sus faltas y lo acepta incluso después de haberlo usted agraviado, usted no puede menos que responder a esa persona con un amor todavía más profundo.

El perdón es como una lente

Las ideas y prácticas que usted tenga en cuanto al perdón determinarán en gran medida su forma de resolver conflictos.

Pregúntese a sí mismo:

1. ¿Veo en cada situación que demanda perdón una oportunidad para fortalecer la relación y desarrollar mi propio carácter?

2. ¿Considero las necesidades del que me ha herido e intento comprenderlo?

3. ¿Me doy cuenta de que si el castigo es necesario Dios tratará justamente con mi ofensor, y de que la venganza y la retribución no son responsabilidad mía?

4. ¿Escojo dar gracias a Dios por cada experiencia y permito así que su gracia y su amor crezcan en mí?

Las relaciones y los matrimonios pocas veces se deshacen por un sólo desacuerdo. Cualquier explosión que surge es generalmente sólo el último conflicto de una acumulación de éstos, en los que no ha habido perdón ni reconciliación.

El doctor Tim LaHaye escribe: "¿Quién de nosotros no está sujeto al mal humor, al espíritu negativo y a la actitud crítica? Cierto que tales cosas no deberían existir en un matrimonio cristiano, pero existen. No hay pareja casada que en la vida matrimonial diaria no tenga un sinfín de 'quejas'; y sin embargo vemos que muchas de esas parejas gozan de amor, armonía y paz en su relación. Su secreto es invariablemente, el perdón".[1]

Admitámoslo, la Biblia no se anda con remilgos en cuanto al perdón. Se nos *ordena* que perdonemos. En Marcos 11:25, Jesús nos dice que cuando estamos orando debemos perdonar cualquier cosa que tengamos contra otros; e inmediatamente después del Padrenuestro, en Mateo 6:14, 15 expresa: "Porque si perdonáis a los hombres sus ofensas, os perdonará también a vosotros vuestro Padre celestial; mas si no perdonáis a los hombres sus ofensas, tampoco vuestro Padre os perdonará vuestras ofensas."

En una primera lectura, esto parece querer decir que nuestro propio perdón se basa en cómo perdonamos a otros, en vez de en la gracia de Dios en Cristo; sin embargo, eso sería una contradicción del resto de las enseñanzas de Jesús. Yo creo que Cristo está diciendo que si rehusamos perdonar al individuo que nos ha agraviado, de esa actitud nuestra Dios sabrá que cualquier confesión de nuestros propios pecados a El no puede ser genuina; que no hemos recibido en realidad el perdón que El ha puesto gratuitamente a nuestra disposición.

Richard Strauss escribe: "Una persona que ha admitido sinceramente la vileza de su propia pecado, y ha experimentado la bendición del perdón de Dios, no puede menos de responder con perdón hacia otros."[2] Y ¿no es posible que (al igual que la benignidad de Dios nos guía al arrepentimiento) nuestra benignidad hacia otros, expresada por medio del perdón, pueda ayudarlos a que se arrepientan?

Nuestro criterio para perdonar es el ejemplo de Cristo —un perdón absoluto e inmediato. Sin embargo, la mayoría de nosotros jamás soñaríamos con perdonar a algunas de las personas a las que El perdonó. En Lucas 7 leemos cómo Jesús perdona a la mujer pecadora, y en Juan 8 lo vemos hacer lo mismo con la mujer sorprendida en adulterio... ¡El incluso perdonó a los hombres que lo crucificaron! En situaciones en que nosotros habríamos denunciado o avergonzado a otros rápidamente, la descripción de la vida de Jesús es de un perdón constante.

¿Qué es el perdón?

¿De qué manera definiríamos el perdón? Yo me he encontrado con varias definiciones, y estoy seguro de que por lo menos una de ellas le hablará a usted personalmente.

1. *Perdonar* significa: "Borrar, condonar lo que le deben a uno"; "abandonar el resentimiento"; "hacer borrón y cuenta nueva, liberar de una deuda, cancelar el castigo"; "aceptar personalmente el precio de la reconciliación"; "renunciar a todos los derechos sobre uno que lo ha herido y liberarse de las consecuencias emocionales del agravio"... No es sólo decir: "Te perdono", sino también renunciar a todas las consecuencias emo-

cionales de la herida recibida; significa que el resentimiento desaparece, a pesar de lo mucho que disfrutamos aferrándonos a los sentimientos de rencor.

Perdonar es un verbo activo que no nos permite sentarnos a esperar que la otra persona se arrepienta. De igual manera que Cristo murió por nosotros cuando aún éramos pecadores, perdonar significa dar el primer paso con objeto de sanar una relación.

2. *Perdonar* es también: "Renunciar a o desprenderse de..." Si alguien viola sus derechos, perdonarlo significa renunciar al derecho que usted tiene de reacción y de saldar cuentas, por mucho que sienta que la venganza está justificada. Perdonar quiere decir otorgar gracia, no exigir justicia —una respuesta que va en contra de todo lo que enseña nuestra sociedad.

¿Qué pasaría si Dios insistiera en ajustarnos las cuentas cada vez que pecamos? Hace mucho que habríamos sido fulminados. Nunca he orado a Dios pidiéndole justicia en mi relación con El, sino siempre misericordia, y sólo hace un par de años llegué a la humillante conclusión de que uno de mis problemas era que le pedía su gracia para mí, pero exigía justicia en mis relaciones con otra gente.

El mundo nos dice que odiemos, y Dios que amemos. El mundo dice que debemos vengarnos, y Dios que perdonemos. ¿Por qué? Porque la base de nuestro perdón es lo que Jesucristo hizo en la cruz por usted y por mí. Pablo escribe a los colosenses: "En quien (en Jesús) tenemos redención por su sangre, el perdón de pecados" (Colosenses 1:14). Esto se explica con mayor detalle en Hebreos 10:10–12, donde dice: "En esa voluntad somos santificados mediante la ofrenda del cuerpo de Jesucristo hecha una vez para siempre. Y ciertamente todo sacerdote está día tras día ministrando y ofreciendo muchas veces los mismos sacrificios, que nunca pueden quitar los pecados; pero Cristo, habiendo ofrecido una vez para siempre un solo sacrificio por los pecados, SE HA SENTADO A LA DIESTRA DE DIOS." El ofreció un sacrificio para siempre por nuestro perdón.

La base de ese perdón se describe en 1 Pedro 1:18, 19: "Sabiendo que fuisteis rescatados... no con cosas corruptibles, como oro o plata, sino con la sangre preciosa de Cristo, como de un cordero sin mancha y sin contaminación." La base misma sobre la que Dios nos perdona no es algo que nosotros hayamos hecho, sino más bien lo que Jesucristo es, y lo que El ha hecho por nosotros en la cruz. Este es, pues, también nuestro modelo para perdonar a otros.

¿A mí también?

La parte verdaderamente revolucionaria del perdón de Dios, y que también debe serlo del nuestro, es su alcance. Dicho perdón es completo. Según la descripción del Salmo 103:12, El alejó de nosotros nuestros pecados "cuanto está lejos el oriente del occidente". Ahora bien, la distancia entre el norte y el sur se puede medir, no así la del oriente al occidente. Esta frase es una alusión específica a la eternidad: el alcance del perdón de Dios es eterno.

Para resolver los conflictos que se presentan en nuestras relaciones interpersonales, debemos primero solucionar el que tenemos con Dios y ser perdonados por El. Sin embargo, durante años yo no comprendí que eso incluía también el perdonarme a mí mismo. Reconocía que Dios me otorgaba su perdón sobre la base de lo que Jesucristo había hecho, pero en cuanto a mí, tenía que dejar de hacer esto y empezar a hacer aquello para ganar el derecho a perdonarme. Durante un tiempo larguísimo no se me ocurrió que el perdonarme a mí mismo no dependía de algo que yo tuviera que hacer, sino de lo que Cristo había hecho ya por mí en la cruz. Los cristianos necesitan perdonarse a sí mismos, y cuando no lo hacen están deshonrando a Dios.

Durante un tiempo considerable viví según la pauta de muchos cristianos: confesaba mis pecados a Dios, aceptaba su perdón, y luego me dejaba asediar por el sentimiento de culpabilidad. Con esto último estaba diciendo implícitamente que la muerte de Jesucristo en la cruz no era suficiente para borrar todos mis pecados.

Lo que verdaderamente está en juego mientras pasamos por la vida no es tanto si fallamos mucho o poco; sino de qué manera reaccionamos usted y yo cuando pecamos. Cierto día, por ejemplo, estábamos alrededor de ocho de nosotros hablando en un restaurante del pueblecito donde vivo e hice un comentario que no debería haber hecho, el cual hirió o otro hermano allí presente. En aquel momento no me di cuenta de lo que implicaban realmente mis palabras, pero eso no era excusa.

A la mitad del camino

Inconsciente del problema, dije adiós a todos después de cenar y partí hacia casa. Sin embargo, en el camino, de repente. . . ¡Bam! Jamás en toda mi vida me había sentido tan convencido de pecado por el Espíritu Santo. La certidumbre de lo mal que estaba aquello que había dicho durante la cena brotó de mi interior, y allí mismo se lo confesé a Dios; pero no pude continuar conduciendo hacia casa —sabía que debía volver y admitirlo también ante mi hermano.

De manera que di la vuelta, fui en su busca y le dije:

—Sé que lo que dije estaba mal, y que te he herido. He pecado. Ya se lo he confesado a Dios, y ahora vuelvo para confesártelo a ti y pedirte perdón. ¿Me perdonas?

—¡No! —respondió él para mi asombro.

Pensé que debí haber oído mal, de modo que probé otra vez.

—¡Jamás debiste decir eso! —me contestó.

¡Naturalmente, si no me hubiera dado cuenta de ello, no habría regresado al restaurante! Por lo tanto traté una vez más de explicárselo y él profirió:

—Alguien como tú nunca debería haber dicho tal cosa.

¡Siempre estamos con las mismas! "Alguien como tú. . ." ¡Yo también soy una persona! Me pongo los pantalones metiendo primero una pierna y luego la otra, como todo el mundo —a menos que tenga prisa.

Ahora bien, estoy seguro de que ha habido otras personas que no han estado dispuestas a perdonarme, pero no lo han expresado así de claro. Hay gente que suele decirme: "Oh sí, te perdono. . .", y sin embargo me guardan rencor hasta el día de hoy. Aquella fue sin embargo la primera persona que me miró directamente a los ojos y dijo: "No te perdono."

¿Cómo debía yo responder a eso? No encontraba palabras, ni siquiera razones teológicas. . . De modo que subí a mi automóvil y me dirigí a casa sintiéndome desdichado. Luego empecé a repetirme la misma canción: "¿Cómo has podido tú, un miembro de la plantilla de la Cruzada Estudiantil y Profesional para Cristo, decir algo semejante? ¿Quién crees que eres? ¿Y piensas que Dios puede usarte?" Compuse un himno entero el cual todos podríamos cantar en la iglesia y titular: "¡Hay de mí!" Cuando llegué a casa me lo repetí hasta la saciedad: "Dios no puede usarte... Dios no puede usarte..."

Luego, de repente, comprendí lo que estaba sucediendo. Me dije: "Oye, ¡un momento! —yo hablo conmigo mismo todo el tiempo. Tengo dos opciones: puedo dar la espalda a Cristo y a su cruz y compadecerme de mí mismo, o enfrentarme con el hecho de que he fallado, reconocerlo ante Dios y ante el hombre a quien he herido (lo cual ya había hecho), y seguir viviendo tras aprender que no debo repetir lo que hice."

Me gustaría poder decir que todo quedó resuelto de inmediato, pero no fue así; seguí compadeciéndome de mí mismo durante algún tiempo.

¿Comprende usted lo que estaba haciendo? No era sino convertir el perdón de aquel hermano en un requisito previo para perdonarme a mí mismo; dejar que otra persona controlara mi vida y la relación que tenía con mi Padre celestial.

Por último, después de revolcarme en mi falta de perdón poco más o menos durante media hora, dije simplemente: "¡Josh, esto es estúpido! ¡Tú eres más inteligente que todo esto!" Entonces vi claramente la realidad: la base para perdonarme a mí mismo es también la muerte de Cristo en la cruz. Confesé a Dios el asunto una vez más para mi propio beneficio, y luego añadí: "Claro que sí, Josh, te perdono." Dicho aquello comencé a cantar alabanzas y a caminar nuevamente por la fe.

Pues bien, mi felicidad interior irritó de veras a aquel hermano, y las cosas siguieron así durante un año aproximadamente. Durante ese tiempo, yo hice todo lo que pude por mostrarle más amor que nunca, y un día, al evaluar otra vez la situación, le dije a Dottie:

—¿Sabes? La relación con fulano ha sido sanada; de hecho es mejor que nunca.

¡Y ya lo creo que lo es! El otro día, mientras salía del pueblo en mi automóvil camino del aeropuerto, ese hermano salió de repente de una tienda y me detuvo. Nos quedamos allí hablando en el mismo medio de la calzada hasta casi hacernos atropellar.

Ya que viajo mucho en avión, tengo la costumbre de utilizar los pocos minutos que hay antes del despegue para recordar los acontecimientos del día y lo que Dios ha hecho en él. En aquella ocasión un sudor frío se apoderó de mí al comprender que si yo no hubiera tomado la decisión de perdonarme a mí mismo y de andar por la fe, la relación probablemente no habría sido sanada.

Piénselo: muchas relaciones no sanan hoy en día porque los creyentes rehúsan perdonarse a sí mismos. Si usted no puede otorgarse el perdón, su relación estará en perpetuo conflicto. La muerte de Cristo en la cruz abarca nuestro perdón para con nosotros mismos. Necesitamos concentrar plenamente nuestra mirada en su obra, y no en las nuestras.

El perdón también abarca a otra gente. En su libro, *La liberación del planeta tierra,* Hal Lindsay escribe: "Si Dios nos ha perdonado todos nuestros pecados, ¿cuál debe ser nuestra actitud hacia el pecado en nosotros mismos y en los demás? Para mí, el dejar de perdonarme a mí mismo o a algún otro que me haya ofendido, implica que tengo una norma de perdón más alta que Dios; ya que sea lo que sea aquello que tanto me ha ofendido como para no poder perdonarlo, El ya lo ha perdonado."[3] En Hebreos 10:14, el Señor nos enseña: "Por medio de aquella ofrenda única, hizo perfectos ante Dios a los que está santificando" (*La Biblia al día*). Uno no puede mejorar eso.

La base de todo perdón —ya sea del que nos otorgamos a nosotros mismos o del que damos a los demás—, es la muerte de Jesús en la cruz. Un individuo que se niega a perdonar a otro está en realidad separándose a sí mismo del perdón de Dios.

¿Ha pensado usted de veras alguna vez en la revolucionaria declaración que aparece en el Padrenuestro? Traduciendo libremente, Jesús nos enseñó a orar: "Señor, perdóname *como yo he perdonado a los demás.*" Yo llevaba recitando el Padrenuestro —nuestra oración modelo— veinte años, y sin embargo nunca había caído en la cuenta de que pedimos a Dios que nos perdone sólo en la medida en que nosotros perdonamos a otros.

No queme ningún puente

Quisiera animarlo a grabar esta frase en la cartelera de su mente: "Cuando me niego a perdonar, estoy quemando un puente que algún día necesitaré cruzar." Sea quien sea usted, precisará más a menudo de lo que se imagina el perdón de otros.

¿A quiénes hemos de perdonar usted y yo? Debemos perdonar a cualquiera que nos haya airado, herido, maltratado u ofendido... empezando por nuestro cónyuge. En Oseas leemos que cuando la mujer del profeta se convirtió en una prostituta, éste fue y la compró en la subasta pública, la llevó a su casa y la perdonó. No sólo tenemos que perdonar a nuestro esposo o nuestra esposa, sino también a nuestro anterior cónyuge, si lo hubo. ¡Cuántas personas divorciadas hierven de amargura a causa de una relación rota y no están dispuestas a perdonar! Dichas personas no son las únicas que sufren la tortura emocional debido a que no están dispuestas a otorgar el perdón, sino que sus hijos padecen tremendamente más por esa misma causa.

Usted también necesita perdonar a sus hijos cuando lo hieren; deje que el incidente se le vaya de la memoria.

Muchos guardan sentimientos de amargura hacia su padre debido a un incesto, divorcio, malos tratos o alcoholismo. Usted no nació de tales padres por casualidad; Dios los escogió especialmente para usted. Por mala que haya sido una situación, el Señor todavía puede usarla para su bien, y usted necesita perdonar a sus padres. Esto no sólo es bíblico, sino que además yo puedo corroborar su valor por experiencia propia.

Usted necesita perdonar a otros miembros de la familia. Wilmot, mi hermano mayor, era el favorito de mis padres; sin embargo, cuando se fue de la granja, los demandó por la mitad de todo lo que poseían. Durante años le guardé rencor por haber hecho tanto daño a mi madre y por la humillante exhibición pública que realizó de nuestros problemas familiares.

No mucho después de hacerme cristiano, Dios comenzó a convencerme de pecado en cuanto a mi resentimiento contra Wilmot; de manera que le escribí una carta: el perfecto modelo de cómo no hay que perdonar a otra persona. Dicha carta constaba de cinco páginas, y las cuatro primeras, así como las nueve décimas partes de la quinta, enumeraban todo lo malo que había hecho mi hermano y por lo cual necesitaba ser perdonado. Incluso añadí un comentario encantador: "Tú mataste a mamá"; porque yo sabía que lo había hecho. Entre el abuso del alcohol por parte de mi padre y el pleito de Wilmot le habían quitado a ella todo deseo de vivir.

Al final de la última página escribí: "He llegado a conocer

personalmente a Jesucristo, y deseo que sepas que te perdono."
Luego firmé la carta y agregué: P.D. "No quiero volver a verte
nunca más."

Pues bien, yo creía que después de perdonar a alguien uno
se sentiría mejor; pero yo me encontraba muy mal. Por último
tuve que reconocer que había cometido un fallo, y hube de pedir
perdón por la forma en que había perdonado (no hay mucha
gente que haga eso). De modo que compré una postal, para así
no poder escribir mucho, y puse simplemente: "Wilmot, te perdono y te amo. Josh". En Hechos, 7:60 leemos que Esteban,
mientras lo estaban apedreando, exclamó: "Señor, no les tomes
en cuenta este pecado". Necesitamos aprender a perdonar a
aquellos que cometen crímenes contra nosotros.

Perdón valeroso

Goldie Bristol no se enteró de la violación y brutal asesinato
de su hija de veintiún años hasta recibir un breve telegrama
del juez instructor que decía: "Tenemos el cuerpo de su hija
Diana, ¿qué quiere que hagamos con él?" Después del funeral,
Dios guió a aquella familia a orar por el asesino. Este fue cap-
turado y Goldie obtuvo permiso para visitarlo en la prisión fe-
deral. Una vez allí, miró al hombre a los ojos y expresó: "Lo
perdono".

Debemos perdonar incluso a aquellos que han hecho daño a
nuestros seres más queridos. La esposa de un amado hermano
que había trabajado en mi equipo durante varios años, murió
a consecuencia de un accidente causado por un conductor borracho sólo seis meses después de su boda. Charlie fue al hombre y lo perdonó por haber matado a su mujer, y yo tuve que
esforzarme para hacerlo en mi propio corazón.

Algunos de nosotros nos sentimos obsesionados con personas
que murieron sin que los perdonáramos. Necesitamos perdonar
a gente del pasado; y también a aquellos de nuestro alrededor
que nos persiguen, nos intimidan, nos acosan, nos atacan y nos
irritan.

Primeramente tenemos que estar seguros de que el verdadero problema es el otro, y no algo que nosotros estemos haciendo. Pero después que hemos reconocido que estamos siendo

tratados injustamente y hemos admitido nuestra actitud hacia los implicados, podemos recibir perdón nosotros mismos. Pida luego a Dios que los perdone a ellos y preséntelos en oración.

Nuestra sociedad dice: "Usted tiene derechos, ¡exíjalos!" Pero Dios nos ha llamado a perdonar a aquellos que pisotean nuestros derechos; ya sea en el área de la reputación, del tiempo, de las finanzas, de la comodidad o de cualquier otra cosa. Esto abarca todo: desde los insultos hasta el rechazo, pasando por la crítica —¡todo! Decir: "Te perdono todo *menos. . .*", no es perdón verdadero. El perdón incluye nuestra relación con Dios Padre, con nosotros mismos y con los demás. Es algo que lo abarca todo y que es eterno.

Ahora en paz

Puede que usted se esté preguntando: "¿Y cuándo perdono?" En Efesios 4:26, Pablo nos exhorta: "No se ponga el sol sobre vuestro enojo". La Biblia no nos prohíbe airarnos, pero nos amonesta a que controlemos nuestra ira. Yo creo que si usted se acuesta "enfadado", es su ira la que le está controlando a usted. Fundamentalmente, el perdón debe otorgarse, ofrecerse o recibirse *sin más tardar*. El tiempo que pasa entre la herida y el ofrecimiento de nuestro perdón, es realmente un indicador de la firmeza de nuestro andar con Dios.

Al tratar con otros, usted necesita perdonarlos o pedirles perdón siempre que esto pueda ser de ayuda, bendición o ánimo para ellos. Cierto joven llamado Matt comentó a su amigo algunos comportamientos cuestionables de un pastor local. Al llegar a casa, se dio cuenta de que sus palabras habían estado fuera de lugar y llamó al otro por teléfono.

—Una de mis mayores preocupaciones —dijo— es la división en el cuerpo de Cristo, y ahí estaba yo diciendo cosas que la fomentan. Siento haberte expuesto a ello; espero que me perdones.

—¿Sabes? —respondió su amigo—, no me había siquiera parado a pensarlo; pero tienes razón, no deberías haber dicho eso. Naturalmente que te perdono. Gracias por hacer mención de ello.

A veces, sin embargo, una confesión inmediata no supondrá

estímulo alguno para la otra persona, ya que ésta no se encontrará lista emocionalmente para dicha confesión. Quizá usted tenga que contender con el asunto solo durante algunos días antes de tratar con el otro.

Resumen de las bases

Tenemos tres recursos para perdonar: el primero es Jesucristo, nuestro modelo, y su provisión de perdón. El segundo es el Espíritu Santo, que nos capacita para hacerlo (nosotros no podemos perdonar por nosotros mismos). Cuanto más andemos en la plenitud del Espíritu, tanto más perdonadores seremos. Nuestro tercer recurso es la guía de la Palabra de Dios.

Luego hay tres áreas en que podemos concentrarnos para comprender mejor el perdón y practicarlo en nuestra vida diaria. Una de ellas es la profundidad del perdón de Cristo. El hizo un sacrificio por *todos* los pecados y para *siempre*. La segunda de esas áreas la constituye nuestra incapacidad de ganar el perdón por mucho que lo intentemos. Si nos concentramos en Jesús como base de nuestro perdón, inmediatamente comprendemos que no nos es posible ganar dicho perdón. En Romanos 1:17 se nos dice que andamos "por fe y para fe", lo cual creo que significa que por fe comenzamos la vida cristiana y por fe la vivimos. Yo sé que comencé dicha vida por la fe, pero a menudo quiero vivirla por las obras.

La tercera área es nuestra propia necesidad de perdón. Algunas veces me asombro a mí mismo: alguien hace algo ofensivo contra mí y me olvido por completo de que alguien me haya perdonado alguna vez. Yo puedo ser una apisonadora de vapor, y con la clase de personalidad que tengo, me han tenido que perdonar mucho más de lo que yo tendré que hacerlo nunca con otros. Cuando concentro mi atención en mi propia necesidad de perdón, eso mantiene en perspectiva mi perdón de los demás.

Esto no es el perdón

Pedir perdón no es meramente decir: "Lo siento." Cuando usted hace esto está reconociendo el problema a fin de salir del apuro, pero no su responsabilidad en dicho problema. Pedir perdón consiste en expresar: "Lo siento, ¿quieres perdonarme?" A mí me gusta también especificar qué es aquello por lo cual busco perdón.

El perdón no es algo condicional ni posible de ganar. Usted no puede pedirle a alguien que cambie primero —"Tal vez si limpias tu vida te perdone". El verdadero perdón no pone condiciones.

El perdón no es un sentimiento. Ha habido veces cuando ciertamente no me sentía en disposición de perdonar, y he tenido que hacerlo por la fe. Sin embargo, no recuerdo ni un solo caso en el que haya perdonado de esa manera sin experimentar luego los sentimientos. El perdón es un acto de la voluntad.

El perdón no lleva cuentas. Usted no puede tomar nota mentalmente cada vez que ocurre algo y piensa que está perdonando. En 1 Corintios 13:5 Pablo nos recuerda que el amor "no guarda rencor"; lo que significa que usted debe amar a la persona y responder a ella de la misma forma que antes de que ocurriera el agravio.

El perdón no aparenta que la situación jamás haya ocurrido. Con mucha frecuencia la gente sigue viviendo y actuando como si nunca hubiera sucedido un problema. Si es esa la manera en que usted está tratando un asunto, no se sorprenda si dicho asunto vuelve a obsesionarlo.

El perdón no tiene nada que ver con la indiferencia. Si su actitud es: "Bueno, ¿y qué más me da?", está pasando por alto un conflicto que necesita solución; tal indiferencia es superficial.

El perdón no consiste en tolerar el pecado. El hecho de que usted haya resuelto el daño recibido perdonando, no significa que sea indulgente con una mala acción.

El perdón no consiste simplemente en decir: "Bueno, olvidémoslo". Uno no olvida las cosas que pasan, sino que éstas más bien se convierten en una causa de irritación o resentimiento. El olvidar no trae como consecuencia el perdón; pero sí sucede al contrario: el perdón produce el olvido.

El perdón no debe confundirse con la tolerancia. Tolerar un problema perpetuamente no resuelve nada ni ayuda a una relación.

El perdón no se esfuerza por dar una lección al ofensor.

El perdón no implica que no vaya a haber consecuencias. Podría ocurrir todavía una pérdida de reputación, o una pérdida financiera, emocional, o de sueño, o algún otro tipo de resultado. Usted debe comprender que la persona que hace algo malo tiene dos tipos de responsabilidad: Una *personal* y otra *legal*. Si usted perdona a alguien, ello significa que ha tratado con el problema en un plano personal; pero ese individuo aún tiene que responder ante Dios. Usted puede perdonar al conductor sin seguro que le aplasta el auto; pero dicho conductor todavía tiene que rendir cuentas a la justicia.

El perdón no implica que la persona a quien usted ha perdonado vaya a cambiar. Suceda esto último o no suceda, el mandamiento de Dios para usted es que perdone —nosotros no somos responsables de las acciones de los demás.

Y por último, el perdón trata de un modo eficaz con las heridas pasadas, pero no puede aislarlo de las futuras. Sin embargo, si usted logra perdonar ahora, será más capaz de hacer frente a los conflictos y heridas por venir.

La intimidad en una relación matrimonial no depende de no ofender jamás a su cónyuge. Si fuera así, ningún matrimonio lograría sobrevivir. Dicha intimidad se basa más bien en la disposición que usted tenga de perdonar y de pedir perdón. La gente que cita esa frase de *Love Story* (Historia de amor) que dice "Amor significa no tener nunca que pedir perdón", demuestra poco entendimiento de lo que son las relaciones íntimas. Dos personas en una relación de amor *experimentarán* conflictos; pero el amor verdadero siempre estará dispuesto a perdonar. El pedir perdón en una relación madura no lo expondrá al abuso de su pareja; por el contrario: cuando le pido perdón a Dottie por algo, tengo la certeza de que ella no se aprovechará de mi vulnerabilidad.

Esto es el perdón

Ahora que hemos visto lo que *no* es el perdón, echemos un vistazo a lo que *es*. En primer lugar, el perdón es una expresión de fortaleza, no de debilidad. Más hombres que mujeres tienen miedo de que el perdonar y el pedir perdón pueda significar debilidad para mantener la imagen de "macho". Sin embargo, créame: el tratar de sanar una relación por medio del perdón es una verdadera señal de fortaleza de carácter.

El perdón es una expresión del amor que toma la iniciativa. ¿Ha pensado usted alguna vez: "Por qué debo perdonarla, si ella no ha pedido perdón"? No obstante, el amor de Dios nos constriñe a dar el primer paso. En 1 Juan 4:10 leemos: "En esto consiste el amor: no en que nosotros hayamos amado a Dios, sino en que él nos amó a nosotros y envió a su Hijo en propiciación por nuestros pecados." Si Dios hubiera esperado a que nosotros nos arrepintiésemos y pidiéramos perdón, aún estaríamos perdidos; y si usted aguarda a que otra persona confiese y busque primero su perdón, está dejando que dicha persona controle su vida.

Jesús dijo: "Por tanto, si traes tu ofrenda al altar, y allí te acuerdas de que tu hermano tiene algo contra ti, deja allí tu ofrenda delante del altar, y anda, reconcíliate primero con tu hermano, y entonces ven y presenta tu ofrenda" (Mateo 5:23, 24). Aquí Dios explica claramente que El quiere que usted tome la iniciativa sin importar quién necesite el perdón —ni siquiera desea que lo adore si hay una relación la cual usted no ha tratado de arreglar. Si la gente siguiera esta enseñanza bíblica y no fuese a la iglesia porque se niega a buscar o a ofrecer el perdón, me pregunto cuántos se presentarían en el culto el próximo domingo por la mañana.

El perdón tiene en vista tres objetivos. El primero de ellos lo vemos en las palabras de Jesús que acabamos de considerar: es la *reconciliación* entre dos individuos. El segundo se encuentra en Colosenses 3:12–15: "Vestíos, pues, como escogidos de Dios, santos y amados, de entrañable misericordia, de benignidad, de humildad, de mansedumbre, de paciencia; soportándoos unos a otros, y perdonándoos unos a otros si alguno tuviera queja contra otro. De la manera que Cristo os perdonó, así también hacedlo vosotros. Y sobre todas estas cosas vestíos de amor, que es el vínculo perfecto. Y la paz de Dios gobierne en vuestros corazones, a la que asimismo fuisteis llamados en un solo cuerpo; y sed agradecidos". El perdón promueve *la unidad en el cuerpo de Cristo*. Y un tercer objetivo del perdón es la *sanidad emocional:* una de las mejores maneras en que se puede demostrar el amor sanador de Cristo a un mundo que observa.

¿Por qué no perdonamos?

Ahora, para comprender mejor la forma de aplicar el perdón en nuestra vida, echemos una ojeada a algunos de las razones por las cuales no perdonamos.

Una de esas razones es desde luego la *inseguridad*. Si usted o yo nos sentimos inseguros en nosotros mismos o en nuestra relación con Dios, buscaremos todas las oportunidades que podamos para afirmarnos. El quedar sobre otros no perdonándolos puede proporcionar un falso sentido de seguridad.

Otra razón por la que no perdonamos es el *rencor*. En Efesios 4:30 y 32 se nos manda que no alberguemos resentimiento; sin embargo todos nosotros sabemos que se experimenta una especie de placer haciéndolo.

Hace varios años hablé en Pomona, California, acerca de la revolución del amor. Después de mi charla se me acercó una mujer y me dijo:

—Señor McDowell, le agradezco de veras lo que ha compartido hoy; pero yo no quisiera tener por la gente esa clase de amor que usted tiene por mí.

Aquello realmente me afectó.

—¿Por qué no? —le pregunté.

—Pues ¡porque quiero sentir el placer de odiar a aquellos que me odian!

A algunas personas la amargura las motiva para toda la vida. Ciertos sucesos de los más famosos de la historia se perpetraron a causa del rencor. Una de las razones por las que no perdonamos es que gozamos albergando el "derecho al resentimiento".

Otra frecuente razón por la que no otorgamos el perdón son los *celos*. El odio que el rey Saúl sentía por David tenía sus raíces en los celos, y por lo general no queremos perdonar a alguien que posea algo que creemos que deberíamos tener nosotros. Cuando alguien vive más desahogado que nosotros, básicamente decidimos que no merece nuestro perdón.

Otra de las razones principales por las que la gente no perdona es en realidad el *miedo*. Cuando usted perdona a alguien, se hace a sí mismo vulnerable. Tal vez no perdone porque otra vez que lo hizo, escarmentó y tiene miedo de que vuelvan a herirlo. Aquí es donde interviene la salud de su imagen propia: hasta que usted no se vea como Dios lo ve —ni más ni menos—, no estará dispuesto a exponerse. Pero cuando se ofrece para sanar la relación, está actuando rectamente a los ojos de Dios, ya sea que el otro acepte o no su oferta.

También la *autocompasión* puede impedirnos perdonar. "He sufrido más heridas que nadie —decimos—, y sencillamente no puedo seguir perdonando." Sin embargo, Romanos 8:28 nos asegura que Dios hace que todas las cosas (incluso las malas) nos ayuden a bien; y al compadecernos a nosotros mismos estamos poniendo nuestro juicio por encima del dictamen de Dios. Lo que damos a entender en efecto es: "Dios, esta área no puede ayudar a bien, y tú eres impotente para hacer nada con ella".

Otra excusa frecuente para no perdonar es *desplazar la culpa*. Ese sentimiento de "yo estaba en mi derecho y tenía derecho a hacer lo que hice", ha impedido que innumerables personas experimentaran el perdón y ha destruido un sinfín de relaciones.

La *simple y pura rabia* contra una persona puede hacer que usted no perdone. A usted no le importaría que esa persona hiciera a otro lo que le ha hecho a usted; pero ¡cómo se atreve a hacérselo a usted! Efesios 4:26 nos dice: "No se ponga el sol sobre vuestro enojo." Y fíjese que se trata de un mandamiento y no meramente de una sugerencia.

Una respuesta más que impedirá el perdón es el *orgullo*. El orgullo dice: "No necesito esta relación, ni a esa persona".

Otra razón que hace que no perdonemos es *no querer olvidar*. Olvidar no supone sencillamente ser incapaces de recordar una situación, sino que, a mi modo de ver, significa pasar por alto o dejar a un lado determinado suceso, negándonos a permitir que las heridas del pasado nos obsesionen tanto que no podamos disfrutar de las alegrías del presente.

Si es usted un aficionado a los automóviles, piense en el olvidar como en no sacarle a algo todos los kilómetros que podría; o si se crió en una granja, como yo, en no extraer a una situación toda la leche que ésta tiene. Olvidar es no llevar un anotador de agravios, sino arrinconar dichos agravios y dejar que coleccionen polvo. Y cuando se presenta una situación semejante, echar un vistazo al estante y recordar lo que no debe usted hacer. A continuación vuelva a alejar el asunto de su mente. *Olvidar significa no ser controlado ya más por las heridas y por el deseo de desquitarse.*

Cuando estudio un tema, por lo general Dios aprovecha la ocasión para hacer oportunas correcciones a mi caminar con El. Mientras estudiaba el perdón, descubrí lo que hacía bien y lo que hacía mal, y Dios me animó en lo primero e hizo que reconociera las áreas en las cuales necesitaba corrección.

Ahora, cuando surgen ciertas situaciones, puedo mirar al estante donde he puesto las heridas pasadas, aprender algo de ellas y decir: "Eso estuvo mal, pero Cristo murió por ello." Luego pongo de nuevo el asunto en el estante y ando por la fe, más capaz de afrontar heridas futuras; así es como Dios hace de mí una mejor persona.

Henry Ward Beecher explica que la frase: "Puedo perdonar pero no olvidar", es otra forma de decir: "No puedo perdonar."

Otra razón todavía por la que no podemos perdonar es la *indignidad* del ofensor; decidimos que esa persona no merece ser perdonada. Sin embargo la Biblia no nos ha dejado a usted o a mí la opción de emitir ese juicio; simplemente dice: "¡Perdona!", eso es todo. ¿Qué hizo usted para merecer el perdón de Cristo?

Una razón clásica más para no otorgar el perdón, es *la ofensa repetida:* "Ya te he perdonado cinco veces, y no pienso hacerlo de nuevo. Si te perdono volverás a las andadas; y eso deprecia todo el asunto." Yo personalmente he sentido esto hacia un hermano, y he pensado que dicho hermano necesitaba aprender una lección antes de que lo perdonara otra vez. Sin embargo, al perdonar generosamente de continuo, resaltamos el perdón ilimitado que Dios nos ofrece por medio de Cristo. Pero saber que El nos perdona, no implica que pequemos voluntariamente, sino simplemente que cuando fallamos, Dios nos perdona y vuelve a recibirnos sin reservas.

En tiempos de Cristo, el consenso entre los rabinos era que se debía perdonar a alguien cuatro veces y no más. Algunos de los maestros más generosos quizá fueran hasta siete veces; pero esa se consideraba una postura radical. ¿Puede entonces imaginarse usted la escena en que Pedro le pregunta a Jesús con qué frecuencia debe perdonar a su hermano? El esperaba realmente impresionar al Señor con su espiritualidad y disposición a perdonar adoptando una actitud religiosa fuera de lo corriente y sugiriendo: "¿Hasta siete veces?"

Uno casi puede imaginarse a Pedro lleno de orgullo y con una sonrisa de satisfacción en el rostro, a la espera de que Jesús le diese unas palmaditas en la espalda y le dijera: "Oh, no, Pedro. Aprecio de veras tu profundidad espiritual, ¡pero dos o tres veces es más que suficiente!"

Sin embargo, en vez de ello, Jesús se vuelve hacia él y le declara: "No te digo siete, sino hasta setenta veces siete". ¿Puede usted ahora escuchar a Pedro mientras contesta balbuceante: "Señor, ¿quieres repetirme eso por favor? ¿Has dicho cuatrocientas noventa veces?" A Jesús no le interesa el número, sino una actitud perdonadora y un deseo ilimitado de sanar relaciones. Esto va en contra de todo lo que enseña el mundo, y nos niega la opción de exigir nuestros derechos después de dos o tres agravios. Nuestra reacción natural es perder la esperanza con alguien después de unos pocos intentos. Sin embargo debemos extendernos hacia otros en perdón por la fe, aun cuando no queremos hacerlo.

La *revancha* es algunas veces el motivo por el cual no queremos perdonar; simplemente deseamos ver fracasar al otro en un proyecto o una relación importante. Queremos causar a esa vida un sufrimiento igual o mayor al que esa persona nos ha producido a nosotros. Pero la Biblia manda: "No paguéis a nadie mal por mal; procurad lo bueno delante de todos los hombres. Si es posible, en cuanto dependa de vosotros, estad en paz con todos los hombres" (Romanos 12:17, 18). Y en Hebreos 10:30, Dios dice: "Mía es la venganza, yo daré el pago."

La fuerza irresistible

Corrie ten Boom y su hermana, a quien ella amaba y admiraba profundamente, fueron prisioneras en el campo de concentración nazi de Ravensbruk. Allí, cierto guardia se portaba de un modo excepcionalmente brutal con ellas. Corrie podía soportar el ser maltratada, pero apenas si le era posible sufrir la crueldad de aquel guardia para con su hermana, quien por último murió de las palizas. Con el tiempo, dentro de Corrie se formó un gran resentimiento hacia ese guardia alemán.

Después de la guerra, Corrie ten Boom fue a Alemania no sólo para llevar un mensaje de perdón, sino para *ser* ella misma dicho mensaje. El sentimiento de culpabilidad pesaba en gran manera sobre los alemanes, quienes entraban y salían silenciosamente de la iglesia en que ella hablaba. Una de las personas que estaba esperando en la cola para saludarla después del culto, resultó ser el guardia que había apaleado a su hermana. El hombre, no reconociendo a Corrie, le dijo: —Yo era guardia en un campo de prisioneros, y le agradezco el mensaje que ha dado esta noche. He conocido a Jesucristo como mi Salvador y Señor y vengo porque necesito que usted me perdone.

Corrie ten Boom acababa de dar un mensaje sobre el perdón. Sin embargo, al reconocer al hombre que tan cruelmente había maltratado a su hermana, sintió bullir la amargura en su interior. El no se daba cuenta de con quién estaba hablando y esperaba con la mano extendida. Pero Corrie no podía alzar el brazo para estrecharla.

Corrie, ¿me perdona? —repitió el hombre.

Dentro de sí, Corrie ten Boom clamó: "Oh Señor, ¡ayúdame!"; e inmediatamente notó que una cálida sensación recorría su cuerpo. Antes de darse cuenta de lo que hacía había tomado la mano de su interlocutor y mirándolo a los ojos le estaba diciendo:

—Lo perdono.

Dios ha traído con frecuencia a mi mente este episodio de la vida de Corrie ten Boom cuando necesitaba extenderme en fe y perdonar. Es algo que no puedo explicar exactamente, pero el poder para otorgar perdón siempre acude si usted se lo permite. Cuando somos débiles, el Espíritu Santo nos asiste dándonos la fuerza suficiente para perdonar cualquier cosa.

El mayor poder disponible hoy en día para resolver conflictos es dar y recibir perdón. La necesidad de perdón constituye una de las más grandes que hay actualmente en el mundo. El manifestar al mundo el carácter de Cristo perdonando a los que nos ofenden, es uno de los testimonios más poderosos que usted o yo podamos dar.

A menudo he dirigido a Dios la siguiente oración pidiéndole que haga de mí alguien más perdonador: "Padre celestial, gracias por tu perdón; gracias porque Jesucristo murió en la cruz por mis pecados y puedo ser perdonado totalmente. Gracias porque cuando puse mi fe en El mis transgresiones fueron perdonadas por lo que El hizo, y no por ninguna obra mía. Padre, enséñame a perdonarme a mí mismo y a los que me rodean. Quiero perdonar como Tú perdonas, y tomar la iniciativa ofreciendo perdón. Dame la fuerza necesaria para tragarme mi orgullo y pedir perdón cuando haya agraviado a alguien. Sáname de todo sentimiento de amargura.

"Señor, te pido convicción de pecado, sanidad, y consuelo respectivamente, cuando necesite cada una de estas cosas. Permíteme ser un canal de tu perdón para el mundo. En el nombre de Jesús. Amén."

Preguntas a considerar

- ¿Por qué es el perdón la base para una relación íntima y duradera?
- ¿Qué podemos hacer para comprender lo que es el perdón y para practicarlo en nuestra propia vida?
- ¿Cuáles son algunas de las razones por las que no perdonamos?
- ¿Qué dice la Biblia acerca del perdón?

HAGASE DIGNO DE CONFIANZA

¿Cuál diría usted que es la preocupación dominante de su vida como hombre o como mujer?

Los estudios llevados a cabo revelan que los hombres ponen la importancia a la cabeza de su escala de valores. Si una esposa menosprecia a su marido en la forma que sea y hiere la sensibilidad de éste en dicho terreno, puede esperar ya sea el retraimiento o la ira de su esposo.

Las mujeres, por otra parte, valoran la seguridad: necesitan saber que cuentan con una provisión adecuada de dinero, un ambiente estable, etc. Sin embargo, la esposa necesita por encima de todo la seguridad de poder confiar en su marido; cuando está segura de esto, se deshará de la presión en muchas áreas.

Curiosamente, el ser digno de confianza no es una cualidad del carácter sobre la que se haga mucho hincapié hoy en día; sin embargo, constituye la base para una relación amorosa, matrimonial y sexual íntima y permanente.

Identidad compartida

Para lograr la intimidad, la pareja debe contar con una identidad compartida —una relación que se exprese con la palabra "nosotros". Los matrimonios deben esforzarse en ser sinceros y francos, permitiendo la vulnerabilidad personal. Sin el factor de la confianza no puede haber sinceridad ni intimidad.

Cierto amigo mío notó que su esposa se estaba sintiendo física y emocionalmente atraída por un compañero de trabajo, y se puso a hacer lo imposible por expresarle su amor, por ayudarla en las situaciones difíciles y por darle a entender que realmente le importaba. Relajada en el amor y el compromiso incondicionales de su marido, ella confió plenamente en él como para compartir su agitación interior. En vez de condenarla, mi amigo le garantizó su apoyo en oración mientras ella trataba de ordenar sus sentimientos. En varias semanas pudieron desarrollar una nueva relación de amor y confianza tan fuerte que el potencial intruso quedó desplazado.

Ahora bien, si usted no tiene la seguridad de que su cónyuge es fiel, digno de confianza, y que siempre piensa lo mejor de usted y para usted, resulta casi imposible franquearse y desarrollar una relación íntima y duradera con él. Pueden estar viviendo en la misma casa, pero ambos se sentirán inmensamente solos.

Hablando de esa soledad, Richard Strauss escribe: "La soledad es algo terrible. Supone un vacío interior, un sentimiento de estar incompleto, una falta de comunión y de compañerismo personal. . . La soledad es el no tener oportunidad de compartir su intimidad con alguien que comprende. . . con alguien con quien se puede gozar de un compromiso y una confianza mutuos".[1]

Al igual que pasa con el carácter, la confianza no es producto de una serie de decisiones tomadas en una noche, sino que se desarrolla a lo largo de un extenso período de tiempo. Cada vez son más los que están llegando a tomar conciencia de la necesidad de incorporar confianza en su relación, especialmente cuando esperan formar una que sea significativa.

Cierto estudiante confesó: "La mayoría de las veces, cuando me encontraba acostado con alguna chica, deseaba no haber llegado jamás tan lejos. Después de alcanzar el punto en que sabía que terminaría pasando la noche con ella, todo iba cuesta abajo; lo único que hacía era actuar mecánicamente. Había veces en que sólo quería abreviar y terminar lo antes posible. Por último dejé ese pasatiempo al darme cuenta de que las relaciones sexuales no valen nada a menos que impliquen una confianza y un amor verdaderos. Sin tales cosas, sencillamente no merece la pena esa pugna."[2]

Lonnie Barbech, sicóloga social, y Linda Levine, sicoterapéuta, han observado en sus sesiones de orientación que la confiabilidad es un factor que permite la libertad y conduce al compromiso: "Las mujeres que gozan de relaciones seguras y solícitas dicen que se sienten menos cohibidas, y más capaces de abandonarse a sí mismas en una experiencia sensual, debido a que confían en sus parejas y se sienten aceptadas por ellos."[3]

Creo que la confiabilidad es simplemente un reflejo de cómo somos en lo más hondo y de lo que nos hemos demostrado ser a nosotros mismos. Para formar esta cualidad en nuestro carácter se necesita tiempo.

La libertad requiere confianza

Resulta obvio que el factor confianza es de importancia vital en el área de lo físico. Si usted aprende a controlar su vida sexual antes del matrimonio, será capaz de controlarla también cuando se case. El esperar al matrimonio para tener relaciones sexuales aumenta la confianza mutua. El plan de Dios para la relación sexual implica un abandono al ciento por ciento únicamente a su cónyuge. No se necesita demasiado tiempo para comprender que si existe cualquier desconfianza en la relación, resulta muy difícil lograr la intimidad, proximidad y el abandono completo a su esposo o esposa.

Cierto hombre había perdido a su esposa en un accidente automovilístico, y después de varios años empezó a salir otra vez con mujeres. Por último se enamoró e hizo planes para casarse de nuevo. No obstante, por causas ajenas a la voluntad de la pareja, tuvieron que esperar casi dos años para contraer matrimonio. Aunque él había conocido el placer sexual dentro de una relación conyugal, jamás fue más allá de besar a su novia al despedirse por la noche.

Una vez que estuvieron casados, la mujer rebosaba de orgullo por el comportamiento de su esposo, y expresaba: "En ciertas ocasiones habría resultado muy fácil dejar que la naturaleza siguiera su curso, pero él jamás bajó la guardia. No hay persona en el mundo en quien confíe más que en mi marido. El está ausente muy a menudo por causa de negocios, pero confiaría en él aunque fuese el único hombre en una isla tropical y se hallara rodeado de quinientas mujeres desnudas". Su autocontrol le fue de provecho en su matrimonio.

Un cimiento sólido

Cuando yo era soltero, jamás comprendí cuánto iban a afectar mis salidas con chicas a la relación con mi esposa. Nadie había compartido jamás conmigo que las experiencias de salir con alguna joven influirían directamente en el gozo y la felicidad de mi matrimonio. Estando en la escuela para graduados, yo salía con una joven llamada Paula. Fuimos novios durante tres años y medio y casi nos casamos. Aunque éramos muy compatibles y disfrutábamos inmensamente el uno del otro y nos respetábamos mucho, faltaba en nuestra relación la plenitud de un amor dado por Dios. De modo que por último rompimos y seguimos siendo muy buenos amigos.

Tres años más tarde conocí a Dottie, y poco después de casarnos, Dottie conoció a Paula. Las dos se hicieron muy buenas amigas y comenzaron a pasar mucho tiempo juntas. Con el tiempo, Paula se mudó cerca de nuestra casa en California —donde también residían sus padres y su hermana. Prácticamente nos convertimos en vecinos.

Cierta mañana yo llegué de un viaje y Dottie no estaba en casa. Cuando volvió me dijo que había pasado la mañana con Paula. Luego se acercó a mí, me rodeó con sus brazos y expresó:

—Cariño, qué contenta estoy de que tu conducta durante los tres años y medio que saliste con Paula fuera correcta.

—¿Por qué? —dije vacilante al tiempo que respiraba hondo.

—Paula ha compartido conmigo esta mañana, que estaba tan enamorada de ti que en ciertas ocasiones habría hecho cualquier cosa por agradarte, pero que tú nunca te aprovechaste de ella —contestó Dottie.

Lancé un gran suspiro de alivio y me alegré de no haber ejercido jamás presión sobre Paula en el terreno de lo físico.

Magníficos antecedentes

¿Puede usted imaginarse lo que supuso para mi esposa aquella conversación con Paula? La experiencia le confirmó: "Puedo confiar en mi marido." Hace poco, en una entrevista, Dottie compartió lo siguiente:

> Usted debe basar su relación en la confianza. Yo confío en Josh que sea un buen proveedor para mis hijos; un marido fiel; nuestro guía espiritual, y que tiene su propia relación con Cristo. Y confío en él como la persona que se hace cargo de nuestras finanzas.
>
> El puede confiar en mí para ser una buena madre mientras él está fuera, que alimento a los niños de un modo apropiado y nutritivo; que no gasto dinero en exceso cuando El está de viaje, ni doy fiestas alocadas... Cada cosa que usted haga, cada paso que dé en su relación, debe estar basado en la confianza. La confianza es el fundamento de su matrimonio. Resulta fácil abandonarse a alguien cuando se confía en él.
>
> ¿A quién acudiría yo si tuviera un problema serio? Pienso inmediatamente que iría a una persona en quien confiase, alguien que me amara como soy y que no fuera a cambiar su opinión acerca de mí por lo que yo hubiese hecho. Y Josh es esa persona, porque confío plenamente en él. Y la razón por la que confío en Josh es que posee unos antecedentes que inspiran confianza. El ha tenido que tomar decisiones difíciles; e incluso antes de ser cristiano dichas decisiones fueron buenas. Josh siempre ha tenido unas normas morales elevadas.
>
> Yo creo que la comunicación constituye el paso más importante para aquellos que han tenido un problema en el pasado. Una pareja necesita saber que confían el uno en el otro a pesar de las cosas que hayan podido suceder anteriormente.

A medida que usted se va haciendo digno de confianza, descubrirá que también va confiando más en otros. Pablo subrayó este aspecto del amor al escribir: "Siempre confía en la persona amada, espera de ella lo mejor y la defiende con firmeza" (1 Corintios 13:7, *La Biblia al día*).

El amor maduro tiene una fe que no puede ser destruída, y está dispuesto a creer en una persona que ha cometido errores repetidas veces. Cristo es nuestro modelo más alto de esa clase de amor: El siempre está listo para amar nuevamente; siempre cree lo mejor, y aunque se lo decepcione mil veces, El sigue estando dispuesto a perdonar y a confiar por milésima vez.

Preguntas a considerar

- ¿De qué forma es la confianza el fundamento para una relación matrimonial duradera?
- ¿Por qué resulta importante la confianza en el terreno de lo físico?

9

¿COMO RESPONDER A LA AUTORIDAD?

Usted será la persona adecuada y un mejor cónyuge si desarrolla una respuesta natural y adecuada a la autoridad cuando todavía está soltero. El tener una respuesta positiva a la autoridad en su vida resulta imprescindible para triunfar en la relación matrimonial.

Si usted es el tipo de persona que siempre tiene que salirse con la suya —que se rebelaba contra sus padres, jefes o profesores— experimentará dificultades para formar una relación íntima y estrecha. El individuo que rechaza habitualmente la autoridad, encontrará difícil responder a su cónyuge de una manera positiva.

En un matrimonio se unen dos personas con diferentes trasfondos y costumbres, y también con gustos distintos. La pareja se hace el propósito de hacer una unión que sea en primer lugar un fuerte lazo matrimonial, y más tarde un vínculo familiar robusto. Ya que hay pocas tareas en la vida que requieren más flexibilidad que el matrimonio, resulta esencial tener una respuesta adecuada a la autoridad. Si uno de los cónyuges no ha aprendido a responder a la misma como es debido, el conflicto se verá acentuado.

Hace años, cuando vivía en Latinoamérica, aprendí algunas

lecciones importantes respecto a la autoridad. En ocasiones no tenía paz con relación a una decisión determinada, bien a causa de una preferencia personal o por diferencias culturales. Sin embargo, aprendí que aun cuando pensara que algo debía hacerse a mi manera, tenía que responder a la autoridad de los argentinos y aceptar sus decisiones. Dios me enseñó la lección de hacer aquello que otra persona quería que hiciese, aun creyendo que mi idea era mejor, o cuando simplemente no quería hacerlo a su manera. ¡Qué magnífica preparación para el matrimonio! Si usted ha aprendido a que no siempre se hagan las cosas a su manera, podrá responder mejor a su cónyuge cuando esté casado.

La cocina amarilla

Permítame ilustrar el buen resultado que ha dado esa lección en mi relación con Dottie.

El sueño de tener un hogar propio se había hecho realidad al mudarnos a una bonita casa de estilo español. Aunque no era muy cara, la vivienda había exigido hasta casi el último centavo que poseíamos. A mí me parecía impecable.

Nos mudamos allí, desempaquetamos, y antes de que el polvo tuviera tiempo de asentarse, Dottie dijo:

—Querido, ¿podríamos pintar la cocina?

A mi modo de ver la cocina tenía un aspecto magnífico. Su color era una especie de amarillo mostaza algo sucio, pero la pintura no estaba desconchada. Le expliqué a Dottie que no creía realmente que necesitara pintarse; pero ella dijo:

—Por favor, cariño, de veras me gustaría que la cocina tuviera otro tono de amarillo.

Entonces empecé a pensar en ello. Pintar la cocina representaba mucho para mi mujer, aunque a mí no me importaba lo más mínimo. Pero, después de todo, ella sería probablemente quien pasaría más tiempo allí. En eso tenía yo que responder a la autoridad. Aunque en realidad no teníamos mucho dinero, comprendí que aquella era la mejor inversión que podíamos hacer con lo que nos quedaba —ya que demostraría a mi esposa que me importaban sus necesidades y deseos—, de modo que decidí ponerme a pintar.

Ahora bien, yo no le dije a Dottie: "¡Bueno, voy a hacerlo, pero deja de fastidiarme!" —eso nos habría robado el gozo a ambos. En vez de ello, expresé:

—Muy bien querida, vamos a pintarla —y me puse a trabajar.

Después de darle la primera mano, tuve que admitir que el color anterior había sido realmente un feo amarillo mostaza. La segunda capa produjo por fin los resultados deseados y dejó la pared de un tono amarillo cálido y luminoso.

Mi esposa entró luego y admiró mi trabajo —hizo que me sintiera como un rey—; y una vez que hubo terminado de admirarlo, yo quedé con la impresión de haber pintado la "Cocina Sixtina". Entonces Dottie preguntó:

—Querido, ¿podríamos hacerle un reborde blanco?

Puesto que en otro tiempo yo había sido dueño de una empresa de pintura, sabía exactamente lo que me estaba pidiendo, y lo difícil que sería pintar el reborde. Pero a la mañana siguiente me levanté temprano, di otra mano a la pared y pinté dicho reborde. Estaba impaciente por que lo viera mi mujer. Aún recuerdo la primera vez que comimos en la cocina después de que estuvo terminada. Dottie me rodeó con sus brazos y dijo:

—Cariño, sé que no querías pintar, pero era muy importante para mí. Muchas gracias.

¿Se imagina usted lo que significó aquello para Dottie? No pudo menos que pensar: "¡Le importo! ¡Le importan mis deseos, mis anhelos y mis necesidades!" Aquella experiencia nos reportó tremendos beneficios. Dar, tomar y responder uno a la autoridad del otro es absolutamente necesario en una relación íntima de unidad.

Ammons y Stinnett son dos investigadores que han estudiado casos de matrimonios vigorosos, y según ellos una característica primordial de las parejas felices es que "son sensibles a otras personas. . . reconocen las necesidades de otros, respetan sus propias diferencias, consideran sus sentimientos mutuos, se identifican el uno con el otro".[1] Después de un estudio de 2,500 personas casadas, el doctor Lewis Terman describe de esta manera al individuo que probablemente será feliz en el matrimonio: "Tiene una actitud cooperativa con otras personas. *Se lleva bien con aquellos bajo cuya autoridad se encuentra* (cursivas del autor). Es benévolo y comprensivo con sus inferiores, y siempre está listo para ayudar a cualquiera que tenga problemas."

Además, Terman explica: "Tenemos aquí, por el contrario, la persona que probablemente será un cónyuge infeliz: Inseguro de sí mismo en las relaciones sociales, y por lo general con sentimientos de inferioridad. Sin embargo, cuando se encuentra en una posición de superioridad, tiende a ser "mandón" y dominante. No le gusta recibir órdenes de otros, y aborrece la competencia, ya que es un mal perdedor. Tiende a ser negativo, un quejoso crónico y estar en contra de toda autoridad."[2]

¿Tener razón o ser amado?

Uno de los más estupendos pasajes acerca del amor que se hayan escrito nunca, habla de la respuesta a los deseos del ser querido: "El amor... no trata de salirse siempre con la suya" (1 Corintios 13:5, *La Biblia al día*).

Actualmente hay un gran énfasis en los "derechos" de uno. Con frecuencia oímos: "Yo tengo mis derechos y voy a insistir en ellos." Esta actitud ataca al mismo corazón del amor y de la intimidad, ya que hace muy difícil para la gente el considerar primero las necesidades de otros. El apóstol Pablo trató la cuestión de los derechos y deberes en 1 Corintios 7:3, 4, donde dice: "El marido cumpla con la mujer el deber conyugal, y asimismo la mujer con el marido. La mujer no tiene potestad sobre su propio cuerpo, sino el marido; ni tampoco tiene el marido potestad sobre su propio cuerpo, sino la mujer."

Y Pablo volvió a destacar esto mismo al escribir: "No mirando cada uno (meramente) por lo suyo propio, sino cada cual también por lo de los otros" (Filipenses 2:4, paréntesis del autor).

En su libro *Pitfalls of Romantic Love* (Las trampas del amor romántico), H. G. Zerof pregunta: "¿Cuánto le importa a usted tener razón? ¿Ha aprendido a respetar los sentimientos de su compañero o compañera, aun estando en desacuerdo, incluso completamente, con la opinión expresada?"[3]

La belleza que hay en que cada uno de los cónyuges respondiendo a los deseos y necesidades del ser querido, puede verse en la saludable relación de dar y recibir y que es tan necesaria para alcanzar la realización en el amor, el matrimonio y la relación sexual. La clave para desarrollar esta relación de concesiones mutuas es la sensibilidad y una disposición a transigir.

Dottie recuerda que cuando estábamos de luna de miel en México, yo quise ver una película. Ella no se sentía atraída en absoluto por la idea, ya que no hablaba nada en español. Asimismo la película se proyectaba en un cine al aire libre, lo cual significaba que habría insectos —y Dottie aborrece los insectos. Pero yo me mostraba tan entusiasta con dicha película que por fin cedió. Quizá por primera vez, le vino al pensamiento que en el matrimonio debemos estar dispuestos a transigir y no siempre tratar de salirnos con la nuestra. Habrá diferencias de opinión, y veces en que uno de los cónyuges tenga que ceder y permitir que la felicidad del otro pase antes que la suya.

El espectáculo es un área en la cual hemos tenido que adaptarnos y aprender a responder el uno al otro. Nuestros gustos son radicalmente distintos. Como explica Dottie:

El tipo de películas y de programas de televisión que le gustan a Josh son los del oeste, de espionaje y policíacos. Yo, por mi parte, disfruto de las historias de amor y de las que tienen que ver con vidas humanas —cualquier cosa referente a relaciones. A menudo él me convence para ir a ver cierta película cuando yo preferiría ver algo distinto; sin embargo, también me ha llevado varias veces hasta San Francisco para presenciar un ballet, lo cual supone un gran paso para él, ya que jamás asistiría a ese espectáculo por voluntad propia.

El matrimonio tiene que ser una relación de dar y recibir. Algunas veces usted puede pensar que es quien está dando todo el tiempo, y otras quien está recibiendo. Por lo general lo uno compensa lo otro.

Otra área en la que nuestros gustos diferían cuando nos casamos era el deporte. El único que a Dottie le gustaba de veras y que seguía era el béisbol —es una fanática de los *Medias rojas*—, y sin embargo se casó con un hombre que presenciaba cualquier deporte menos ese. Yo soy un admirador del equipo de fútbol americano *Dallas Cowboys*. Mi esposa no se crió en una familia donde el fútbol americano fuera una prioridad. Finalmente, Dottie decidió aprender algo acerca de este deporte y yo adquirí interés por el béisbol. Tomamos la decisión, no de retirarnos y seguir cada uno por nuestro propio camino, sino de intentar descubrir una solución común que nos beneficiase a ambos.

Iguales en el compromiso

David Bogard escribió lo siguiente después de haber estado casado con la misma mujer durante cuarenta y siete años: "También he visto abetos que a cierta distancia parecían uno solo, pero que al acercarme a ellos descubrí que tenían dos troncos de diámetros prácticamente iguales, cada uno de los cuales se adaptaba y se rendía al otro, dando la impresión de ser una única planta, cuando en realidad eran aún dos árboles iguales. Asimismo, dos personas unidas en matrimonio pueden ajustarse de tal manera la una a la otra, que ninguna de ellas pierda lo que es vital, formando una vida en la que dos personalidades, cada una de ellas única, tengan la oportunidad de desarrollarse sin hacer violencia a la otra. Ha de existir un dar y un recibir, y un ajuste incesante de cada una de las partes a la otra, pero reteniendo ambas lo que es característico de sí mismas. Si alguien piensa que se trata de un empeño sencillo, le espera una dura sorpresa".[4]

Preguntas a considerar

- ¿Qué significa "responder a la autoridad" en forma positiva?
- ¿Por qué es esto importante en una relación matrimonial?
- ¿Cómo puede usted aprender a responder a la autoridad?

HABLANDO DE COSAS ESCONDIDAS

Tal vez en estos tiempos parezca cómico hablar de la limpieza de conciencia; pero si usted desea ser la persona adecuada en una relación de amor y matrimonio, resulta elemental que tenga una conciencia limpia respecto del pasado. El comenzar a incorporar ahora esta cualidad a su vida y a sus relaciones personales le permitirá cosechar unos dividendos increíbles. Es un sentimiento magnífico entrar en una relación matrimonial y sexual con la conciencia limpia —sabiendo que ha estado honrando a Dios con su vida, en lugar de utilizar a la gente para su propia satisfacción.

Nos lleva años madurar y aprender a formar relaciones, y cada uno de nosotros adquiere ciertas pautas de comportamiento que determinan la forma en que respondemos a otros y los tratamos en general. Una buena vida amorosa es por lo tanto, en su mayor parte, el resultado de una historia de buenas relaciones. A menos que haya una intervención especial, la manera en que hemos tratado a la gente en el pasado, será la misma que estaremos utilizando en el presente, y determinará aquella en que lo haremos en el futuro. Por esto resulta tan importante tener unas pautas saludables para las salidas y relaciones con personas del sexo opuesto: usted está poniendo los cimientos para una relación matrimonial que durará toda la vida.

Si usted ha integrado en su vida la pauta de utilizar a los demás para su propio placer, por lo general no cambiará con el matrimonio, por muy sinceros que puedan ser sus sentimientos de amor. Sus experiencias anteriores de salir con chicas lo acompañarán a la vida matrimonial. Una ceremonia no cambia nada por arte de magia. La calidad de su amor será un reflejo de la calidad de su carácter; y su carácter no se formó, ni se forma de la noche a la mañana.

Dos principios guías

¿Cuál diría usted que es la regla de oro de las relaciones con el sexo opuesto antes del matrimonio? Esta es mi manera de expresarla: Trataré a la persona con quien salga de la misma forma que deseo que otros traten a la que será mi futuro cónyuge. Después de convertirme hice de esta máxima mi principio guía.

¿Cómo está usted tratando a la persona con quien sale? ¿De la misma manera que desea que otros traten a aquella con quien se casará usted? ¿O ha sido usted deshonesto en su relación como quiere que algún otro lo sea con su futuro cónyuge? ¿Está usted quizá provocando a alguien de la misma manera que quiere que el individuo que algún día llegará a ser su esposo o su esposa sea provocado?

Me parece que hoy en día la mayoría de las personas justifican para sí mismas sin problemas su participación en las relaciones sexuales antes del matrimonio. Sin embargo, como señala Herbert J. Miles en su libro *Sexual Understanding Before Marriage* (Comprensión sexual antes del matrimonio): "Para creer de manera consecuente en las relaciones sexuales prematrimoniales, un hombre debe defender el derecho de cualquiera a haber tenido coito con su madre antes de que ésta se casara, y con su hermana antes de la boda de ésta, o con su hija previamente a la celebración de su matrimonio".[1]

Si no podemos defender un tipo de relación sexual prematrimonial, ¿cómo decimos que otro es lícito? Eso no tiene sentido, y nuestra conciencia lo sabe. Aquellos que propugnan el coito antes del matrimonio alegando que "está bien si se está enamorado", lo único que revelan es el poco conocimiento que tienen del amor. ¿Acaso se puede amar sinceramente a alguien y al mismo tiempo hacer que entre en un compromiso matrimonial para toda la vida con una conciencia culpable? Yo siempre he deseado poder mirar a mis hijas a los ojos y decirles que espero que los hombres con quienes salgan y con quienes se casen, las traten de la misma forma que yo traté a su madre.

Otro principio guía que adopté fue conducir mi vida sentimental de tal manera que pudiese esperar con ilusión el día en que mi esposa llegara a conocer a mis antiguas novias. Hoy me alegro de haber sido fiel a esa filosofía: la mujer con que salí durante más de tres años y con quien casi contraje matrimonio, es ahora una de las mejores amigas de mi esposa.

¡Un momento! —quizá se diga usted—, yo no he sido precisamente un modelo de virtud, ¿qué puedo hacer ahora? ¿Sufrir? ¿Olvidarme del matrimonio?... No, eso no es lo que espera de usted un Dios perdonador. No hay necesidad de llevar consigo un sentimiento de culpabilidad a la nueva relación. En ocasiones, la única forma de lograr una conciencia limpia es retroceder en el tiempo y pedir perdón por sus errores pasados.

En su libro *Your Life Together* (Su vida juntos), Elof J. Nelson habla de cómo los sentimientos de culpa pueden causar problemas:

> Reiteradamente, la gente que trae a mí sus más profundos problemas, cuenta cómo todavía se sienten obsesionados por la vergüenza y el sentimiento de culpa que les causan sus antiguos errores. Aun cuando saben que han sido perdonados por Dios, parece no haber cirugía que quite sus cicatrices emocionales. Necesitamos, por lo tanto, recordarnos a nosotros mismos que vivimos en un perdón diario y comprender que somos justificados por gracia mediante la fe en Dios. Hay un Dios benévolo que nos perdona los errores pasados, y nosotros podemos apropiarnos personalmente dicho perdón mediante una fe renovada en nosotros mismos. La vida cristiana es sustentada por el hecho del perdón, ya que la realidad del mismo es el fundamento de esta vida.[2]

Además de pedir y aceptar el perdón de Dios por su pasado, usted debe perdonarse y aceptarse a sí mismo verdaderamente.

Puesto que no le es posible cambiar la historia, muéstrese agradecido de que aquella parte de su vida haya terminado y de que Dios tenga poder para hacer nuevas todas las cosas con respecto a usted en su vida cristiana y quiera hacerlas. Por muy mal que considere que haya estado una determinada experiencia pasada, puede lograr tener la conciencia limpia al respecto.

Limpieza de esqueletos

Muchas parejas vienen a pedirme consejo después de haberse comprometido sentimentalmente, y la pregunta que surge una y otra vez es: "¿Cuánto de mi pasado debo compartir con la persona a quien amo?" Esta cuestión es causa de una angustia tremenda para mucha gente. El consejo que yo les doy es que no se sientan obligados a "decirlo todo". Si usted se sabe amado y aceptado como es ahora, entonces su amor está seguro; sin embargo, si los sucesos pasados pudieran hacer que alguno de ustedes cuestione la relación, se hallan sobre terreno poco firme.

Un joven llamado Chris luchaba con esta cuestión. Después de escuchar su historia, yo le sugerí que no compartiera con su novia algunos de los evidentes errores que había cometido, *a menos que* el motivo para permanecer callado fuera el miedo —miedo a que el revelar su pasado pudiera afectar negativamente a la relación con ella y al amor y la aceptación que ella le prodigaba. Si aquella era su verdadera razón para reservarse los hechos, yo le aconsejaba que compartiera su pasado con su prometida y pusiera a prueba el amor que los unía. Si había miedo por su parte, jamás se sentiría capaz de franquearse con ella completamente, y dicho miedo seguiría obsesionándolo.

En *Getting Ready For Marriage* (Preparándose para el matrimonio), David Mace echa algo más de luz sobre esta área:

> Le ofrezco una simple regla en cuanto a las confesiones: Si usted cree que debe hacerlas, y está bastante seguro de que ello le es posible de un modo amoroso y sin causar dolor a su cónyuge, ¡adelante! Pero si tiene dudas al respecto, siga este plan: En primer lugar vaya y hágale su confesión completa a alguien en quien confía y que merece su respeto; luego discuta con esa persona si sería conveniente contarle tales cosas a su futuro esposo o esposa. Si la conclusión a que llegan es que no,

probablemente el asunto no seguirá preocupándole por más tiempo: usted ha mostrado su disposición a confesar, y eso es lo más importante. Si en una época posterior se conocen los hechos y su cónyuge le pregunta por qué no se lo confesó antes, su respuesta será que estaba muy dispuesto a hacerlo, y que en realidad se lo dijo a alguien (cuyo nombre puede dar), pero que retuvo su confesión de él o de ella porque en ese momento no les pareció que lo más amoroso fuera contárselo.[3]

Recuerde esto: poseer una conciencia limpia es como tener un lienzo debidamente preparado sobre el que Dios puede pintar la obra maestra que él quiere que sea su vida. Si la superficie del lienzo está sucia, o no se han borrado de ella las imágenes dejadas por un artista anterior, será muy difícil que el cuadro refleje todo aquello que el Maestro Pintor tiene en mente.

Preguntas a considerar

• ¿Cuál es el esqueleto que Satanás utiliza en su vida para oprimirlo?
• ¿Cómo puede usted deshacerse de ese esqueleto?

ALIMENTE SU ESPIRITU

Su relación personal con Dios afecta directamente la capacidad que usted tiene de descubrir y mantener una relación amorosa, matrimonial y sexual satisfactoria; de manera que uno de los requisitos más imprescindibles para ser la "persona adecuada" debe consistir en poseer una vida espiritual madura y creciente.

En cierta ocasión me preguntó un marido frustrado: "¿Cuál es el factor más importante para tener éxito en el matrimonio?" Yo le respondí que en mi matrimonio con Dottie el aspecto más importante era mi relación personal con Jesucristo. Como el hombre pareció quedarse algo perplejo por mi contestación, le señalé que todo hombre y toda mujer que se aproximan el uno al otro espiritualmente con las actitudes correctas, tendrán una vida sexual más gratificante. Esto es cierto tanto para los cristianos como para los no cristianos, ya que existe un tremendo paralelo entre la intimidad espiritual y el disfrute sexual.

Cuando Cristo está obrando en nuestro corazón, vemos a la gente según la óptica de Dios. El consideró al hombre suficientemente importante como para mandar a su propio Hijo a la cruz a causa de los pecados del hombre. Una vez que aceptamos esta evaluación de la importancia de nuestro cónyuge, las cosas cambian mucho en nuestra propia vida —el cristiano cree que todo individuo tiene auténtico *valor*. De este modo una persona no es considerada principalmente como un objeto sexual, sino como alguien a quien se debe tratar con dignidad y respeto porque Dios le ha conferido un valor eterno. El hacer nuestras estas convicciones ayuda a reprogramar de una manera especialmente positiva el órgano sexual más importante que tenemos: la mente.

Investigación en lo espiritual

¿Está apoyada mi postura por una investigación científica rigurosa? Examinemos el resultado de varios estudios realizados:

Dos sociólogos, el doctor Paul Ammons, profesor auxiliar de Trabajo Social y Desarrollo Infantil y Familiar de la Universidad de Georgia, y el doctor Nick Stinnett, profesor y presidente del Departamento de Desarrollo Humano y la Familia, Facultad de Economía Doméstica de la Universidad de Nebraska, han estudiado qué tipo de personas tiene las mejores relaciones familiares —incluyendo los matrimonios más felices—; y un rasgo característico de esas familias es que "son profundamente espirituales".[1]

Los doctores Lorna y Philip Sarrel, sexólogos y profesores de la Facultad de Medicina de la Universidad de Yale, hicieron una encuesta entre 26,000 hombres y mujeres para un informe acerca de la sexualidad femenina. Los resultados indicaron un estrecho paralelo "entre la fuerza de los sentimientos religiosos de una mujer y su capacidad para disfrutar de las experiencias sexuales". Lorna y Philip Sarell concluyeron que "las mujeres con convicciones más firmes acerca de la religión suelen tener una vida sexual muy satisfactoria". De hecho, la tasa más alta de relaciones sexuales insatisfactorias se daban entre las mujeres que decían ser "antirreligiosas". Por lo tanto, "las mujeres con fuertes sentimientos antirreligiosos eran las más propensas a tener relaciones sexuales infelices".[2]

La encuesta realizada por la revista *McCall's* entre sus lectores referente a las relaciones íntimas entre hombres y mujeres, reveló que "a menudo las mujeres creyentes —aquellas que son conscientes de la presencia de Dios en su vida— se sienten menos inhibidas, más afectuosas y más receptivas que las demás".[3]

Luego, Michael J. Sporakowski y George A. Hughton, dos profesores del Instituto Politécnico de la Universidad Estatal de Virginia, han entrevistado a parejas casadas desde hace cincuenta años o más, para descubrir lo que ellos consideraban como los factores más importantes en los matrimonios felices. Una de las tareas de las personas que entrevistaron era "decir cuáles serían (según ellos) los ingredientes para un matrimonio feliz". Tanto los maridos como las esposas clasificaron la religión entre los cinco más importantes de la lista, y las mujeres la citaron como el criterio número uno para lograr un matrimonio feliz, clasificándola aun por encima del amor.[4]

En una entrevista exclusiva, preguntaron al doctor Robert B. Taylor, especialista en medicina familiar, si la religión era una ayuda importante para el desarrollo de un matrimonio, a lo que el doctor Taylor contestó: "Las parejas que son activamente religiosas suelen tener un matrimonio más estable".[5]

En la revista *Redbook,* David Milofsky, informando acerca del trabajo realizado por dos investigadores de la Universidad de Nebraska —los doctores Nick Stinnett y John Defrain— en su Estudio Nacional sobre las Virtudes de la Familia, escribe:

> Un elemento asombroso del Estudio sobre las virtudes de la familia fue el alto grado de orientación religiosa existente entre las familias que participaron. La mayoría, aunque no todas, asistían a la iglesia o a la sinagoga con regularidad, participaban en otras actividades eclesiales y tenían sesiones familiares de oración y lectura bíblica de manera sistemática.
>
> Stinnett hace referencia a otras investigaciones llevadas a cabo durante los últimos cincuenta años, las cuales descubrieron que existía una fuerte correlación entre la religión y el éxito y la felicidad en todas las etapas de la vida, no sólo en la familiar. Por lo tanto, no resulta sorprendente que una vida religiosa compartida provea la base de unos valores comunes y dé un sentido de propósito dentro de las familias. La observación de Stinnett es que aun cuando el Estudio sobre las virtudes de la familia no señala como un prerrequisito para la felicidad familiar la creencia en Dios, ni tampoco que las familias no religiosas no sean felices, resulta claro que la religión puede ser una de las fuentes principales de fortaleza para las familias al igual que lo es para los individuos.[6]

"No es nada accidental, como lo han demostrado los estudios —escribe la doctora en Sociología Evelyn Duvall—, que las parejas casadas en la iglesia permanezcan unidas en mayor proporción que aquellas que contraen matrimonio por la autoridad civil, ya que comparten las metas y los valores comunes de su religión."[7]

Cierto informe del *Chicago Tribune* basado en un estudio de las preferencias sexuales de 100,000 lectoras de la revista *Redbook,* revela que: "Con una constancia notable, cuanta mayor intensidad tienen las convicciones religiosas de una mujer, tanto más probable es que ésta se encuentre altamente satisfecha con los placeres sexuales del matrimonio." Y el informe pasaba a reconocer que: "El grado más elevado de placer sexual que se da en la mujer religiosa, puede no ser más que una simple manifestación de la mayor felicidad global que dicha mujer experimenta en la vida en general".[8]

La espiritualidad y la sexualidad

¿Por qué tienen las convicciones religiosas profundas una influencia positiva tan grande en las relaciones amorosas, matrimoniales y sexuales? En su libro *Sexual Understanding Before Marriage* (Comprensión sexual antes del matrimonio), Herbert J. Miles, doctor en Sociología, nos da la respuesta:

"Hay tres líneas de pensamiento que pueden arrojar luz sobre esta cuestión: Primeramente, según nuestra opinión, los principios cristianos básicos conducen a una buena vida sexual. En las relaciones humanas interpersonales, el cristianismo enseña: (1) que las personas poseen dignidad y valor;... (2) que debemos tener respeto a los derechos de todos; (3) que el sacrificio altruista debe caracterizarnos; (4) que deberíamos mostrar benevolencia y comprensión hacia otros; (5) que tendríamos que ser tolerantes y no dados al juicio o a la crítica; (6) que debemos preocuparnos por la felicidad y el bienestar de los demás; (7) que debemos llevar los unos las cargas de los otros; y (8) que debemos practicar la autodisciplina y el dominio propio. Resulta obvio enseguida que estos conceptos cristianos son los principios fundamentales para un buen ajuste sexual.

"Por otra parte, hay ciertos rasgos humanos que tienden a

obstruir la buena vida sexual, tales como: (1) el egoísmo; (2) la impaciencia; (3) el desinterés por las necesidades y los derechos de otros; (4) la propensión a culpar o a condenar al prójimo; (5) el no querer aprender; y (6) la determinación a satisfacer los deseos del momento. Queda patente enseguida que tales características no pertenecen al cristianismo. Ciertamente puede decirse que los ideales cristianos básicos son la clave tanto para un matrimonio feliz como para una vida sexual satisfactoria.

"En segundo lugar, nuestra investigación parece indicar que el cristianismo tiende a hacer posible un buen ajuste sexual en el matrimonio. De las ciento cincuenta parejas de nuestro estudio, el 98 por ciento eran miembros de iglesias; el 83 por ciento de los maridos y el 96 por ciento de las esposas habían asistido a la escuela dominical regularmente durante su infancia y su juventud; el 76 por ciento de los esposos y el 79 por ciento de las esposas habían sido maestros de escuela dominal; el 73 por ciento había dado asiduamente el diezmo de sus ingresos a la iglesia; el 86 por ciento había leído la Biblia y orado juntos audiblemente en su noche de bodas; el 90 por ciento había practicado asiduamente el culto familiar; también el 90 por ciento había orado antes de las comidas; y el 96 por ciento de los maridos y el 93 por ciento de las esposas habían dirigido la oración pública en las actividades de la iglesia.

"Probablemente podría generalizarse diciendo que del estudio el 90 al 95 por ciento de los miembros eran cristianos activos y consagrados. Señalemos que en el matrimonio de esas parejas cristianas, el 78 por ciento se había ajustado sexualmente en una semana, el 12 por ciento en dos meses, mientras que el 6 por ciento no lo había hecho hasta al cabo de treinta meses. Cuando esas parejas llevaban seis meses o un año de casadas, el 96 por ciento de las mujeres que se habían adaptado sexualmente, afirmaban que sus intentos de experimentar el orgasmo daban resultado todas o casi todas las veces.

"También durante ese mismo período, el 41 por ciento de las parejas señalaban que marido y mujer tenían orgasmos juntos en todas las ocasiones o en la mayoría de ellas, y el 38 por ciento algunas veces. Esta tasa de ajuste es superior a la de otros estudios. Si la vida cristiana tiende a bloquear el buen ajuste sexual en el matrimonio, ¿cómo se explica el alto porcentaje de adaptación en los participantes de nuestra encuesta?. . . Aunque no podemos afirmarlo categóricamente, parece existir una relación en nuestro estudio entre las motivaciones y los valores cristianos y el ajuste sexual en el matrimonio. Y desde luego no hay ninguna evidencia en dicho estudio de que esos valores y motivaciones bloqueen el buen ajuste sexual.

"Algunos escritores, críticos del cristianismo, pretenden que los jóvenes comprometidos con los ideales cristianos no pueden hablar objetivamente acerca del sexo al planear el matrimonio. Nuestro estudio indica que esta teoría es falsa. El 91 por ciento de las parejas revelaron que habían discutido francamente sus actitudes personales en cuanto a la relación sexual y habían hablado de ésta de un modo bastante detallado antes de casarse. El 97 por ciento había discutido lo relativo al sexo como un mes antes de casarse.

"En tercer lugar, hay que decir que a menudo se le atribuyen al cristianismo muchas falsas ideas acerca de las relaciones sexuales, cuando dichas ideas son en realidad contrarias a la enseñanza judeo-cristiana respecto a la sexualidad. Como ilustración al efecto, un matrimonio, ambos de treinta años de edad y padres de tres hijos, estaban separados y a punto de divorciarse. La señora X, madre de la esposa, visitó a la familia del pastor para pedir su ayuda a fin de evitar que el divorcio se llevara a cabo. Al explorar las posibles causas de conflicto entre la pareja, el ministro inquirió finalmente si los cónyuges habían estado llevando a cabo una vida sexual normal. Entonces, la señora X, indignada, contestó:

—¡Caballero! ¡Quiero que sepa que los X somos cristianos! Al nacer mis hijos yo dejé de dormir con mi esposo (queriendo dar a entender que habían dejado de tener coito) y no lo he hecho desde entonces. Cuando mi hija tuvo el tercer niño, le ordené que dejase de dormir con su marido, y así lleva ya cinco años. ¡Le hago saber que toda esta charla acerca de la sexualidad es indigna de la vida cristiana!

"La pareja se divorció.

"Cualquier persona instruida sabe que las ideas de la señora X eran adulteradas y no cristianas. El hacer responsable al cristianismo de las ideas de dicha señora, es como echar la culpa a la ciencia médica por tantas creencias ingenuas que tiene la gente acerca de la causa y de la cura de las enfermedades."[9]

En cierta ocasión, cuando yo estaba dando unas conferencias en determinada universidad del suroeste de los Estados Unidos, me invitaron a hablar en una clase de Sexualidad Humana. Inmediatamente antes de que me presentaran tomé prestado el libro de texto de uno de los estudiantes y comencé a hojearlo hasta llegar a una afirmación que dicho estudiante había subrayado. No pude dar crédito a lo que leí: "Cualquiera que tenga convicciones religiosas experimentará probablemente una vida sexual desmejorada." ¡A pesar de la cantidad de evidencias científicas en favor de lo contrario, esos escritores seculares aún exponen este mito.

Mi propia experiencia

A estas alturas tal vez usted se esté diciendo: "Espere, no me apabulle con estadísticas. Yo vivo en el mundo real y trato de llevarme bien con mi cónyuge."

Permítame compartir algunas ideas personales para contrapesar las muchas estadísticas que acabo de citar. En una relación matrimonial, el marido y la mujer se aproximan más el uno al otro a medida que se acercan a Cristo. Déjeme ilustrar este punto con un triángulo equilátero. El esposo y la esposa con los dos vértices inferiores, y Cristo el superior. Si los dos vértices de abajo quieren acercarse más entre sí, han de avanzar hacia el de arriba. (Para una mejor comprensión de esto, le aconsejaría que leyera *Yo me casé contigo*, de Walter Trobisch.) Mi relación personal con Dios por medio de Jesucristo me ha ayudado a convertirme en un mejor amante, un mejor marido y un mejor amigo para Dottie.

Hace años, mucho antes de conocer a Dottie, empecé a bus-

Jesucristo

Marido   Mujer

car respuestas a algunas de las preguntas más intrincadas de la vida; y ya que mucha gente donde yo me crié "tenía religión", pensé que tal vez la solución se encontrara en la misma. De manera que me embarqué en la religión. Me ocupaba de ella mañana, tarde y noche; sin embargo puede que estuviera asistiendo a la iglesia que no debía, ya que en realidad me encontraba peor que cuando empecé.

Luego pensé: "Bueno, tal vez la respuesta esté en los estudios." Como joven granjero que era, sabía que la crema sube a la parte más alta. Debían ser las personas cultas quienes poseían el gozo interno, la felicidad, el sentido en la vida e incluso el poder para ser libres. Y con esta idea me matriculé en la universidad. ¡Qué gran desengaño para uno que trata de encontrar la verdad y el propósito en la vida!

La primera universidad a la que fui estaba en Michigan, y allí me convertí probablemente en el estudiante más impopular entre los profesores. Yo quería respuestas. Solía importunarlos en su oficina; y creo que algunos de ellos apagaban las luces y bajaban las persianas cuando me veían llegar. No necesité mucho tiempo para darme cuenta de que una gran parte de aquellos pedagogos y estudiantes tenían más problemas, menos significado en la vida y más frustración que yo mismo tenía. De hecho, mi profesor de teoría económica podía decirme cómo ganar más dinero, pero no cómo vivir mejor.

Entonces cavilé: "Tal vez la respuesta esté en el prestigio. Descubre *un llamamiento* y dedícale tu vida." Aquellos que parecían tener las llaves de la caja y mucho peso en mi facultad eran los líderes estudiantiles, de modo que me presenté candidato a varios cargos políticos y salí elegido.

Era estupendo conocer a todo el mundo en la universidad, tomar decisiones, gastar el dinero de otros para conseguir los fines que deseaba personalmente... Me gustaba aquello. Pero cada lunes por la mañana me despertaba siendo el mismo: por lo general tenía dolor de cabeza debido a la noche anterior y siempre la misma actitud de: "Bueno aquí tenemos otros cinco días ante nosotros." Puede decirse que soportaba aquellos días (de lunes a viernes). Mi felicidad giraba en torno a las noches del viernes, sábado y domingo. El mismo círculo vicioso volvía a empezar al lunes siguiente.

Con el tiempo llegué a sentirme frustrado. Dudo que haya habido muchos estudiantes en nuestras universidades que con tanta sinceridad buscaran sentido, verdad, poder y propósito en la vida; sin embargo no pude encontrar esas cosas.

La esperanza es lo último que se pierde

Por aquel entonces reparé en un grupo de personas a las que se veía por los predios universitarios. No eran muchos —sólo ocho estudiantes y dos profesores—, pero tenían algo claramente distinto: parecían saber adónde iban en la vida, lo cual era muy poco común. Muchos individuos de nuestra sociedad son como aquel tipo que vi en la Universidad de Chicago y que andaba con un gran cartel a la espalda que decía: "No me sigan, estoy perdido." (Probablemente era durante la semana de matrícula.)

Aquella gente no sólo parecía tener dirección, sino también convicciones. Yo no sé si a usted le pasará lo mismo, pero a mí me gusta estar con personas que tienen ideas propias, aunque no compartan mis puntos de vista. Algunos de mis mejores amigos son contrarios a algunas de mis creencias. Yo admiro a la gente que no sólo sabe por qué cree lo que cree, sino también por qué no cree lo que no cree —esto es igual de importante—, y ese grupo parecía ser así.

Además, aquellas personas reflejaban un tipo de amor único en su forma de tratar a los demás. Yo había podido observar que mientras la mayoría de los individuos hablaba mucho acerca del amor, aquellos *manifestaban* algo especial en sus relaciones con los demás. Tenían algo que yo no tenía y que deseaba, de modo que me hice amigo de ellos.

Varias semanas después estábamos sentados alrededor de una mesa en el local de la sociedad de estudiantes, y recuerdo que seis de aquellos estudiantes y los dos profesores se hallaban presentes —uno de ellos con su esposa. La conversación empezó a dirigirse hacia el tema de Dios. Admitámoslo: cuando uno está inseguro, ya sea estudiante, profesor, persona de negocios, camarera o cualquier otra cosa, tiene que ponerse una enorme fachada cuando se habla de Dios. Y en cada universidad, escuela secundaria, oficina y comedor hay un listo; un individuo que dice: "Eso del cristianismo es para los débiles, no para gente que tenga cerebro."

¿Sabe usted lo que he descubierto? Pues que, invariablemente, cuanto más grande es la fachada que se pone una persona, tanto mayor es su vacío interno. Esa era la clase de fachada que yo estaba poniéndome. La conversación de ellos me irritaba. Yo quería lo que ellos tenían, pero no quería que lo supieran, aunque en todo momento ellos sabían ambas cosas. (Usted puede hacerse una idea del dilema en que me encontraba.)

Me recosté en mi silla y adopté un aire de indiferencia, mientras miraba a una cierta joven en particular. (*¡Era guapa!*) Yo solía pensar que no había cristiana guapa, y me imaginaba que si uno era un perdedor nato y no podía ir a ninguna otra parte, se hacía cristiano.)

—¿Por qué ustedes son tan diferentes de otros estudiantes de esta universidad? —le pregunté.

Ella me devolvió la mirada esbozando una sonrisa —lo cual también puede ser irritante si uno se encuentra de mal humor— y dijo una palabra que yo jamás pensé oír en la universidad como parte de la "solución":

—Jesucristo.

—¡Vamos... —respondí— estoy harto de religión, de la iglesia y de la Biblia! No me hables más de esa basura.

Debía ser una chica muy valiente y de fuertes convicciones, ya que me miró a los ojos y replicó (esta vez sin sonreír):

—Mira, yo no te he dicho *religión*, sino Jesucristo.

Bueno, le pedí perdón por haber sido tan brusco; esa no era la educación que había recibido.

Perdona mi actitud —expresé—; pero si te soy sincero, estoy hasta la coronilla de esas cosas y no quiero tener nada que ver con ellas.

No podía creer lo que sucedió a continuación. Allí mismo, en la universidad, aquellos estudiantes y profesores me desafiaron a examinar intelectualmente quién era Jesucristo. ¡Pensé que se trataba de una broma! Entraron en detalle acerca del hecho de que Dios se había encarnado en Jesús, de su muerte en la cruz por los pecados de la humanidad, de su sepultura, de su resurrección literal al tercer día... ¡Y aun tuvieron el coraje de insistir en la capacidad que poseía para cambiar la vida de una persona en el siglo XX!

Un final sorprendente

¡Qué ridículo era todo aquello! En mi opinión la mayoría de los cristianos tenían dos cerebros: uno que se había extraviado y otro que había salido a buscarlo. Yo solía aguardar a que un cristiano abriera la boca en clase para poder dejarlo en ridículo. Por lo general ganaba al profesor por la mano. Tenía respuesta para cada argumento que pudiera esgrimir un cristiano. Pero aquella gente seguía desafiándome vez tras vez, de modo que acepté su reto.

Debo admitir que lo hice con una mala motivación: por orgullo, y no para demostrar nada, sino simplemente para refutar sus tesis. De hecho, la intención original de mi primer libro *Evidencia que exige un veredicto* fue hacer una burla intelectual de sus creencias.

Me propuse demostrar lo absurdo que era el cristianismo; pero después de dos años de investigación y de un gasto considerable, me salió el tiro por la culata: llegué a la conclusión de que Cristo tenía que ser quien decía ser. La fe no tuvo nada que ver con mi conclusión, se trataba de una deducción estrictamente intelectual. Yo había decidido que si podía demostrar que una de las dos áreas fundamentales del cristianismo no era cierta o históricamente fidedigna, habría ganado mi pleito contra él.

La primera área era la fiabilidad histórica del Nuevo Testamento. Yo me imaginaba que no tendría problema con eso; que el Nuevo Testamento había sido escrito años después y se habían incorporado innumerables mitos y leyendas, junto con otros errores y discrepancias. No tenía que probar nada más que eso. ¡Pero la cosa me salió mal!

La segunda área era la de la resurrección, la cual, según yo, creía, resultaría todavía más fácil de descartar. Todo lo que Jesucristo había enseñado, vivido y por lo cual había muerto, se asentaba en su resurrección literal de la tumba; y mi tarea consistía simplemente en demostrar que dicha resurrección nunca había tenido lugar. Pensé que resultaría fácil hacerlo

—yo jamás había conocido a nadie que hubiera sido resucitado. ¡El tiro volvió a salirme por la culata. De hecho, las pruebas eran tan abrumadoras que me proporcionaron material para escribir otro libro: *The Resurrection Factor* (El factor resurrección).

La fuerza irresistible

Yo tenía un verdadero problema. Mi intelecto estaba convencido, pero yo aún luchaba. Descubrí que hacerse cristiano (a mí me gusta más decir "creyente") era bastante humillante. Yo me enorgullecía de mi autosuficiencia; pero Jesucristo me desafiaba a creer en El como mi Salvador y Señor. El desafiaba mi voluntad pidiéndome que le encomendara mi vida puesto que El había muerto en la cruz por mis pecados. Parafraseando su invitación, me decía: "¡Mira! Yo he estado a la puerta llamando constantemente; si alguien me oye llamarlo y abre la puerta, yo entraré" (Apocalipsis 3:20). Tenía que reconocer que "a todos los que le recibieron, a los que creen en su nombre, les dio potestad de ser hechos hijos de Dios" (Juan 1:12).

No me importaba que El hubiera andado sobre el mar o hubiese cambiado el agua en vino. . . Yo no quería que un aguafiestas invadiera mi vida. No podía pensar en una manera más rápida de estropear mis buenos ratos, destruir mis objetivos intelectuales o impedir que mis compañeros me aceptaran académicamente, que el dejar entrar a Jesús. Mi mente me decía que el cristianismo era verdad, pero mi voluntad expresaba: "No lo admitas." Por decirlo suavemente: estaba conmovido.

Cada vez que me encontraba al lado de aquellos cristianos entusiastas, el conflicto se intensificaba dentro de mí. Si ha estado alguna vez con personas felices cuando usted se siente desdichado, entenderá lo molestas que pueden serle dichas personas. Ellos estaban tan alegres, y yo me sentía tan infeliz, que literalmente me levantaba y salía corriendo del local de la sociedad de estudiantes. Llegué a estar tan agitado, que me iba a la cama a las diez de la noche y no me quedaba dormido hasta las cuatro de la madrugada. ¡Sabía que tenía que dejar de pensar en Jesús o me volvería loco!

El 19 de diciembre de 1959, a las 8:30 de la noche —durante

mi segundo año en la universidad—, me convertí. Más tarde alguien me preguntó: —¿Cómo lo sabes?

—Mira, ¡yo estaba presente! —le respondí.

Aquella noche traté de establecer una relación con Dios —una relación personal con su Hijo, el Cristo vivo y resucitado— la cual ha transformado mi vida con el paso del tiempo, e hice una oración en cuatro pasos.

En primer lugar, dije: "Señor Jesús, gracias por morir en la cruz por mí." Luego añadí: "Confieso aquellas cosas que hay en mi vida y que te desagradan, y te pido que me perdones y me limpies." (La Biblia dice: "Si vuestros pecados fueren como la grana, como la nieve serán emblanquecidos.") En tercer lugar, expresé: "Ahora mismo, de la mejor manera que sé, abro la puerta de mi corazón y de mi vida. Creo en ti y te acepto como mi Salvador y Señor. Toma el control de mi vida. Cámbiame de arriba abajo. Hazme el tipo de persona que querías que fuese cuando me creaste."

Y por último oré: "Gracias por venir a mi vida por la fe." El Espíritu Santo activó mi fe: una fe basada en la Palabra de Dios y corroborada por la evidencia y los hechos de la historia.

Ahora bien, estoy seguro de que usted habrá oído a gente religiosa hablar de la descarga de poder que experimentaron en el momento de su conversión. A mí no me pasó nada extraordinario después de orar. . . ¡Nada! En realidad, una vez tomada aquella decisión me sentí peor. . . ¡Tuve náuseas! "¡Oh, no, McDowell —pensé—, en qué te has dejado meter!" Creía realmente que me había expuesto demasiado, y lo mismo pensaron algunos de mis amigos. Pero si en aquel momento sentí inseguridad acerca de mi decisión, varios meses después supe que no me había arriesgado exageradamente. Mi vida estaba cambiada.

Un cambio a mejor

Una de las áreas donde noté el cambio, fue en la de mi inquietud. Yo era una persona que siempre tenía que estar ocupada; si no me encontraba en casa de mi novia, estaba metido en algún debate. En ocasiones caminaba por los predios universitarios, con mi mente envuelta en un torbellino de conflictos. Me sentaba y trataba de estudiar o de pensar sin conseguirlo. Pero unos meses después de que hube tomado la decisión de creer en Cristo, comencé a notar una especie de paz mental.

No quiero decir que no tuviera conflictos. Lo que descubrí en cuanto a esta relación con Jesús, era que no implicaba tanto la ausencia de conflictos como la capacidad de hacerles frente. No cambiaría esto por nada del mundo, ya que he podido experimentar de una manera muy real lo que Cristo prometió cuando dijo: "La paz os dejo, mi paz os doy; yo no os la doy como el mundo la da. No se turbe vuestro corazón. . ." (Juan 14:27).

Otra área de mi vida que empezó a cambiar fue la de mi mal carácter. Yo solía perder los estribos con sólo que alguien me mirase de reojo (aún conservo las cicatrices de haber estado a punto de matar a un hombre durante mi primer año en la universidad). El mal genio era una parte tan integral de mí mismo que no traté conscientemente de cambiarlo. Sin embargo, un día después de poner mi fe en Cristo llegué a una crisis, y descubrí simplemente que ese mal genio había desaparecido. Desde diciembre de 1959 sólo una vez he perdido el control de mí mismo. Jesucristo cambia las vidas.

Una tercera área en la que experimenté el poder transformador de Cristo fue la de mi relación con mi padre. El odio rabioso que yo sentía hacia él —el borracho del pueblo que maltrataba y avergonzaba a nuestra familia— se cambió en amor y aceptación. Ese cambio fue tan notorio que aun mi propio padre lo percibió y pidió a Jesús que entrara en su vida.

La Biblia dice que si uno está en Cristo es una nueva criatura, y yo vi a mi padre ser recreado ante mis propios ojos. Nunca más volvió a beber.

He llegado a la siguiente conclusión: una relación con Jesucristo cambia las personas. Usted puede reírse ignorantemente del cristianismo, puede burlarse de él y ridiculizarlo, pero el cristianismo funciona. Si usted acepta a Cristo, comience a observar sus propias actitudes y acciones; porque El se dedica a cambiar vidas, a perdonar el pecado y a quitar el sentimiento de culpabilidad. Si eso no mejora una relación matrimonial, nada lo hará.

¿Cuál es su conclusión?

He compartido cómo respondí yo personalmente a las demandas de Cristo; pero usted también necesita hacerse la pregunta lógica de: "¿Qué importancia tiene para mí toda esta evidencia? ¿Qué importancia tiene que yo crea o no que Jesús murió en la cruz por mis pecados y resucitó?" La mejor respuesta es la que Jesús mismo dio a un hombre llamado Tomás, el incrédulo: "Yo soy el camino, y la verdad, y la vida; nadie viene al Padre, sino por mí" (Juan 14:6).

Usted puede confiar ahora mismo en Dios por la fe mediante la oración. Orar es hablar con Dios. Dios conoce el corazón de usted, y no da tanta importancia a las palabras que profiera como a la actitud que tenga. Si usted no le ha pedido nunca a Cristo que perdone sus pecados y le dé vida eterna, puede hacerlo ahora mismo. Ore algo como esto: "Señor Jesús, te necesito. Gracias por morir en la cruz por mis pecados. Te abro la puerta de mi vida y creo en ti como mi Salvador. Gracias por perdonar mis pecados y darme la vida eterna. Hazme la clase de persona que Tú quieres que sea. Gracias que puedo creer en ti."

Después de aceptar a Cristo como Salvador y Señor, se hacen bastante evidentes las implicaciones prácticas de la enseñanza bíblica y la necesidad de una dimensión espiritual en las relaciones: mi relación con Dios afecta a cada área de mi vida, y desde luego cambia muchas cosas en mi matrimonio.

Lo positivo y lo negativo en el matrimonio

En cierta ocasión, cuando estaba dando una conferencia sobre el punto de vista cristiano acerca del amor, las relaciones sexuales y el matrimonio a una clase de sicología en determinada universidad del noreste de los Estados Unidos, un estudiante me preguntó: "¿Cuáles son algunos de los factores que contribuyen a producir un buen matrimonio?" Después de enumerar tanto los factores positivos como los negativos, pregunté a la clase de dónde creían que había sacado aquella lista. La mayoría de los estudiantes expresaron que de un tratado sobre el matrimonio o de algún libro de texto de sicología o sociología.

Usted tendría que haber visto su reacción cuando les dije que eran los factores positivos y negativos de una relación íntima que se describen en la Biblia. Algunos simplemente menearon la cabeza con incredulidad. Por primera vez muchos de aquellos estudiantes comenzaron a considerar la Biblia como un libro pertinente en cuanto al amor, el matrimonio y las relaciones sexuales.

Esto son los atributos positivos y negativos del matrimonio que esbocé ante aquella clase:

POSITIVO	NEGATIVO
Paciencia: Santiago 1:2–4; Hebreos 10:16; 1 Corintios 13:4; Colosenses 3:12, 13.	Impaciencia
Buscar el bien de los demás: 1 Corintios 13:5; Filipenses 2:4; Gálatas 6:2.	Buscar el bien propio
Dar: Lucas 6:38; 1 Juan 4:10.	Tomar
Abnegación: Filipenses 2:3–8.	Egoísmo
Veracidad: Colosenses 3:9; Zacarías 8:16; 1 Corintios 13:6; Efesios 4:25.	Mentira
Humildad: Filipenses 2:3–8; Proverbios 16:18; Santiago 4:6; Colosenses 3:12.	Orgullo
Benignidad: 1 Corintios 13:3; Mateo 5:21, 22; Colosenses 3:12; Gálatas 5:22.	Odio
Confianza: Proverbios 27:4; 1 Corintios 13:4, 7.	Desconfianza Celos
Visión realista del yo: 1 Corintios 4:6, 7; 8:1; 13:4; Colosenses 2:18; Gálatas 6:4.	Arrogancia Presunción
Responsabilidad: Lucas 16:10–12.	Irresponsabilidad
Actitud protectora: 1 Corintios 13:5, 6.	Preocupación por la reputación propia
Perdón: Colosenses 3:13; Mateo 11:25; 6:14.	Rencor
Autoexamen: Mateo 7:1, 2; Juan 8:9; Lucas 6:37.	Crítica de otros

Contentamiento: Judas 15–18; Hebreos 13:5.	Queja
Gratitud: Proverbios 19:3; 1 Tesalonicenses 5:8; Romanos 1:21; Efesios 5:20.	Ingratitud
Dominio propio/serenidad: Proverbios 16:32; Romanos 5:3, 4; 1 Corintios 13:5; Gálatas 5:23.	Satisface todos sus deseos Ira incontrolada
Diligencia: Santiago 4:17; Colosenses 3:23.	Complacencia
Confidencialidad: 1 Corintios 13:7; 1 Pedro 2:9; 1 Timoteo 5:13.	Chismorreo
Mansedumbre: Gálatas 5:23; Colosenses 3:12.	Aspereza
Compasión: Colosenses 3:12; Lucas 6:28; Gálatas 6:2.	Insensibilidad
Sensibilidad/cortesía/educación: 1 Corintios 13:5.	Rudeza
Fidelidad: Gálatas 5:22.	Infidelidad

Tal vez usted se sienta tan abrumado con esta lista como yo me sentí en un principio, y tenga ganas de darse por vencido aun antes de haber empezado. Da la impresión de que uno tiene que ser Dios o un gigante espiritual para experimentar todos los factores positivos mencionados. Sin embargo, el sentido común nos dicta que se trata de factores positivos que contribuyen a desarrollar unas relaciones estrechas e íntimas; y puesto que usted sabe que no puede producirlos por sí mismo, tal vez se sienta frustrado —y con razón.

¡Tranquilícese! Tengo buenas noticias para usted: la ayuda empieza con "E", de "Espíritu Santo". Dios no sólo nos dio una norma de vida elevada, sino también la fuerza para cumplirla. Los factores positivos mencionados anteriormente son simplemente cualidades o manifestaciones de la naturaleza divina elemental. En otras palabras: Dios no constituye sólo nuestra norma de vida, sino que su carácter es también la esencia misma de lo que debemos incorporar a nuestra experiencia en una unión amorosa, matrimonial y sexual.

Nuestro amante Padre celestial nos revela su naturaleza, o sea, quién es El, en la Biblia, y por medio del Espíritu Santo se introduce en cada creyente para vivir su propia vida a través de éste. En la persona del Espíritu Santo Dios nos ha dado cuanto necesitamos para vivir la vida cristiana. La presencia de Dios que mora en nosotros por su Espíritu, es la fuente que nos capacita para ser "la persona adecuada" en nuestra relación matrimonial.

¡No acepte substitutos!

Debido a la extrema importancia de la presencia del Espíritu Santo mora en nosotros, quisiera repetir aquí lo que dije en mi libro *A la imagen de Dios* sobre "un nuevo sentido de competencia":

La manera más efectiva de comprender lo capaz que usted es en potencia mediante el Espíritu Santo, consiste en que entienda los recursos que hay disponibles para cada cristiano gracias a la presencia de la tercera Persona de la Trinidad que mora en su interior.

Algo maravilloso les sucedió a los discípulos de Jesús en el día de Pentecostés: fueron llenos del Espíritu Santo y salieron en su poder para cambiar el curso de la historia. Pues ese mismo Espíritu Santo que capacitó a los discípulos para vivir una vida santa y ser testigos poderosos y fructíferos de Cristo, quiere obrar en nosotros hoy en día. Una de las verdades más importantes de la Palabra de Dios es el hecho asombroso de que Jesucristo vive en nosotros y expresa su amor a través de nosotros.

El intentar cumplir las normas inverosímiles de la vida cristiana en nuestras propias fuerzas —y fracasar, como hacemos inevitablemente— debilita sin remedio nuestro sentido de competencia. De hecho, el cristiano que trata de parecerse lo más posible a Cristo (un arquetipo sobrenatural), puede tener un sentido de competencia peor que la persona que no es cristiana y escoge vivir según un ideal humano. Los niveles de la vida cristiana son demasiado altos para que los cumplamos por nosotros mismos. Según la Palabra de Dios sólo ha habido una persona capaz de hacerlo: Jesucristo. La vida cristiana fue ideada para vivirla únicamente en el poder de su Espíritu Santo.

El Espíritu Santo no sólo capacita al cristiano para nacer en la familia de Dios, sino que también lo ayuda en su crecimiento espiritual —a producir el fruto del Espíritu.

Es el Espíritu Santo quien nos da el poder para ser testigos fructíferos. Cuando Jesús le dijo a sus discípulos que habrían de ser "testigos en Jerusalén, en toda Judea, en Samaria, y hasta lo último de la tierra", precedió esto con la declaración de que: "Recibiréis poder, cuando haya venido sobre vosotros el Espíritu Santo." No sólo es imposible llegar a ser cristiano sin el Espíritu Santo, sino que si Él nos falta, tampoco podemos producir el fruto del Espíritu en nosotros ni guiar a otros a Jesús.

Desde el momento en que recibimos a Cristo y nos convertimos en morada del Espíritu, tenemos a nuestra disposición todo lo necesario para llegar a ser hombres y mujeres de Dios y llevar fruto para Cristo. La clave consiste en permitir que el Espíritu Santo nos llene y revista de poder a fin de que nos sea posible experimentar todo lo que está disponible para nosotros. Es importante que comprendamos que la palabra "llenar" no implica que algo entre desde afuera, sino que lo que ya tenemos en nuestro interior realice dicho cometido, "el de ser llenos". Por eso prefiero utilizar los términos "impregnar" o "revestir".

Somos llenos del Espíritu Santo por la fe; fe en un Dios todopoderoso que nos ama. Cuando usted lleva un cheque al banco y sabe que tiene dinero en su cuenta, no entra allí con dudas acerca de si se lo pagarán o no. Tampoco espera tener que rogarle al cajero para que éste le entregue los fondos. . . Usted simplemente entra en el banco con fe, coloca el cheque en la ventanilla y espera recibir el dinero que ya es suyo. Asimismo, cuando pedimos a Dios que nos llene completamente con el Espíritu Santo, que ya se encuentra en nosotros, lo único que hacemos es solicitar algo que nos pertenece como hijos de Dios.

No obstante, aunque usted puede esperar recibir tanto su dinero del banco como la plenitud del Espíritu de Dios por la fe sola, debe reconocer los factores que preceden al recibimiento de ambas cosas. Usted recibe su dinero del banco únicamente cuando va allí con un cheque o un impreso de retirada de fondos debidamente llenado y firmado. Si usted se presenta descaradamente y haciendo caso omiso de los procedimientos de dicho banco para sacar dinero en efectivo, no es probable que le paguen. Si se queda simplemente en la acera gritando: "¡Quiero mi dinero!" no obtendrá los resultados deseados.

¡Prepárese!

De igual manera hay varias cosas que lo preparan para ser lleno del Espíritu Santo.

En primer lugar usted debe tener hambre y sed de Dios, y desear sinceramente ser lleno de su Espíritu. La promesa de Jesús fue: "Bienaventurados los que tienen hambre y sed de justicia, porque ellos serán saciados."

Segundo: Tiene que estar dispuesto a rendirle a Cristo la dirección y el control de su vida. Como dijera Pablo: "Por esto, amados hermanos, les ruego que se entreguen de cuerpo entero a Dios, como sacrificio vivo y santo; éste es el único sacrificio que El puede aceptar. Teniendo en cuenta lo que El ha hecho por nosotros, ¿será demasiado pedir?" (Romanos 12:1, *La Biblia al día*).

Tercero: Confiese cada pecado conocido que el Espíritu Santo le traiga a la mente, y acepte la limpieza y el perdón que Dios promete: "Pero si confesamos a Dios nuestros pecados, podemos estar seguros de que ha de perdonarnos y limpiarnos de toda maldad, pues para eso murió Cristo" (1 Juan 1:9, *La Biblia al día*).

El ser lleno del Espíritu no es un estilo de vida opcional para el cristiano; Dios nos manda que lo seamos: "No os embriaguéis con vino, en lo cual hay disolución; antes bien sed llenos del Espíritu" (Efesios 5:18). Pero Dios no nos manda nada sin proveer al mismo tiempo una forma de obedecer sus mandamientos. El nos da la promesa de que "si pedimos alguna cosa conforme a su voluntad, él nos oye. Y si sabemos que él nos oye en cualquiera cosa que pidamos, sabemos que tenemos las peticiones que le hayamos hecho".

Los cristianos ya tienen al Espíritu Santo que mora en ellos; por lo tanto no necesitan pedirle que entre en ellos, sino simplemente que los llene y tome control de cada parte, de cada rincón escondido, y de cada hendedura de su existencia.

Mientras que la venida del Espíritu Santo a *morar* en el cristiano es una experiencia única (en el momento en que Cristo entra en nuestro corazón), seremos *llenos* del Espíritu muchas veces; en realidad la expresión griega significa "seguid siendo llenados del Espíritu" —refiriéndose a un llenar constante y continuo del Espíritu Santo para controlar y revestir de poder la vida del creyente.

La frustración que produce el esfuerzo propio queda eliminada cuando vivimos en el poder del Espíritu Santo. Sólo El puede darnos la capacidad de vivir la vida santa y con significado que tanto deseamos.

Si usted sabe que desea una vida llena del Espíritu, lo único que necesita es pedírsela al Padre. Reconozca que ha tenido usted mismo las riendas de su vida, lo cual constituye un pecado contra Dios, legítimo gobernante de su existencia. Agradézcale que le haya perdonado sus pecados por la muerte de Cristo en la cruz a su favor. Invite a Jesús a que tome el control de su vida y al Espíritu Santo a que lo llene con su poder, para que pueda glorificar a Cristo en todo cuanto haga.

Seguidamente, en un acto de fe, déle gracias por contestar todo lo que le ha pedido. El agradecerle esto no es una presunción, sino actuar con la fe de que El cumple sus promesas y nos da cualquier cosa que le pidamos dentro de su voluntad; y puesto que El nos manda que seamos llenos del Espíritu, su voluntad es que todos los cristianos llevemos este estilo de vida sobrenatural.

¿Su fuerza o la de Dios?

Debido al sentido de competencia que le proporcionaba su experiencia con el Espíritu Santo, Pablo podía decir: "Todo lo puedo en Cristo que me fortalece." Pablo reconocía su aptitud, no en sí mismo, sino en Dios, a quien había llegado a conocer como parte integral de su vida: "No que seamos competentes por nosotros mismos para pensar algo como de nosotros mismos, sino que nuestra competencia proviene de Dios" (2 Corintios 3:5).

Cuando uno estudia la vida de las personas que Dios utiliza, a menudo descubre que al rendirse a El, El toma sus limitaciones y las transforma en ventajas.

Con frecuencia algunos dicen: "Juan (o María) debe realizar una clase especial de trabajo cristiano. . . ¡tiene tanto talento, es tan persuasivo(a), está tan bien dotado(a) en esa área en particular. . . !" Pero algunas veces las aptitudes pueden acabar siendo limitaciones. Aquellos talentos en los cuales confiábamos antes de que Dios tomara el control completo de nuestra vida, pueden en ocasiones convertirse en desventajas; ya que tendemos a apoyarnos en cualesquiera aptitudes que se daban en nosotros, previamente a permitir de una manera consciente que el Espíritu Santo formara otros talentos en nosotros. Las ventajas que teníamos antes de que el Espíritu tomara el control absoluto, son a veces una tentación a adoptar actitudes de autosuficiencia, egocentrismo y orgullo.

Por otro lado, aquellas debilidades de las que éramos conscientes y para vencer las cuales sabíamos que tendríamos que confiar en Dios, pueden mantenernos en una dependencia del Espíritu Santo para cambiar, y pueden convertirse así en algunas de nuestras mayores ventajas.

Una perspectiva adecuada de su persona implica el comprender quién es usted, con sus ventajas y puntos fuertes, sus defectos y faltas, y recordar que esas aptitudes superficiales pueden convertirse en tentaciones al orgullo. El poseer una imagen propia saludable no implica que no tenga ninguna limitación. Si se conoce a sí mismo en Cristo, es libre para aceptar sus debilidades, faltas y errores, sin sentirse amenazado por ellos. Así usted puede ir resolviendo poco a poco y con paciencia esos problemas sin despreciarse por el hecho de no satisfacer cierta norma imaginaria de perfección.

Alguien que tenga un robusto pilar de competencia puede afirmar el axioma que ya mencionamos anteriormente de: "No soy lo que debería ser (o lo que Dios quiso que fuera al crearme), pero tampoco soy lo que solía ser; y, por la gracia de Dios, seré diferente de lo que soy ahora." Podemos estar "persuadido(s) de esto, que el que comenzó en (nosotros) la buena obra, la perfeccionará hasta el día de Jesucristo".[10]

Si usted cree que vivir la vida cristiana es difícil, se equivoca; un mejor término para describir dicha vida cuando intentamos vivirla por nosotros mismos sería: "Imposible". Sólo el Espíritu Santo puede vivir su presencia a través de usted. Dios quiere ser la fuente que haga realidad los rasgos de su propio carácter en la vida de usted. El apóstol Pablo, indicando las características de un individuo guiado por el Espíritu Santo, escribe: "Mas el fruto del Espíritu es amor, gozo, paz, paciencia, benignidad, bondad, fe, mansedumbre, templanza; contra tales cosas no hay ley" (Gálatas 5:22, 23). Usted es la "persona adecuada" desde una perspectiva bíblica cuando Dios, por el Espíritu Santo, vive su propia vida y carácter en usted y a través de usted.

Permítame subrayar de nuevo que el aspecto más importante de mi matrimonio con Dottie es la relación personal que tengo con Jesucristo. No sólo ha de haber un compromiso genuino con Cristo, sino también un deseo de crecer y llegar a ser espiritualmente maduro. Con mucha frecuencia una esposa o un esposo frustrado dice acerca de la frialdad o indiferencia de su cónyuge hacia las cosas espirituales: "Pues creía que él (o ella) cambiaría una vez que estuviéramos casados."

Permítame terminar ofreciéndole cuatro pautas excelentes para evaluar si está ocurriendo un proceso de maduración espiritual en su matrimonio. Dichas pautas las expone el doctor J. Allen Petersen en su excelente libro *Before You Marry* (Antes de casarse). El doctor Petersen señala que una pareja debe estar siempre creciendo en las siguientes áreas y usted será "la persona adecuada" si hace hincapié en las mismas de una manera constante:

1. Tener como cosa prioritaria un tiempo diario a solas con Dios.
2. Hablar sin reserva a otros de Cristo.

3. Ser sensible al pecado en su propia vida y enfrentarse a él.

4. Crecer en obediencia a la Palabra de Dios.[11]

Preguntas a considerar

- ¿Por qué mejora nuestra intimidad sexual si tenemos intimidad espiritual?
- Estudie los versículos que acompañan a los atributos maritales positivos.
- ¿Cuál es la función del Espíritu Santo en nosotros?

EL FACTOR TENSION

¿Está usted experimentando tensión? ¿Afecta dicha tensión a su vida? ¡Usted no es el único!

Hace poco, mientras hablaba en los Estados Unidos, el director del Instituto Nacional de la Salud Mental británico hizo la siguiente declaración: "Todo el mundo occidental sufre los efectos de la tensión nerviosa; dicha tensión es una de las enfermedades de más rápido crecimiento que existen hoy en día." La tensión nerviosa constituye una de las fuentes principales de problemas en el matrimonio y en las relaciones en general, y es algo que nos afecta a cada uno. La capacidad que tengamos para hacerle frente afectará a nuestra habilidad de ser a diario la "persona adecuada" en una relación.

De las 15,000 personas que entrevistó en 1978 y 1979 la compañía General Mills para un estudio titulado "La salud familiar en una era de tensión", el 82 por ciento fue clasificado como desesperadamente necesitado de aprender a contender con la tensión. Basándose en diversos estudios realizados a lo largo de los últimos diez años, la Academia americana de médicos de familia estima que dos tercios de todos los pacientes examinados por médicos de cabecera, tienen problemas relacionados con la tensión nerviosa.

Estas y otras estadísticas han producido inquietud en muchos presidentes de compañías y dirigentes industriales, quienes están preocupados porque el año pasado el absentismo laboral, los gastos médicos de las empresas debidos a las enfermedades que tienen que ver con la tensión nerviosa, y el descenso de la productividad, han supuesto para sus compañías una pérdida de 50,000 millones de dólares. Estos líderes de empresas creen que dentro de dos años el factor del costo de la tensión ascenderá a 75,000 millones de dólares —un promedio de 750 dólares por trabajador en los Estados Unidos—. Las familias y los matrimonios son las áreas más afectadas por la tensión nerviosa, que constituye una fuente de primer orden de problemas en las relaciones maritales e interpersonales en general.

Don Osgood, un entrenador de empresa de la compañía IBM tiene excelente material relacionado con la tensión nerviosa, sus causas y sus remedios. El siguiente artículo —el cual cito íntegramente debido a su magnífico contenido y valor— proporciona algunas respuestas a las preguntas que se hacen sobre la tensión.

Causa y efecto

¿Se ha dado usted cuenta de la tensión nerviosa que experimenta cuando ha hecho algo malo y teme que alguien esté a punto de descubrirlo? Todos luchamos con esta clase de tensión, ya que no hay ninguno de nosotros que no haya hecho nada malo: ya sea comer en secreto galletas en la despensa o quebrantar la ley y encontrarse con un policía a la misma vuelta de la esquina. Sin embargo, existen también otras causas de tensión.

En ocasiones uno "atrapa" una tensión nerviosa del mismo modo que lo hace con un catarro: por exposición diaria a la misma; y nadie se siente alarmado porque sabe que un poco de tensión no le hará ningún daño —un poco de tensión es en realidad bueno para usted. Pero cierto día usted descubre que ha caído en las garras de esa enfermedad que es la tensión excesiva, sin saber siquiera cuándo comenzó; entonces debe buscar la forma de salir de su enfermedad, de descansar de una lucha que está acabando con usted sigilosamente. En esta lucha personal contra la tensión, Dios puede darle la sanidad si usted abandona su propio camino.

Las relaciones son uno de los factores claves para tratar la tensión. Cuando hacemos algo mal o algo que podría herir a alguien si lo descubriera, añadimos a nuestra tensión nerviosa. Una de las razones de ello es el miedo a perder nuestras relaciones. Dos doctores de la Facultad de medicina de la Universidad de Washington —Holmes y Rahe— encontraron cuarenta y tres acontecimientos de la vida que forman una escala de tensión; y de esos cuarenta y tres acontecimientos, diez producen la máxima tensión nerviosa. Siete de entre los diez tienen que ver directamente con la pérdida de relaciones —como el divorcio, la muerte del cónyuge, la separación matrimonial o la jubilación—, pero la escala pasa por alto uno: la relación obediente con Dios, a quien no podemos obligar, engatusar o manipular para que tome parte en algo que es malo para nosotros.

En el capítulo 4 de la carta a los Hebreos, se hace hincapié en la relación obediente como una forma de salir de la enfermedad de la tensión, tan sencilla que fácilmente podemos pasarla por alto: "Porque el que ha entrado en su reposo, también ha reposado de sus obras." Esta idea de reposar de las obras de uno, era tanto un mensaje para los israelitas en relación con el sábado, como una referencia a la tierra prometida; pero representa asimismo una receta divina para obtener sanidad diaria de nuestra propia lucha contra la tensión.

Las raíces de nuestra falta de reposo

"El primer paso consiste en reexaminar nuestro *yo*", nos dice el doctor Harry Levinson, psicólogo de gran prestigio, quien habla acerca de algo que él llama el ideal del yo: una luminosa y radiante noción que tenemos de quiénes podríamos llegar a ser en último término. Probablemente haremos cuanto podamos por ver lo grandes y buenos que somos ahora, ya que queremos poder gustarnos a nosotros mismos, pero con frecuencia existirá una brecha entre lo que somos y lo que nos gustaría ser, la cual puede causarnos falta de reposo. A esa falta de reposo la llamaré "tensión del yo", ya que es nuestro *yo* lo que produce el problema subyacente. Por esta razón, aunque usted haya sido un cristiano comprometido, necesita reexaminar su estilo de vida.

"Mi propia experiencia con este tipo de tensión nerviosa —nos dice el doctor Levinson—, me enseñó una eficaz lección. Mi compañía me había pedido que considerase la posibilidad de ocupar un puesto en el Japón. Aquello era algo muy satisfactorio para mi *yo*, pero yo sabía que podía crear problemas familiares. Ya había trasladado a mi familia a cuatro ciudades distintas, y después de una de dichas mudadas, mi hijo mayor —que entonces contaba quince años de edad— se escapó de casa por varios días. Debía haber sabido que no tenía derecho a considerar otra mudanza semejante, ahora que otro de nuestros hijos había alcanzado la crítica edad de los quince años;

sin embargo permití que la dirección me tuviese en cuenta junto con otros durante seis semanas. 'Señor —expresaba—, no voy a tratar de que me escojan a mí; simplemente dejaré que ellos decidan.' Mi esposa Joan, por su parte, me hizo saber:

—Don, estoy orando para que Dios nos guíe.

Por la forma en que lo dijo, supe que ella no quería mudarse. Y mi hijo de quince años expresó rotundamente:

—¡Papá, yo no quiero ir!

"Al cabo de la sexta semana se anunció que la persona seleccionada había sido otra. "Muy bien", me dije; pero sólo dos días después caí enfermo con un pertinaz desorden intestinal, y sólo entonces comencé a comprender lo profunda que había sido la lucha. Tras cuatro días de molestias me desperté en medio de la noche por causa de dicho desorden, y con la sinceridad que produce el agotamiento, oré quedamente: 'Señor, ahora comprendo la profundidad de mi lucha; cúrame de mi pecado de preocupación por mis propios anhelos; sana la relación con mi familia; y, por favor, cúrame también de mis molestias físicas.'

"Aquella noche no tuve que levantarme, porque mi pecado había sido perdonado y mi dificultad se desvaneció al instante junto con la tensión nerviosa. Por fin había aprendido una gran lección: la de que una persona puede llegar a estar tan ocupada conquistando un lugar en la vida, que corra el riesgo de perder su familia y sus relaciones espirituales, al tiempo que entierra en lo hondo su conocimiento de lo que está bien.

Una mortal preocupación

Si su estilo consiste en hacerse cargo de su propia vida sin aprender al mismo tiempo a dejarla en las manos de Dios, o si usted está llevando a cabo una lucha egoísta con Dios, es que vive en su propio reino en vez de como El quiere.

La habilidad para tomar control es algo importante en nuestro ajetreado mundo, y el *yo* constituye un factor relevante para ello. Dios nos creó con un yo que nos capacita para alcanzar logros; sin embargo El objeta que seamos absorbidos por nosotros mismos, ya que eso es lo que nos mantiene atados a nosotros mismos. Probablemente el 90 por ciento de nuestra vida lo pasamos pensando en nosotros mismos y corriendo tras nuestro ideal del *yo*. Pero el plan del Señor para nosotros cuando sufrimos de excesiva tensión nerviosa es que reposemos de nuestras propias obras y nos ocupemos nuevamente en El. Según dice el proverbio: "Lo que mata al animal no es la carga, sino la sobrecarga". En otras palabras: que lo que nos daña es la tensión nerviosa del día, más la preocupación por nosotros mismos. Jesús lo sabía, y por eso dijo: "Venid a mí todos los que estáis trabajados y cargados (sobrecargados, con una tensión nerviosa excesiva, agotados a causa de la competencia inexorable), y yo os haré descansar" (Mateo 11:28; paréntesis del autor). Se trata de un camino de obediencia reposada.

Pero hay otra clase de tensión nerviosa causada por la vorágine de la indecisión.

Cuando yo vivía en la ciudad de Kansas y trataba de decidir hacia dónde volverme a causa de una reorganización de la compañía, me ofrecieron un trabajo en Chicago y otro en Nueva York. Personalmente quería quedarme en Kansas, pero Joan no. Yo pensaba que estaba siendo llamado a un ministerio allí con determinada organización evangélica; pero los responsables de ésta me dijeron: "Deben sentir el llamamiento usted y su esposa"; y Joan, simplemente, no lo sentía. Tras varias semanas de desasosiego, consulté con un hermano cristiano quien me sugirió una forma de resolver la tensión nerviosa debida a la incertidumbre, cuando existe desacuerdo entre las personas más profundamente implicadas.

—Hay tres cosas que debes hacer —me dijo ese hermano—: Primero, confiesa todo pecado que haya en tu vida y quita de en medio cualquier obstáculo que exista para una relación pura con Dios. En segundo lugar, explícale a El tu problema tan sinceramente como puedas. Y tercero, cree que El ya está contestando; no que lo hará, sino que lo está haciendo. Luego deja todo en sus manos. —Eso se llama abandono. Yo había dado los dos primeros pasos, pero no el tercero y más importante. Cuando le dije a Dios que creía que El ya estaba respondiendo, en ese momento descubrí dónde había de ir sólo unos minutos después.

Cierto hombre de negocios tenía un compromiso para hablar en Rochester, estado de Minnesota, E.U.A., y partía con retraso de Minneápolis, a 130 kilómetros del lugar, sin haber comido y sólo hora y media antes del momento fijado para dar la conferencia. Aunque por lo general él conducía a 90 kilómetros por hora, se lanzó por la autopista a la imponente velocidad de 140, hasta que lo vio un patrullero de carretera. Al pasar a toda velocidad por delante de éste, vio que lo miraba fijamente, y oró: "Señor, tú sabes que necesito llegar a Rochester, no permitas que me pare". Pero algo lo detuvo entonces y añadió: "Si te parece bien". Evidentemente al Señor no le pareció bien, ya que el policía lo paró e inquirió adónde iba.

—A dar una charla sobre la tensión nerviosa —dijo; y luego continuó muy avergonzado—, y he de reconocer que ahora mismo me siento muy tenso.

Cuando hemos estado haciendo algo malo, no queremos encontrarnos con nadie; especialmente con ninguna autoridad. Sin embargo, el reconocer que hemos hecho mal, alivia la tensión nerviosa; y aunque no sea nada divertido, resulta extrañamente más liberador ser atrapado cuando uno es culpable, que ir por ahí con el conocimiento de nuestra culpa. Más tarde o más temprano debemos resolver nuestro sentimiento de culpabilidad o perder esa franqueza que hace posible una verdadera relación espiritual.

Expectativas imposibles

Lo mismo sucede con la tensión nerviosa causada por la falta de confianza en uno mismo. Cierto amigo mío, un doctor en Filosofía, comenzó a sentir que su compañía estaba contando demasiado con su habilidad para descubrir nuevas soluciones técnicas y que, sin embargo, él no estaba haciendo los progresos que creía que debía hacer. Sus importunas dudas en cuanto a poder cumplir con las expectativas que otros tenían acerca de él, terminaron llevándolo al hospital, hasta que comprendió que las relaciones seguras se construyen sobre lo que somos, y no sobre lo que la gente quiere que seamos. Cuando después de un año de consultas, por último el psiquiatra le preguntó a mi amigo: "¿Por qué se trata usted tan mal a sí mismo? Dios lo ama", éste empezó a curarse.

Si todavía regimos nuestra existencia suponiendo que Dios espera que seamos buenos, tenemos un estilo de vida caracterizado por la tensión del *yo*, nos demos cuenta de ello o no. Por otra parte, cuando comprendemos que Dios nos ama y sabemos que no podemos ser buenos sin El, nos acercamos a la libertad. La cura de Cristo es en realidad: "No pongas más empeño; ni siquiera pienses con más ahínco: en vez de seguir por tu propio camino, ríndete más." El dijo esto de otra forma en el Sermón del Monte: "Considerad los lirios." Pero cuanto más éxito tenemos, tanto más difícil nos resulta ver los lirios, y no digamos considerarlos. Cuando realmente consideramos un lirio, empezamos a comprender que es hermoso siendo simplemente aquello que Dios quiere que sea, sin inquietud acerca de lo que pueda o no pueda llegar a ser.

Si usted no aprende de nuevo a confiar en el plan de nuestro Señor, tal vez se encuentre flirteando con un morbo de ansiedad dentro de poco. Cristo demostró una actitud firme en cuanto a esto al decir: "No os afanéis." Cuando una tarea es tan descomunal que no puede usted ver el fin de la misma, pero sabe que ha de terminarla en un mes, decida exactamente cuánto hará hoy; no se deje extraviar por lo que deba tener hecho dentro de dos semanas. Esta es una forma práctica de seguir aquello que Jesús dijo en cuanto a que no debíamos afanarnos por el día de mañana.

En vez de sanarlo de su ansiedad, Cristo quiere curarlo de

la condición que pudiera llevarlo a dicha ansiedad. Si usted ha llegado al punto en que no puede considerar los lirios, día tras día, quizá esté llevando ya un estilo de vida de tensión nerviosa. Aquí están algunas de las señales diarias de tensión de las cuales hay que percatarse:

Un cambio inexplicable en su eficiencia personal. De repente usted se da cuenta de que es incapaz de dar un rendimiento satisfactorio en determinada actividad que solía realizar bien.

Rendimiento irregular. La semana pasada misma usted era altamente eficiente, pero ésta, por alguna razón, parece que no puede terminar nada.

Hábito de ausencia. Se ve tomando un día libre o llenando el tiempo con otras cosas "importantes" que hacer, cada vez que se aproxima cierta actividad o cierta cita.

Enfriamiento de relaciones. Las personas con que solía llevarse bien no son tan cordiales o naturales con usted como antes.

Estas y otras señales pueden indicar que la tensión nerviosa se está apoderando de usted y que debe hacer algo al respecto.

¿Qué causas de preocupación tenemos de día en día con nosotros y cuáles pueden ser las formas de infidelidad y desobediencia resultantes de las mismas?

Cambio repentino. Ya sea que lo provoquemos nosotros mismos o que venga a causa de otra persona. ¿Lo ha introducido la vida en una nueva responsabilidad para la cual usted no está listo, o que saca a luz sus debilidades en vez de sus puntos fuertes? ¿Acaba usted de mudarse de lugar de residencia o va a hacerlo muy próximamente?

Ambición frustrada. ¿Ha llegado usted a la madurez sin haber alcanzado las metas que pensó que alcanzaría y con pocas posibilidades de hacerlo?

El miedo, a medida que usted se hace mayor, sus aptitudes están disminuyendo. Por lo general este miedo no tiene fundamento. Sus aptitudes cambian: usted desarrolla habilidades nuevas para compensar la reducción de otras.

Choques de personalidad. A menudo esto sucede porque alguien está tratando de imponerle el deseo que tiene respecto de su vida, o es usted quien intenta obligar a alguna otra persona a que acepte su idea acerca de cómo ella debe vivir. De una u otra forma, a la gente no le gusta que otros los cambien, y cuando tratan de hacerlo, se produce la tensión nerviosa. Hay ocasiones, sin embargo, en que eso debe suceder, como por ejemplo durante los años en que se está bajo la tutela de los padres; pero una cosa es disciplinar a alguien en los caminos del Señor, y otra muy distinta controlarlo o manipularlo. La disciplina debe existir, el control no, ya sea usted pastor, encargado o madre.

Hacer algo que va en contra de su conciencia. Se necesita madurez y valor para estar firme en lo que uno cree y decir a su vecino o a su superior: "Esto no lo haré." Ello puede significar que le devuelvan una invitación, o incluso la pérdida de un empleo en algún momento de su vida, pero demuestra una lealtad especial y lo ayuda a vivir consigo mismo. Como cristiano usted necesita aprender a vivir con su propia persona sin dejarse absorber por el "yo"; lo cual no es fácil, pero sí esencial.

La fuerza de la debilidad

He aquí algunos pasos prácticos de mantenimiento preventivo que lo ayudarán a evitar una vida ansiosa; o sea, volver a echar mano de su antiguo estilo de vida dependiente de sus propias fuerzas. Usted debe considerar estos pasos sólo si antes ha renovado una relación obediente con Dios y ha creído que El está haciendo su obra en usted. Entonces usted puede emprender alguna acción.

Aprenda a dejar temporalmente de lado sus problemas. Cuando se encuentre en medio de una situación cargada de tensiones, desarrolle la capacidad de olvidarse de ella por un tiempo, y concéntrese en algo marcadamente distinto durante un pre determinado período, después vuelva al problema en cuestión. Dígase a sí mismo: "Está bien que no me ocupe de esto durante la próxima hora, ya que ahora mismo no puedo resolverlo." El consejo de Proverbios 3:5 "Fíate de Jehová de todo tu corazón, y no te apoyes en tu propia prudencia", representa realmente una relación de fe aplicada a un problema en particular.

Siga un horario original. Ocúpese de sus tareas difíciles por la mañana temprano, cuando pueda realizarlas sin ninguna de las distracciones que producen tensión nerviosa. Aprenda a esperar en oración las instrucciones del Señor para el día, siguiendo el ejemplo de Cristo de levantarse muy de madrugada para orar.

Escríbale notas a Dios. Si se ve atrapado en una situación cargada de tensiones, redacte rápidamente una nota vigorosa explicando sus sentimientos en términos francos y enfáticos. Ponga exactamente lo que le preocupa. Nombre las personas y acciones específicas que lo molestan. Deshágase de sus sentimientos negativos; el mero hecho de escribirlos proporciona a menudo una perspectiva diferente, hace el problema más llevadero y alivia la tensión nerviosa. No se diga a sí mismo que no se siente mal, cuando no es cierto. Sea sincero y explíquele a Dios la verdad. Admita su necesidad y pídale que lo ayude a liberarse de las cosas que ha escrito.

Cambie su ambiente. Tómese veinte minutos de descanso para correr enérgicamente a paso gimnástico y para darse luego una ducha o nadar un poco. O haga un almuerzo tranquilo usted solo y si ve que la tensión aumenta, libérese de sus problemas saliendo a caminar. Lo importante es cambiar completamente su ambiente físico. En ocasiones hágalo de un modo más planeado: por ejemplo, marchándose un fin de semana con su esposa o esposo y sin los niños; vuelva a descubrir el gozo y la importancia de su matrimonio. Todos esos momentos son buenos para restablecer su diálogo con el Señor.

Busque un modelo y sígalo. Piense acerca de la humanidad de Jesús y de por qué El fue capaz de soportar con éxito muchísima más tensión que usted. Pudo hacerlo, no sólo porque era Dios, sino también porque como persona hizo ciertas cosas. Una de esas cosas fue apartarse y estar a solas, lo cual practicó durante toda su vida adulta.

Busque a alguien "especial" para que lo ayude. Escoja a una o varias personas a las cuales usted particularmente admira, en cuya sinceridad para con usted confía y a quienes puede acudir en busca de consejo para sus propios problemas (no necesariamente alguien que tenga autoridad sobre usted o que usted espera que lo saque de apuros). Elija a alguien con quien usted pueda orar de manera abierta o en silencio. De una u otra forma, la oración con un amigo que lo hace ser sincero consigo mismo, supone un medio especial de aliviar la tensión. Mientras está orando, reconozca que a Dios le interesa la causa real de sus preocupaciones. Esa es una de las razones por las cuales El quiere que dos o más de nosotros nos pongamos de acuerdo.

Los hijos de Israel no pudieron entrar en la tierra prometida a causa de su desobediencia, falta de fe en Dios y tendencia a confiar únicamente en sus propios recursos. Esa verdad se aplica también a usted y a mí. Nuestro lugar de reposo actual está tan disponible como la tierra prometida lo estaba para los israelitas —sin necesidad de pasar años de consejo o lucha personal—. Pero si ponemos nuestra confianza sólo en curas prácticas, éstas se revelarán en el mejor de los casos como simples vendajes.

Examine detenidamente los versículos 9 y 10 de Hebreos 4, los cuales presentan el modelo de reposo practicado en realidad por Dios mismo: "Por tanto, queda un reposo para el pueblo de Dios. Porque el que ha entrado en su reposo, también ha reposado de sus obras, como Dios de las suyas." Esta es la forma de Dios comprobada previamente para salir del desierto de la tensión nerviosa excesiva: El sustituye dicha tensión por el reposo. Cuando uno cree que las enseñanzas de su Hijo Jesús son mandamientos que hay que obedecer, promesas que hay que creer, y ejemplos que deben seguirse cotidianamente, está empezando a disminuir la lucha del *yo* que produce la tensión nerviosa.[1]

Gajes del oficio

En una entrevista con el *DPD Digest* (órgano doméstico de IBM), Osgood da algunas sugerencias en cuanto a cómo tratar con la tensión nerviosa en el trabajo. Esto es algo sumamente importante, ya que con frecuencia las dificultades y tensiones matrimoniales están directamente relacionadas con la tensión nerviosa que se experimenta en el desarrollo de la actividad laboral. Así, Osgood dice:

Nadie necesita enfrentarse a solas con la tensión; pero la mayoría de nosotros intentamos parecer tranquilos en el trabajo, y a menudo estamos ansiosos por dentro sin encontrar a nadie a quien confiarnos. En cierto sentido nos convertimos en ollas de presión, hasta que por último los sentimientos que hierven en nuestro interior se cobran su víctima. Necesitamos aprender de nuevo a ser sinceros con nosotros mismos y con los demás, sin dañar las relaciones que hemos establecido.

"Busque a alguien que pueda aceptarlo tal y como usted es —con debilidades y todo. Las relaciones maduras se construyen sobre una aceptación así. Yo hice esto una vez con mi jefe mientras planeábamos el trabajo:

—Me gustaría hablarle acerca de alguna de mis debilidades —expresé—. Si usted me dice las suyas, tal vez podamos trabajar mejor.

"Aquella fue una de las jornadas más satisfactorias de toda mi carrera, y resultó de utilidad más tarde, cuando las presiones del trabajo se hicieron angustiosas.

"Aprenda a expresar una preocupación sincera sin juzgar. La próxima vez que un colega diga algo que lo molesta, trate de decir: "Me sentí decepcionado cuando te oí decir eso"; y no: "Me has decepcionado diciendo eso." Esto es un juicio. Lo que está usted expresando en el último caso es: "Me lo has hecho a mí; es culpa tuya."

"Aprenda a expresar un aprecio verdadero. No oculte sus sentimientos de admiración, interés o gratitud siempre que sean sinceros.

"Adquiera la capacidad de satisfacerse a sí mismo. Haga algo, ya sea dentro o fuera del trabajo, que desee hacer de veras, aunque parezca estúpido —y lo ideal es que lo haga con alguien

cuya compañía le gusta. Cruce de un lado a otro el país, o descienda el río en una casa flotante; compre algo que ansía, mientras no limite demasiado su presupuesto. Busque formas de hacer por lo menos algunas de las cosas que ha estado queriendo hacer, sin herir sus relaciones.

"*Ayude a otros que tienen problemas.* Al mismo tiempo usted logrará una perspectiva más positiva de sus propias dificultades."[2]

Es obvio que jamás podría excederme tratando de convencerlo a usted de que la tensión nerviosa no debe pasarse por alto; ya que si se deja sin resolver, conducirá al desaliento personal, a una salud quebrantada, a heridas emocionales y a relaciones disueltas. Pero si usted aprende a enfrentarse con dicha tensión ahora, ello aportará un gran beneficio a sus relaciones interpersonales, y especialmente a una relación amorosa, matrimonial y sexual. Sin importar cuál pueda ser la causa de la tensión nerviosa en su vida, usted puede aprender, como yo he aprendido, a hacerle frente. Y, en realidad, el desarrollar unas buenas relaciones con la gente —y especialmente con su cónyuge— es uno de los mejores remedios para esa tensión nerviosa. Todos necesitamos de alguien en quien poder apoyarnos y a quien confiarnos durante tiempos de dificultad y de agitación.

Preguntas a considerar

- ¿Qué es lo que le está causando la mayor tensión nerviosa en su vida?
- Enumere los síntomas de tensión nerviosa que reconoce en su experiencia. ¿Qué usted puede hacer ahora mismo para empezar a reducir la tensión nerviosa?

EVITE LAS ATADURAS ECONOMICAS

¿Cuál es el área más reciente de desacuerdo con su cónyuge? Si usted es una persona normal, probablemente sea la forma en que usted ha estado ganando o gastando dinero. Cuando dos personas se unen en matrimonio, la primera área de desacuerdo suele ser el uso del dinero; y con demasiada frecuencia ese sigue siendo el tema más polémico durante toda la vida de la relación. Si usted quiere gozar de una relación amorosa, matrimonial y sexual satisfactoria, es absolutamente esencial tener en cuenta la capacidad para manejar el dinero de un modo efectivo.

Nada puede perturbar una relación más de prisa que los problemas asociados con el mal uso de las finanzas. En Mateo 6:21 Jesús indica la razón de ello cuando dice: "Porque donde esté vuestro tesoro, allí estará también vuestro corazón." El empleo del dinero prueba, más que ninguna otra disciplina, los motivos que alberga el corazón de una persona. No es de extrañar que una de las principales causas de divorcio hoy en día sea el conflicto sobre las finanzas familiares.

Ya cité anteriormente la encuesta llevada a cabo por la revista *McCall's* entre 30,000 mujeres, según la cual: "Casi una de cada tres mujeres expresó que la falta de dinero constituía uno de los principales problemas entre ella y su esposo." En realidad: "Los problemas económicos estaban en la lista muy por encima de todos los demás menos uno: la *comunicación deficiente*."[1] Los estudios realizados indican que aparte del ajuste sexual, la adaptación en el área de las finanzas requiere más tiempo que ninguna otra.[2]

El empleado estadounidense medio (ya sea hombre o mujer) gasta aproximadamente el 80 por ciento de su tiempo pensando directa o indirectamente en el dinero: "¿Debo comprar esto? ¿Me subirán el sueldo? ¿Sería conveniente que hiciera tal o cual inversión? ¿Cuánto debo gastar en ropa? ¿Sería mejor comprar una casa o alquilarla? ¿Puedo permitirme un viaje en avión para estar en casa en las Navidades? Me pregunto cuánto ganará Fred al año. ¿Debemos comprar un automóvil nuevo o de segunda mano? ¿Cuánto le devuelvo a Dios?"

Escoja a quién servir

Jesús revela la razón de ello en Mateo 6:24: "Ninguno puede servir a dos señores; porque o aborrecerá al uno y amará al otro, o estimará al uno y menospreciará al otro. No podéis servir a Dios y a las riquezas (Mamón)." O es usted el señor de su dinero o su dinero mandará en usted.

Puesto que usted llevará al matrimonio los hábitos que tenga de gastar el dinero, es importante que adopte, mientras aún es soltero, unas prácticas financieras saludables. El mismo uso (o mal uso) del dinero puede ser una causa dinámica de fricción en todo hogar. Un cónyuge descuidado o indisciplinado puede, literalmente, hundir un matrimonio mediante un deficiente control y uso del dinero. Sin lugar a dudas usted habrá tenido la oportunidad de observar esto, ya sea en su propio hogar o en otro que conoce bien.

Como cristianos, la única opción legítima que tenemos es la de servir a Dios, y no a Mamón. El apóstol Pablo, un veterano observador de hogares e iglesias, escribió: "Porque raíz de todos los males es el amor al dinero" (1 Timoteo 6:10a). Ahora bien, fíjese en que él no dijo que esa "raíz de todos los males" (o de toda clase de males) fuera el dinero en sí, sino "el amor al dinero". El dinero es neutral —no es ni bueno ni malo. Es nuestra actitud hacia él y lo que nosotros hacemos con él lo que puede ser malo. Cómo usted maneja el dinero dice muchísimo acerca de cómo está su relación con Dios y con los demás.

En su libro *Your Money in Changing Times* (Su dinero en épocas de cambio), Larry Burkett señala que hay más de setecientos versículos en la Biblia que tienen que ver con el dinero o las posesiones, y que más de dos tercios de las parábolas de Jesús se refieren a estos mismos temas. El Señor sabía que el corazón de los hombres se vería dividido entre El y el dinero, y quiso dejar bien claro que los hombres no sólo debían elegir entre servir a Dios o al dinero, sino también debían actuar responsablemente con el dinero que tuvieran.

Control de las finanzas

Con esto como telón de fondo quisiera que echásemos un vistazo a la importancia que tiene el dinero, tanto desde nuestro punto de vista como desde el del Señor. Consideremos las finanzas personales a un nivel muy práctico. Mucho de lo que quiero compartir aquí está sacado ya sea de mi propia experiencia o de ideas que he recibido de mi querido amigo Ethan Pope, miembro como yo de la plantilla de la Cruzada Estudiantil y Profesional para Cristo, quien a menudo escribe y habla sobre el tema de la planificación económica.

1. Como primer paso fíjese metas financieras. Una de las razones por las que muchas parejas discuten (y a menudo pelean) a causa del dinero, es que nunca han hablado entre sí de metas financieras para la familia. Muchas discusiones surgen simplemente como consecuencia de las distintas suposiciones de los cónyuges. Tal vez el marido considera como una alta prioridad comprar una lancha, mientras que su esposa piensa que es mucho más importante ahorrar dinero a fin de hacer el pago inicial para la adquisición de una casa.

La mayoría de los conflictos económicos en un matrimonio pueden evitarse haciendo sencillamente dos cosas:

1. Fijar metas financieras en un presupuesto.
2. Hablar con regularidad de dichas metas.

En Proverbios 21:5 leemos: "Los pensamientos del diligente ciertamente tienden a la abundancia"; y llevar estos simples pensamientos a la práctica pueden darle la ventaja de controlar sus finanzas, en lugar de ser controlado por ellas.

Una de las razones de por qué no tenemos metas financieras claras en nuestras finanzas es porque no sabemos cómo ponerlas por escrito o cómo hacerlas operativas. Para vencer este obstáculo, usted necesita aplicar los cinco pasos siguientes en la formación de objetivos: orar, poner por escrito, desafiar, poner fecha y medir. Examinemos ahora cada uno de estos pasos.

El aspecto más importante en el establecimiento de metas es *la oración*. Pregúntele a Dios qué quiere que usted haga con su vida y con el dinero que El le ha dado. Santiago 1:5 expresa: "Y si alguno de vosotros tiene falta de sabiduría, pídala a Dios, el cual da a todos abundantemente y sin reproche, y le será dada." De modo que lo primero que tenemos que hacer es confiar en que Dios nos dará la sabiduría que le pedimos.

El segundo punto que resulta importante recordar es el de poner por escrito nuestros objetivos. Por lo general los sueños no se convierten en metas o en realidades hasta que se escriben. Esto requiere que andemos con Jesús a diario, momento a momento, ya que antes de que nos sentemos a escribir nuestros objetivos, necesitamos estar seguros de que todo en nuestra vida se halla en orden con Dios, que nuestro corazón es puro y que no guardamos ningún pecado sin confesar. Si usted ha hecho todo como es debido por su parte, Dios le dará la sabiduría que necesita. Sin embargo, hay pecado en su vida y usted no está tratando de resolverlo, lo cual lo coloca por su propia voluntad fuera de una relación con Dios, es muy posible que usted estará fijándose sus propias metas y no las que El quiere que se fije.

Tercero: Fíjese unas metas realistas y alcanzables. Tomemos como ejemplo que una persona quiera donar un millón de dólares este año cuando sólo gana 30,000. Su meta por decirlo suavemente, sería muy irreal. Desde luego no pretendemos limitar el imponente poder que Dios tiene para realizar milagros en nuestra vida, pero podemos caer en el desaliento si nos fijamos objetivos que no podemos alcanzar. Necesitamos dejar que Dios obre con nosotros donde nos encontramos. Si confiamos en que el Señor nos ayudará a establecer un historial de metas alcanzadas, obtendremos la confianza necesaria para fijarnos y alcanzar objetivos aún mayores en el futuro.

Como cuarto paso determine unas fechas específicas para alcanzar sus metas. Un objetivo sin límite de tiempo o sin fecha de consecución equivale a un balón de fútbol desinflado —algo prácticamente inútil.

Junto con la importancia de fijar fechas para nuestras metas tenemos el quinto paso: *poner objetivos mensurables.* Decir, por ejemplo: "Este año voy a donar mucho dinero" es demasiado general. ¿Cómo sabrá usted al acabar el año, que ha logrado lo que se propuso? ¿Cuánto es "mucho" dinero? Quizá a usted le parezca que dar el 20 por ciento de sus ingresos es bastante, mientras que otra persona puede considerar insuficiente donar un 30 por ciento. Cuando usted es específico en sus objetivos, puede saber si ha cumplido o no dichos objetivos.

Yo creo que el marido necesita realmente tomar un papel de liderazgo en la fijación de objetivos, pero la esposa tiene que participar activamente en el proceso de tomar decisiones. Si no hay unidad alguno puede salir herido.

2. *Establezca un presupuesto.* Esta debe ser una de sus primeras metas financieras. ¡Pero espere! Sé que probablemente usted no deseará leer esta parte. No obstante, le ruego que no se la salte, es demasiado importante.

La siguiente lista explica exactamente qué es un presupuesto y cómo puede ayudarlo. Un presupuesto:

—prevé los ingresos;

—prevé los gastos;

—es un plan de acción escrito;

—deben prepararlo juntos el marido y la mujer;

—le proporciona confianza en su situación financiera;

—supone una liberación;

—lo ayuda a ser un buen mayordomo de lo que Dios le ha confiado;

—está escrito a lápiz, no con tinta, de modo que se puede cambiar cuantas veces haga falta.

Larry Burkett da estas pautas en cuanto a cómo manejar su presupuesto:

1) *Comience a hacer una evaluación económica semanal.* Una vez fijado su presupuesto, revise cada semana los ingresos y gastos que haya tenido. Las parejas casadas tienen que hacer esto juntos. La evaluación implica únicamente examinar el pre-

supuesto a fin de comprobar cómo van sus finanzas, y no se necesitan más de diez minutos para llevarla a cabo. El propósito de dicha evaluación es que resulta mucho más fácil realizar correcciones en los gastos después de una semana, que al cabo de un mes entero. Burkett señala lo siguiente: "Al hacer una planificación económica, hay dos dificultades que surgen a menudo: uno de los individuos es excesivamente legalista y el otro demasiado laxo. El intentar corregir en un mes diez años de malos hábitos económicos conduce al legalismo. Tanto el marido como la mujer deben estar dispuestos a realizar iguales ajustes, ya que un plan unilateral para reducir los gastos de otra persona se convierte rápidamente en un motivo de fricción.

"Por lo general se produce la laxitud cuando después de planearse un presupuesto, éste se archiva y jamás se somete a una revisión. El proceso de planificación puede ayudar a alguien a sentirse mejor, pero ningún plan vale para nada si no se lleva a efecto."[3]

2) *Hagan listas de futuras "compras" y de "ofrendas" a efectuar.* Ustedes pueden hablar de estas cosas durante sus reuniones de presupuesto semanales. Confeccionen una lista de aquello que necesitan o quieren comprar; así como de las necesidades que desean suplir en la vida de sus amigos o en su iglesia. Luego dispongan cada lista conforme a sus prioridades. Verán cómo al discutir sus sueños, preocupaciones, necesidades y esperanzas, y también las presiones que están experimentando, abren un nuevo canal de comunicación en su matrimonio, y en las concesiones mutuas de la planificación económica se acercan más el uno al otro como pareja.

Si ustedes establecen unas metas económicas y un presupuesto familiar operativo, la vida se les hará mucho más fácil. Yo he descubierto que de este modo la mayoría de las decisiones financieras ya están hechas, al hallarse definidos los límites económicos de la pareja. Si alguno de ustedes quiere comprar algo, como por ejemplo un traje nuevo o un reloj nuevo, la pregunta que tiene que hacerse es sencilla: "¿Está ese dinero en el presupuesto? ¿Se trata de una prioridad en nuestra *lista de compras*?" Si la respuesta es no, el problema está resuelto. ¡No lo compre! Ahora, si eso es algo que usted quiere hacer realmente una prioridad, revise su lista en la sesión semanal de presupuesto y vea los cambios que pueden realizarse.

Cuando el asunto tiene que ver con inversiones o compras extraordinarias, la Biblia nos proporciona unas pautas útiles y claras. "Salvo raras excepciones —escribe Burkett—, las pérdidas de dinero del Señor podrían reducirse drásticamente siguiendo unas pocas reglas bíblicas sencillas:

- Ore y pídale a Dios que le dé sabiduría (Proverbios 3:13).
- Marido y mujer deben consultar entre sí, y si no hay manera de llegar a un acuerdo, es mejor que no lo hagan (Proverbios 12:14).
- Espere antes de actuar. Su visión financiera se hace mucho mejor cuanto más distante se encuentre usted (Salmo 37:7).
- Quédese con lo que sabe y evite meterse en áreas que no domina (Proverbios 22:12).

Si usted no siente paz, no siga adelante (Proverbios 10:22)."[4]

Recuerde que para que un presupuesto funcione, tanto el marido como la mujer deben estar de acuerdo y comprometidos a trabajar en el mismo como equipo. El hacer funcionar un presupuesto es en realidad un asunto de autodisciplina, un acto de la voluntad. No es casualidad que los que establecen un presupuesto y se atienen a él —siendo flexibles cuando resulte necesario— tengan sus finanzas en orden. Los mismos se evitan el ritual de alzar las manos en señal de frustración cuando llega el fin del mes y decir: "¿A dónde ha ido el dinero?"

3) *Evite los créditos.* ¡No viva por encima de sus posibilidades! Muchas personas compran cosas que no necesitan, con dinero que no tienen, para impresionar a gente que no les cae simpática. El crédito, como el dinero, no es ni bueno ni malo en sí mismo, pero se convierte en bueno o en malo según se lo use —puede ser su amigo o su enemigo.

En estos tiempos, además de las tarjetas de crédito, hay unas presiones económicas tremendas que pueden hacer que usted se meta en deudas: pagos de entrada reducidos, descuentos, cuentas de fácil uso y compras a plazos. Recuerde que, aunque casi todas las formas de crédito están basadas en previsiones de futuros ingresos, la mayoría de dichos ingresos no son seguros. La pérdida de su empleo, una lesión o enfermedad grave, o un cambio del valor del dinero no le quitarán la obligación que contraiga de pagar sus facturas.

Los matrimonios jóvenes son uno de los blancos predilectos de aquellos que quieren dar créditos; especialmente de las compañías que suministran tarjetas de crédito. Alguien que acaba de salir de la universidad, cuenta con un trabajo, y está casado, suele tener una gran lista de compras: ropa, muebles, aparatos eléctricos, automóvil. Con el crédito al alcance de la mano, resulta fácil ceder al impulso de comprar, y en poco tiempo usted puede encontrarse con un montón de cosas, sin las cuales podría vivir perfectamente, y una enorme carga financiera sobre sus hombros. Yo le recomiendo que, a ser posible, evite comprar nada a crédito durante los primeros dos años de su matrimonio, ya que lo que menos necesita en ese estado es la presión de unas ataduras económicas.

La sociedad actual dice: "Consígalo ahora"; y la mayoría de los matrimonios jóvenes le hacen caso. Ellos quieren tener enseguida aquello que a sus padres les llevó veinte años conseguir. Las tarjetas bancarias pueden ser muy útiles cuando se está en un aprieto —como el de tener que pagar una emergencia dental o hacerse arreglar el auto que se le ha averiado lejos de donde usted vive—, pero las tarjetas de crédito pueden esclavizarlo económicamente si no las usa como es debido. Si usted utiliza una tarjeta de crédito para pagar algo que no es absolutamente esencial, prométase una cosa: que en caso de que cuando llegue la factura en el correo usted no pueda abonar su importe completo y tenga que hacer un pago parcial, romperá en dos dicha(s) tarjeta(s). Muchos matrimonios cargan en su cuenta el logro de la felicidad temporal, sólo para convertirse en víctimas de la pesadilla de la sociedad de consumo.

No hay forma más rápida de experimentar ataduras financieras que mediante el uso inmaduro e inadecuado del crédito. Proverbios 22:7 expresa: "El rico se enseñorea de los pobres, y el que toma prestado es siervo del que presta."

Un "cosámetro" para usted

Nuestra cultura nos comunica que es necesario adquirir cosas, y a mí me gusta la postura que respecto de esta obsesión de poseer tiene el doctor John MacArthur, hijo:

El señor Cosa y su esposa son una pareja muy agradable y de mucho éxito; por lo menos ese es el veredicto de la mayoría de la gente, que tiende a medir el éxito con un "cosámetro". Cuando se pone a funcionar dicho "cosámetro" en la vida de los señores Cosa, se produce un resultado asombroso.

Ahí lo tenemos, sentado en una cosa muy cara y lujosa, casi oculto por el gran número de (otras) cosas... cosas en que sentarse, cosas a las que sentarse, cosas en que cocinar, cosas donde comer... todas nuevas y brillantes. Cosas... cosas... cosas...

Cosas con que limpiar, cosas con que lavar, cosas que limpiar y cosas que lavar... Cosas para divertirse, cosas para obtener placer, cosas para ver, cosas para jugar... Cosas para los veranos largos y calurosos; cosas para los inviernos cortos y fríos. Cosas para la gran cosa en que viven; cosas para el jardín, cosas para el salón, cosas para la cocina y cosas para el dormitorio... Cosas en cuatro ruedas, cosas en dos ruedas... cosas para poner encima de las cosas en cuatro ruedas, cosas para arrastrar detrás de ellas; cosas para añadir al interior de la cosa de cuatro ruedas.

Cosas, cosas, cosas... y en medio de todas, el señor Cosa y su esposa, sonrientes, orgullosos de sí mismos, pensando en más cosas que añadir a su colección —¡seguros en un castillo de cosas!

Pues bien, señor Cosa, tengo malas noticias para usted. ¿Qué pasa? ¿Que no puede oírme? ¿Que las cosas no lo dejan? Mire esa cosa que tiene delante de su casa; sea cual sea el valor que le dé un comerciante de cosas usadas, significa mucho para usted. Sin embargo, un error de criterio, una pérdida temporal de concentración, y esa cosa puede convertirse en un montón de metal destrozado que la grúa se lleva al depósito de chatarra.

¿Y qué me dice de todas esas cosas que tiene en su hogar? ¿Acaso están más seguras? Sí, es hora de irse a la cama. Saque fuera al gato; pero no se olvide de echar el cerrojo a la puerta, ni tampoco a las ventanas. ¡Cuidado! hay un ladrón merodeando...

Así transcurre la vida; y un día, cuando usted muera, sólo pondrán una cosa en su ataúd: a usted mismo. Como alguien dijo: "Las mortajas no tienen bolsillos." Por muy estúpido que parezca, estamos dedicados fundamentalmente a adquirir cosas."[5]

Las cosas y la felicidad

La clave para una relación matrimonial excelente no es tener gran número de posesiones materiales ¡Si fuera así, los pobres no podrían ser felices! Luego están aquellos que se niegan intencionalmente dichas posesiones a fin de ser "espirituales"; lo cual también constituye una obsesión con el materialismo, sólo que en forma distinta. Las cosas —como el dinero o las posesiones materiales— no producen un buen matrimonio; las personas sí. La gente que se esfuerza por obtener las virtudes interiores de la vida: amor, gozo, paz, paciencia, benignidad, bondad, fe, mansedumbre y templanza, están llenando su vida de cualidades eternas que no se oxidan ni es posible robar. Usted no puede comprar la integridad o la compasión, y sin embargo son cosas intangibles como éstas las que hacen que valga la pena vivir la vida, y nos dan paz con nosotros mismos.

¡Deje que las cosas materiales sean meramente el merengue de su torta! Regocíjese en las bendiciones de que Dios lo ha rodeado, pero no permita que se adueñen de usted. Como dijo Jesús: "Buscad primeramente el reino de Dios y su justicia, y todas estas cosas os serán añadidas" (Mateo 6:33).

4. *Ponga en orden sus finanzas personales.* Otra meta económica que debe fijarse es la organización de sus archivos financieros. Usted puede comenzar con un simple repaso de la lista que damos a continuación, en compañía de su cónyuge; su propósito es estimular la comunicación e informar a su esposo o esposa acerca de dónde se guardan los documentos importantes.

Documento/asunto	Lugar
Libro de presupuesto	_____
Hoja de balance	_____
Documentos del automóvil	_____
Partidas de nacimiento	_____
Título de propiedad de la casa o contrato de alquiler	_____
Lista de inversiones	_____
Valores	_____
Títulos de renta fija	_____
Libreta de la cuenta de ahorros	_____
Testamento	_____

Pólizas de seguros _____
   Automóvil _____
   Vida _____
   Médico _____
   Propiedad _____
Información tributaria actual _____
Información tributaria pasada _____
Caja fuerte y su llave   (no escriba la respuesta)

Las transacciones financieras han sido tradicionalmente asunto del esposo; si éste es su caso, intente hacer partícipe a su esposa de tantas actividades económicas como pueda. Encárguele cosas tales como pagar las facturas de un mes, o hacer el balance del libro de presupuesto o del talonario de cheques (todo ello puede ser llevado a cabo bajo la supervisión del marido y con su ayuda). Si alguien le hace a usted la declaración de la renta, lleve consigo a su esposa para que se sienta parte del asunto, aunque al principio no lo entienda todo (¡usted también tuvo que aprender!). En caso de que usted muera, ella debe saber dónde está cada cosa, cómo funcionan sus finanzas, y a quién acudir en busca de ayuda. Haga que su esposa recurra a alguien que lo conozca a usted y cuyas decisiones puedan ser semejantes a las suyas.

5. *Establezca un plan de ofrendas consecuente.* El aspecto más importante de sus finanzas es el dar; ésta debe ser su prioridad financiera más alta. Nada prueba más el compromiso que una persona tiene con Dios, que el dinero.

Sin entrar en detalles, permítame compartir algunos de los principios básicos del dar:

Dé a Dios primero. Proverbios 3:9 expresa: "Honra a Jehová con tus bienes, y con las primicias de todos tus frutos."

Usted tiene bienes. Los medios de comunicación quieren hacerle creer que a menos que posea un *Rolls Royce* y esté rodeado de lujo, usted es un indigente. Cuando considera honestamente el valor de cada cosa que tiene a su alrededor, puede ver la riqueza que dichas cosas representan.

Dé las primicias de sus frutos. En otras palabras, que el primer desembolso que usted haga de sus ingresos sea para

Dios. No le guarde a El las sobras, ya que por lo general terminará estafándolo. El dar primero a Dios demuestra una actitud de "El es primero".

Comprenda que todas las cosas son de Dios. Usted sólo administra lo que Dios le ha prestado. El darse cuenta de que está manejando el dinero de Dios, añade perspectiva a sus finanzas. ¿Se encontraría usted listo para una auditoría?

Sea fiel con lo que tiene. Jesús dijo: "El que es fiel en lo muy poco, también en lo más es fiel; y el que en lo muy poco es injusto, también en lo más es injusto" (Lucas 16:10). Usted no puede esperar ser justo mientras sea un mal mayordomo del dinero que Dios le ha dado.

Cuando piense en dar, no debe "esperar a que llegue su barco". Por el contrario, dé de lo que tiene ahora mismo. Dios no quiere que usted ahorre para que pueda hacer un gran donativo. A El no le impresionan los números, Dios busca grandes corazones. Las Escrituras nos hablan de una mujer que tenía un corazón muy grande a los ojos de Dios. El relato de Lucas 21 nos habla de una pobre viuda que echó en el tesoro del templo dos monedas de cobre, las cuales agradaron al Señor más que todas las otras dádivas de aquel día. En realidad, Jesús dijo que aquella viuda había echado más que todos los ricos con sus donativos.

Considere el rédito de la inversión. Dar a Dios es la mejor inversión que usted pueda hacer jamás —muchísimo mejor que los valores, los fondos mutualistas, los bonos libres de impuestos o los bienes raíces—, y produce unas ganancias eternas. Usted no necesita siquiera pagar a un asesor económico que le diga cómo debe dar. Jesús dijo: "No os hagáis tesoros en la tierra, donde la polilla y el orín corrompen, y donde ladrones minan y hurtan; sino haceos tesoros en el cielo, donde ni la polilla ni el orín corrompen, y donde ladrones no minan ni hurtan" (Mateo 6:19, 20).

Espere una cosecha. Al dar, como en todo lo demás que usted hace, segará lo que siembre. Así escribe el apóstol Pablo: "Pero esto digo: El que siembra escasamente, también segará escasamente; y el que siembra generosamente, generosamente también segará" (2 Corintios 9:6).

Sea un dador alegre. Una de las cosas que nos dice la Biblia es lo que agrada y desagrada a Dios; y en 2 Corintios 9:7 leemos: "Cada uno dé como propuso en su corazón; no con tristeza, ni por necesidad, porque Dios ama al dador alegre."

Dé sólo por amor. "Y si repartiese todos mis bienes para dar de comer a los pobres. . . y no tengo amor, de nada me sirve" (1 Corintios 13:3).

En cierta ocasión, un amigo mío compartió conmigo este pensamiento: —Encuentro muy interesante el hecho de que en cada billete blanco o moneda americanos diga: "En Dios confiamos". Su inscripción no es: "Confiamos en este dinero." —Mi amigo dice que pide a Dios que cada vez que alguien mire ese dinero o lo gaste, o incluso cuando extienda un cheque, las palabras "En Dios confiamos" fulguren en la mente del individuo.

Una relación amorosa, matrimonial y sexual madura no puede funcionar de un modo piadoso en los asuntos diarios de la vida, sin que seamos económicamente responsables. Busque la voluntad de Dios en oración y esfuércese en ser un buen mayordomo de lo que El le ha confiado. Nuestro objetivo final es glorificar a Dios, y nuestra esperanza última está en El en lo que a la libertad financiera, a corazones dadivosos, a dominar el materialismo y a matrimonios felices se refiere.

Preguntas a considerar

- ¿Cómo se fija usted metas económicas?
- ¿Cuáles son algunas de las pautas bíblicas referentes a las finanzas?
- ¿Qué importancia tiene el diezmo? ¿Qué dice la Biblia al respecto?
- ¿Cuál es el propósito de hacer un presupuesto?

14

TUYO, MIO Y NUESTRO

Una de las áreas de conflicto menos obvias en la relación amorosa, matrimonial y sexual, es la de las posesiones. En mi opinión, las parejas que van a casarse, en su intento de concentrarse en aquello que es intangible —como la confianza, la amistad y el amor—, pasan por alto o dejan de lado a menudo este aspecto más bien elemental y práctico de su relación. Aunque es de vital importancia que dichas cosas intangibles sean el centro de atención de nuestro matrimonio, también resulta necesario llegar a un entendimiento en lo relativo a las posesiones.

Cuantas más cuestiones puedan sacarse a la luz y discutirse antes del matrimonio, mejor. La pareja ha de llegar a un entendimiento especialmente en aquellas áreas que implican fuertes apegos emocionales, gustos y aversiones. Me asombra ver cuántas personas permiten que las posesiones materiales, como por ejemplo los muebles, se conviertan en el aguijón en la carne de su matrimonio.

Dottie y yo aconsejamos a una pareja que nunca había hablado de las posesiones antes de contraer matrimonio. Una vez casados, decidieron que ella tendría una cuenta corriente con su nombre de soltera y él otra propia. Las conversaciones de aquel matrimonio incluían con frecuencia las frases: "Esto es mío." y "Eso es tuyo."

No fue nada sorprendente que pronto la pareja se encontrara con un problema. Ella siempre había soñado con poseer antigüedades de estilo americano primitivo, y él suponía que sus muebles serían de estilo mediterráneo —siempre le habían gustado los que había en casa de sus padres. De manera que sin haber hablado nunca al respecto, aquella pareja de recién casados se fue de compras. . . por primera y última vez —juntos. A partir de ese día, él compró cosas de estilo mediterráneo y ella antigüedades. Incluso para Navidad el hombre le regaló a su esposa algunas piezas mediterráneas —lo cual equivale a regalarle a su mujer la mesa de billar que usted siempre ha deseado.

Una mecedora y dos locos

La noche que fui a su casa para aconsejarlos yo no me hallaba al corriente de esa situación, y estando allí, descubrí una mecedora de estilo americano primitivo que me gustó mucho. Cuanto más me deshacía yo en elogios acerca del sillón, tanto más furioso se ponía el marido. El tema de los estilos de muebles había llegado a ser una fuerza tan destructiva en su relación, que el matrimonio acabó trágicamente en divorcio. La Biblia exhorta a los esposos a que se conviertan en uno en el lazo matrimonial, pero aquella pareja jamás lo hizo; su terminología y sus puntos de vista nunca cambiaron del "yo y mío" al "nosotros y nuestro".

Cuando Dottie y yo nos prometimos, dimos mucha importancia a tratar el tema de las posesiones, y en especial de los muebles. Yo siempre había querido tenerlos de estilo español, y ya había encontrado un artesano en México que podía hacérnoslos a mano. Existía sólo un problema: mi esposa aborrecía esa clase de muebles. A ella le gustaban las antigüedades americanas primitivas. De modo que oramos juntos acerca de la situación, y puesto que habíamos planeado pasar la luna de miel en México, le propuse llevarla a donde se hacían los muebles. También decidimos asistir a algunas subastas y visitar tiendas de antigüedades en busca de algunas piezas de estilo americano primitivo.

No tardé mucho en comprender que comprar antigüedades era algo muy sensato, ya que después de todo son los únicos muebles que aumentan de valor después de que uno los adquiere. Además, la primera casa que tuvimos en San Bernardino California era de estilo español, de modo que acabamos en una casa del estilo que yo quería con los muebles que a Dottie le gustaban. ¡Creo que Dios tiene un magnífico sentido del humor!

Compruebe las palabras que usted utiliza para indicar posesión cuando describe sus relaciones interpersonales o cuando habla de la relación amorosa, matrimonial y sexual perfecta. Eso le ayudará a descubrir en gran medida lo cerca o lo lejos que está de ser la persona adecuada. Los individuos con más posibilidades de éxito en este terreno se referirán mucho más a "nosotros", "nos" y "nuestro", que a "yo", "me" y "mío".

¿Qué significa todo esto?

Hemos examinado juntos once cualidades esenciales para el individuo que quiere aceptar la responsabilidad y experimentar los increíbles beneficios de ser la persona adecuada en una relación amorosa, matrimonial y sexual y el gozo que ello supone. De modo que permítame sugerirle que se haga a sí mismo esta pregunta obvia: "¿Soy la persona adecuada para el matrimonio?"

Probablemente en lo más íntimo de su ser usted sabe la verdadera respuesta; y aun cuando pueda engañarse a sí mismo, no logrará burlar a muchos otros. Las diferentes cualidades personales de las que usted infiere si es o no "adecuado", pueden constituir asimismo la base para determinar si su cónyuge en potencia lo es también. Eso, a su vez, lo conducirá a hacerse la pregunta decisiva al pensar en el matrimonio: "¿Estamos hechos el uno para el otro?"

Los cimientos de una sólida relación amorosa, matrimonial y sexual deben ser establecidos mucho antes de que usted conozca a la persona con quien quiera casarse, y el proceso comienza con usted mismo.

Hasta ahora hemos trabajado desde la perspectiva del in-

dividuo —de usted— para establecer este tipo de relación sólida. Seguidamente nos concentraremos en la manera que dos
personas pueden determinar si el amor que están experimentando es un amor maduro o no. Pero antes, permítame hacerle
una advertencia. . .

Imperfectos pero progresando

Ni usted ni su cónyuge en potencia serán perfectos, ni ahora
ni nunca. Las cualidades que hemos considerado, y que forman
parte del llegar a ser la persona adecuada, pueden fácilmente
parecer abrumadoras. Pero tenga en cuenta que no todos los
aspectos de cada una de ellas estarán presentes o perfectamente
activos en todo momento.

Si usted tiene la actitud de: "Bueno, yo nunca he sabido
manejar el dinero. . . ¡y así es como soy!", su matrimonio ya
cuenta con un problema. Por el contrario, si su actitud es:
"Nunca he sabido manejar el dinero, pero de aquí en adelante
voy a esforzarme por cambiar eso", se halla usted en buen camino. Y, naturalmente, esta perspectiva no sólo se aplica al
manejo del dinero, sino también a las demás cualidades que
hemos considerado.

Lo que le he explicado puede ayudarlo a entrar en una relación con los ojos bien abiertos. Y cuando usted reconoce sus
cualidades y debilidades de antemano, puede ver las virtudes
que aún necesitan mejorar en su persona, y puede darse a ellas
y confiar en que Dios las refinará en usted. De este modo estará
preparado para que El pueda darle una relación matrimonial
duradera y que le agrade plenamente a El.

Si usted es sabio de verdad, estará agradecido de que Dios
o su cónyuge le señalen una faceta de su vida que necesita ser
mejorada. Toda virtud personal en que inviertan ustedes, que
cada uno pueda mejorar ahora, no hará sino aumentar los ricos
dividendos que cosecharán en el futuro.

Preguntas a considerar

- ¿Qué palabras emplean ustedes cuando hablan de las posesiones?

- Si usted está pensando entrar en una relación matrimonial, ¿cuáles de las once características tratadas se hallan presentes en usted?
- ¿Qué áreas de su vida necesitan todavía madurar para que llegue usted a ser la persona adecuada?

SECCION II

LA CLAVE ES UN AMOR MADURO

Cómo saber si durará el amor que usted siente

CARACTERISTICAS DEL AMOR MADURO

Cada día conozco a más y más personas que temen fracasar en el matrimonio. Antes creían saber de qué se trataba; pero ahora ya no están tan seguros y quieren una mejor respuesta a la pregunta de: "¿Qué significa realmente estar enamorado?"

Si usted no se ha visto confrontado o confrontada todavía con la excitante y a menudo desconcertante cuestión de "estar enamorado(a)", probablemente lo será. Ahora mismo usted puede estar en una relación que lo hace preguntarse si el sentimiento que experimenta por cierta mujer o cierto hombre es amor verdadero. Quizá sospecha que esa persona es un poco superficial, pero luego vuelve a parecerle muy real y maravillosa.

¡Sería magnífico que algún inteligente investigador pudiera programar una "supercomputadora" que nos dijera de manera concluyente si estamos o no enamorados, o simplemente cuánto durará una determinada relación amorosa! Por desgracia no existe ningún "amorímetro" para indicar la profundidad o la calidad del amor que sentimos. Las innumerables fuerzas en acción y las diferencias que hay entre las personas en las relaciones, hacen imposible predecir el camino que seguirán las aventuras amorosas mediante gráficas o estadísticas.

De manera que el problema sigue ahí. ¿Cómo podemos comprobar el amor? Con la gran variedad de sentimientos de amor que usted experimenta hacia todo tipo de personas, ¿puede saber si sus sentimientos hacia una determinada persona son auténticos? ¿Le es posible conocer si se trata del "amor real"?

Deje de hacer conjeturas

Muchos le aconsejarán que siga "lo que le dicta el corazón"; y quizá usted ya sepa que el hacer caso de ese consejo puede conducirlo a una situación desgarradora. En cierta ocasión oyeron decir a un exaltado estudiante: "Sé que he conocido a la chica de mi vida: ¡no puedo dormir, no puedo comer, y estoy suspendiendo en todos los exámenes!" A mí me parece como si fuera un caso de gripe.

Permítame sugerirle un cambio en la pregunta que se hace. En vez de "¿Estoy enamorado?", pregúntese: "¿Es mi amor lo suficientemente maduro para producir una relación amorosa, matrimonial y sexual satisfactoria?" Yo prefiero evaluar el amor en términos de madurez porque creo que siempre estamos "enamorados". El amor pueril es una clase de amor que difiere mucho en grado e intensidad del amor maduro. El problema con dicho amor es que si no evoluciona, usted terminará viviendo una vida de perro.

El amor pueril es ciertamente verdadero, y merece el mismo respeto que otros sentimientos que la gente pueda tener a lo largo de su vida. Cuando un chico o chica llegan a casa y declaran: "Estoy enamorado(a)", no se los debe poner en ridículo; los sentimientos de amor de los adolescentes son igualmente auténticos y maravillosos. Dichos sentimientos son muy reales para el jovencito que los experimenta y no debe tomarse a la ligera.

Por lo tanto, la cuestión nuevamente no es si está usted enamorado, sino: "¿Es mi amor lo suficientemente maduro como para guiarme a un compromiso y a una relación duradera?" Los diversos grados de amor no pueden medirse con valores numéricos, ni es posible poner en categorías rígidas los sentimientos de la gente. Sin embargo, yo creo que usted puede evaluar personalmente una relación amorosa para determinar si manifiesta cualidades maduras. La doctora Evelyn Duvall, especialista matrimonial, explica que "si una pareja descubre antes del matrimonio lo frágil que es la base de su amor, puede considerarse afortunada".[1]

El secreto de amar no consiste únicamente en ser la persona adecuada, sino también en experimentar el adecuado tipo de amor.

En el resto de este libro voy a tratar de las características del amor maduro. Utilice dichas características como una guía para evaluar la madurez que tiene el suyo. Pero, por favor, sea cauto: las cualidades aquí mencionadas no constituyen absolutos, sino que se dan simplemente para ayudarlo a obtener una comprensión más inteligente de su relación.

El estar enamorado es un estado altamente subjetivo, cuya medida depende mucho de las preferencias personales. Sin embargo, sea cual sea su trasfondo, su educación y su crianza religiosa, las trece características siguientes le proporcionarán una forma muy positiva y valiosa de influir en su propio modo de pensar y serán una herramienta útil para estimar la calidad de los sentimientos que usted experimenta hacia otra persona.

UN AMOR ORIENTADO HACIA LA PERSONA TOTAL

El matrimonio debe concebirse como un compromiso mutuo entre dos personas totales. Sin embargo, muchos de nosotros basamos nuestro amor o nuestro matrimonio en un afecto abrumador tan sólo por uno o dos aspectos de otro individuo.

Hace poco, en unas charlas que Sol Gordon, sicólogo y director del Instituto para la Investigación y Educación de la Familia de la Universidad de Siracusa, E.U.A., daba para un grupo de padres, le preguntaron qué importancia tiene la actividad sexual en una relación. El contestó que según sus hallazgos, el sexo ocupaba la novena posición entre los diez aspectos más destacados de las relaciones: muy por detrás de características tales como la solicitud o el afecto (primera), el sentido del humor (segunda) y la comunicación (tercera).

Examinemos la lista confeccionada por Gordon de los diez elementos más importantes en un matrimonio. Aquí presentamos dichos elementos (no por orden de importancia) ampliados por H. Norman Wright, doctor y consejero familiar:

1. *Risa*. Aprender a reír y desarrollar un sentido del humor pueden proporcionar equilibrio a la vida cotidiana. En lugar de permitir que una situación lo destroce, búsquele el lado humorístico.

2. *Amistades*. Ustedes tienen amigos de los que disfrutan como pareja, pero también tienen otros, de los que disfrutan individualmente. Eso está bien, e incluso es necesario. Su cónyuge podrá satisfacer algunas de las necesidades que usted tiene, pero hay otras personas con intereses y habilidades semejantes a las suyas en la actividad deportiva o el esparcimiento, y el pasar ratos con ellas en tales ocupaciones es saludable.

3. *Participación*. Tengan como pareja un sentido de propósito en algo fuera del matrimonio y del hogar. Al trabajar juntos en algún proyecto o empeño significativo, experimentarán un sentimiento de participación. Algunos matrimonios dan juntos una clase de escuela dominical, o sirven en un comité. En mi propio caso enseño con frecuencia en una universidad, en iglesias y en seminarios por todo el país. Mientras yo estoy de pie hablando, mi esposa Joyce jamás se encuentra frente a mí, sino que participa directamente en mi ministerio. Joyce prepara mis cientos de transparencias, conoce el contenido de mis exposiciones y está tan implicada como si ella misma fuera quien imparte la enseñanza.

4. *Sexo*. La realización sexual es una expresión de la intimidad compartida. Para que las relaciones sexuales sean satisfactorias, necesitan ir acompañadas de cariño. Demasiados matrimonios se hastían de sus relaciones sexuales y éstas llegan a ser un aburrimiento. Yo he animado a muchas parejas a leer *Solomon on Sex* (Lo que Salomón dice acerca del sexo), de Joseph Dillow (publicado por Thomas Nelson), para obtener algunas sugerencias prácticas acerca de cómo continuar el lado romántico de la sexualidad. La relación sexual forma parte del matrimonio, pero algunas parejas la sobreestiman como si fuera el principal beneficio de la vida conyugal.

5. *Compartir*. Esto significa hacer partícipe al otro de pensamientos, información, trabajos, proyectos, etc., e incluye tanto lo desagradable como lo agradable. Mientras escribo este libro, estamos ayudando a una nueva perrita ovejera de Shelty a adaptarse a nuestra casa. Se trata de nuestro segundo perro de esa raza, y es una novia potencial para el macho que tenemos. La perrita se llama Ambar, ¡pero ahora le iría mejor el nombre de "Charquitos"! Siempre que Joyce o yo cruzamos el área de la cocina (¡jamás descalzos!), vamos buscando señales de que Ambar se encuentra despierta y andando por ahí. Cuando avistamos un charco, el que lo ve lo limpia y friega esa sección del suelo. No llamamos al otro para que lo haga. La

artificialidad de la estructura de los papeles de varón y hembra en el hogar está cambiando gradualmente, y ese cambio permite una mayor posibilidad de compartir las tareas, basado en la capacidad, los talentos y la cooperación en lugar de una estructura rígida.

6. *Integridad.* Ser una persona responsable y digna de confianza, y no comprometer las creencias y los criterios propios, constituyen reflejos de la integridad.

7. *Conversación.* Saber hablar de cosas interesantes que sean al mismo tiempo informativas y contengan emociones, supone una ventaja para el matrimonio. Es importante tener una comunicación franca y sincera, libre del miedo a expresar los propios sentimientos o a interferir en los de los demás.

8. *Amor.* El amor implica solicitud, intimidad, confianza y compromiso. Un comportamiento consecuente y sensible en cosas grandes y pequeñas transmite el amor del mismo modo que lo hacen las palabras. Implícito también en el amor está el tener afecto a la otra persona y desear pasar tiempo con ella.

9. *Adaptabilidad.* La adaptabilidad implica una aceptación del carácter singular del otro: aceptarlo tal como es, sin empeñarse en hacer de él una fotocopia de uno mismo. Esto significa permitir que la otra persona haga y sea algo distinto de lo que usted espera exactamente.

10. *Tolerancia.* Otra palabra equivalente a ésta es aceptación. El aceptar las peculiaridades, los descuidos ocasionales y los estados de humor desagradables de su pareja, es permitirle que sea humano o humana como lo es usted. Cuando tenga que expresar su desagrado o su preocupación hágalo de tal manera que ayude a la relación en lugar de obstruirla.[1]

Algo más que una suma de las partes

Una relación amorosa es polifacética e implica a las personalidades completas de los dos cónyuges: el aspecto físico, social, intelectual y espiritual de los mismos. Del mismo modo que todos necesitan desarrollarse en cada una de esas áreas para ser individuos sanos y completos, las parejas necesitan hacerlo juntos.

En su vida Jesús manifestó un proceso de crecimiento. Así, en Lucas 2:52, leemos: "Y Jesús crecía en sabiduría (el aspecto mental de su crecimiento) y en estatura (el aspecto físico), y en gracia para con Dios (el aspecto espiritual) y los hombres (el aspecto social)." El era un persona completa como lo es usted. Y en el terreno de las relaciones "una persona es lo bastante madura para casarse cuando está lista para amar y ser amada profunda y plenamente como persona total".[2]

El amor inmaduro se concentra sólo en una o dos áreas del individuo; y cuando una relación está centrada únicamente en una área de otra persona, es muy posible que dicha área sea la física. La atracción física puede ser tan fuerte que llegue a ocultar las demás facetas del ser amado. El amor puede comenzar por el atractivo sexual; sin embargo, si los dos individuos quieren desarrollar una relación íntima y fuerte, necesitan contar con un amplio repertorio de respuesta e interacción como personas completas.

El factor sexual falla

Cuando el amor está basado en la belleza física y la atracción sexual, no dura mucho. Por excitante que pueda ser dicha atracción sexual, constituye un factor tan estrecho que no puede mantenerse a sí misma; antes de que pase mucho tiempo usted se dará cuenta de que falta algo. En aquellos matrimonios que están basados en la belleza física, la relación se ve amenazada cuando aparece en escena una persona más atractiva.

El doctor Owen Morgan, director del Centro de Estudios acerca de la Vida Familiar de la Universidad del Estado de Arizona, señala los peligros de construir una relación sobre la atracción y el placer sexuales, cuando indica que "menos de una décima parte del 1 por ciento del tiempo de la pareja promedio se ocupa en alguna forma explícita de juego sexual". Morgan resalta que "la importancia que marido y mujer tienen el uno para el otro en todos los aspectos de su vida juntos. . . determina el éxito de un matrimonio".[3] Es asombroso que la gente base su matrimonio y otras relaciones que desean que duren, en algo que ocupa una porción tan minúscula de su tiempo.

Unos sentimientos emocionales o sexuales fuertes pueden disimular durante algún tiempo la poca profundidad de una relación. El problema radica en que esas potentes emociones deben por último atemperarse. El escritor C. S. Lewis compara esto con la puesta en marcha de un automóvil: primero hay que acelerar para que el motor siga funcionando, pero si luego no se le deja que se calme y entre en una estable marcha lenta, pronto se quedará usted sin gasolina. Los matrimonios basados en expectativas románticas están destinados a decepcionar a la pareja; sin embargo, en un estudio llevado a cabo entre los estudiantes de la Universidad de Minnesota, la sicóloga Ellen Bersheld descubrió que "más de la mitad de ellos querrían divorciarse si la pasión se desvaneciera de su matrimonio".[4]

La Biblia nos dice que el amor es paciente. Resulta del todo natural querer tener relaciones sexuales antes del matrimonio; pero es totalmente amoroso el esperar hasta estar casados. El verdadero amor puede posponer el placer y a cambio concentrarse en amar a la persona completa. El individuo que demanda favores sexuales como evidencia del amor que se le tiene, manifiesta un amor egoísta y exigente; y la chica que cede en contra de sus propios deseos a tales exigencias, demuestra una debilidad infantil o neurótica. Las demandas incesantes y el ceder a las mismas de mala gana, evidencian un amor inmaduro: un amor que ignora a la persona total.

El Papa Juan Pablo II dijo en cierta ocasión que "los esposos que miran a su mujer únicamente con lascivia cometen adulterio en su corazón".[5] Aunque su comentario fue objeto de mucha crítica, creo que el sentido en que lo hizo era acertado: él quiso decir que una relación amorosa, matrimonial y sexual completa debe estar basada en el amor por la otra persona en su totalidad, y no simplemente en el trato carnal. La lascivia en el matrimonio refleja una actitud superficial hacia el otro cónyuge y una falta de estima por él.

Una simple prueba

Uno no se casa con un cuerpo, sino con una persona. Cierto que la atracción física juega un papel importante en cuanto a amar al individuo completo; sin embargo, para que crezca un amor maduro, esa atracción física no debe eclipsar o suplir otro aspecto de la persona. Pregúntese a sí mismo lo siguiente: "¿Podríamos disfrutar de una velada juntos sin tener ningún contacto físico en absoluto?" Si realmente no lo pasaría usted bien, es que su amor no es maduro. También me gusta desafiar a la gente a lo que yo llamo la "prueba de amor de los treinta días", para ver si son capaces de resistir todo ese tiempo sin siquiera tomarse de las manos y aún así disfrutar el uno del otro. Al principio la mayoría de las personas alardean de que no tendrán ningún problema con la prueba, pero un par de días después, cuando le sobrevienen la impaciencia y la frustración, han de hacer frente a la realidad. Muchos matrimonios me han confesado que la "prueba de los treinta días" les hizo ver la poca amplitud de su "amor", y tuvieron que reconocer con desagrado que no estaban enamorados, sino que sólo sentían atracción física el uno por el otro.

Relaciones monocromas

El hecho de concentrar una relación en sólo un aspecto del individuo puede adoptar varias formas. Algunas personas basarán su amor en la capacidad de disfrutar el uno del otro socialmente. Una mujer divorciada me comentó en cierta ocasión: "Nos llevábamos tan bien el uno con el otro y nos divertíamos tanto cuando salíamos juntos que aquello parecía amor." No es nada raro que una pareja piense que puesto que disfrutan mucho de la compañía mutua deben estar enamorados, Bueno... uno puede pasar un rato de desternillarse de risa con un chimpancé, pero eso no significa que deba casarse con él. El problema con este tipo de relación es que cuando llegan los problemas y sobrevienen las frustraciones, hace falta algo más que el saber divertirse juntos para hacerles frente.

Como ya he mencionado antes, durante mis estudios de postgraduado fui novio de una joven llamada Paula. Eramos muy compatibles el uno con el otro y lo pasábamos muy bien juntos; pero por último rompimos nuestro noviazgo al darnos cuenta de que lo que teníamos no era suficiente para construir un matrimonio íntimo y duradero. Paula y yo descubrimos que habíamos permitido que nuestros buenos ratos juntos ocultaran las áreas ausentes en nuestra relación.

Algunas personas se aburren con su cónyuge a menos que estén haciendo algo emocionante. El amor maduro ama al otro por lo que es, y no sólo por los buenos ratos que pasan juntos.

Otros basan su amor en la parte espiritual de su relación, razonando que puesto que oran juntos, disfrutan estudiando la Biblia juntos y han sido usados por Dios para llevar a otros a

Cristo, deben estar enamorados. Ya que tienen una vida devocional significativa y los mismos deseos y metas espirituales, deducen que fueron hechos el uno para el otro. A sus ojos el amor a Jesús equivale al amor entre sí.

La gente que basa su amor en la proximidad espiritual, pasa por alto el hecho de que Jesús no sólo proclamó el evangelio para la salvación de las almas de los hombres. Cristo también enseñó e hizo preguntas para desafiar la mente de las personas, y sanó sus cuerpos. A El le importaban las relaciones interpersonales de los demás, sus temores y sus esperanzas para el futuro. Jesús se interesaba por la persona total. El aspecto espiritual es de *vital* importancia, pero no constituye la base para un matrimonio duradero.

Matrimonio por dinero

Los hay también que basan su relación en las finanzas. Como decía cierto joven quejándose a su prometida: —Creí que habías dicho que yo tenía algo que te agradaba.

—Lo tenías —respondió ella—, pero lo has gastado todo.

El doctor Howard Hendricks hace esta sagaz observación:

> En una apropiada relación de amor, uno enriquece la totalidad de la vida del otro. En esa clase de relación, el hombre que lleva veinte o cuarenta años casado todavía está entusiasmado con su esposa, y más de lo que lo estaba la primera noche de su luna de miel. ¿Por qué? Porque no se casó con un cuerpo; de haber sido así, el matrimonio se habría gastado mucho tiempo atrás. Su unión fue con una persona, y cada año que pasa esa persona se enriquece, de modo que lo mismo sucede con su relación.
>
> Piense por ejemplo en el pobre tipo que se casa con una chica sólo porque ella tiene un cuerpo bonito, y después de llevar algún tiempo de casados descubre que sí ella tiene un bonito cuerpo, pero es torpe y cerrada. Ni siquiera puede conversar con ella. Espiritualmente ella es un bebé de lo más indiferente; y socialmente se trata de una persona disminuída. Entonces el hombre se da cuenta de que en realidad ha hecho un mal negocio, por atractiva que su mujer pudiera serle al principio. Qué diferente es, por el contrario, encontrar a una persona con atractivos en todas las áreas. Quizá para otros no resulte particularmente bonita, pero usted la considera sumamente encantadora.[6]

En busca de la verdad

Hágase a sí mismo estas preguntas: ¿Me gusta la forma en que esta persona se comporta en público? ¿Y la manera que tiene de expresarse? ¿Me sentiría feliz sabiendo que mantendré conversaciones con ella el resto de mi vida? ¿Me agrada su modo de reaccionar cuando tengo baja la moral? ¿Me sentiría orgulloso de que esta persona me acompañara como mi cónyuge, si se me invitase a una recepción en el palacio presidencial?

A menudo muchos matrimonios tienen resultados desastrosos porque la relación no está basada en una respuesta total a una persona completa, y sin esa respuesta total el amor es inmaduro e incompleto.

No obstante, hemos de tener cuidado de separar a la persona de sus actividades. Mi esposa no me ama porque soy conferenciante y escritor. Ella me ayuda en lo que *hago*, pero me ama por quien *soy*. Un hombre no debe casarse con una mujer porque ella es una buena cocinera, ni una mujer con un hombre, debido a que puede proporcionarle importantes contactos sociales. "Un matrimonio supone un compromiso entre dos personas, no para intercambiar productos o servicios, sino para escapar por completo a la sicología del intercambio. Cada cónyuge recibe al otro como una persona total, y por lo que es y no por lo que consiente en hacer."[7]

Dottie comenta que la forma en que nosotros nos correspondíamos el uno al otro, era diferente a las experiencias que había tenido anteriormente al salir con otros chicos. "Con Josh —expresa— yo estaba orientada hacia la persona total. Me sentía atraída por él físicamente, pero también por su mente y sus modales. Su inteligencia, las elecciones que hacía, su profundidad espiritual y su cordialidad para con cualquier persona que se encuentra dentro de un radio de setenta metros de él me desafiaban". Esa es una respuesta total a una persona completa.

El conocimiento de una persona debe ser fomentado por nuestros hábitos en el salir con ella. Debemos planear citas que nos pongan en situaciones útiles para llegar a conocer al otro. Debemos comprobar la calidad de nuestra comunicación. Uno de mis mayores desafíos consistió en llegar a conocer a Dottie intelectualmente: ella es muy perspicaz y probablemente uno de mis mejores editores.

Cierto consejero comenta que sólo hay una forma de "garantizar una área permanente de interés común durante todo el tiempo del matrimonio, y es construir una relación. ¿Cómo? Vea a su amigo en todo tipo de circunstancias diversas. Juegue con él al ajedrez o a las damas y observe cómo reacciona cuando usted le gana; tal vez descubra que su Romeo tiene realmente un mal carácter. Luego pregúntese: *¿Quiero vivir con esto durante el resto de mis días?"*

El amor maduro está orientado hacia la persona total; eso no sólo significa amar y aceptar al otro como persona completa, sino también quiere decir ser amado y aceptado por lo que uno es en todas las áreas. Algunos individuos pueden dar este amor total, pero no consiguen abrirse ellos mismos en cada aspecto de su vida y dejarse amar plenamente, aunque quizá lo deseen. No ser amado como persona completa significa morirse de hambre; no amar a otro en su totalidad, asfixiarse.

Preguntas a considerar

- ¿Por qué es peligroso construir relaciones sobre la base de la atracción sexual?
- ¿Qué significa tener un amor "orientado hacia la persona total"? Sea específico.
- ¿Cuáles son algunos de los elementos más importantes en un matrimonio? ¿Por qué?
- ¿Cómo puede usted llegar a conocer a la persona *completa* en sus salidas con él o ella?

CAPITULO 16

"AMOR MADURO" SE ESCRIBE CON "D" DE DAR

¿Cómo escribe usted "amor"? ¿Con qué palabras describiría la actitud de una persona verdaderamente enamorada?

Cuando la gente me pide que defina el amor, yo respondo que una vez que se llega al punto donde la felicidad, la seguridad y el desarrollo de otra persona son tan importantes como los de uno mismo, entonces se está en posesión de un amor maduro.

El verdadero amor se escribe con "d" de dar; no se basa en lo que usted puede obtener, sino en lo que puede darle a la otra persona.

Los doctores Paul Ammons y Nick Stinnett, investigadores a los que me he referido anteriormente, descubrieron que un común denominador importante entre la gente que gozaba de relaciones buenas y saludables era que se trataba de personas acostumbradas a dar. Y Evelyn Duvall, quien ha ayudado a tantos en el terreno del amor, escribe: "El amor duradero entraña un interés real y genuino por los demás como personas, por sus valores como ellos los ven, y por su desarrollo y crecimiento."[1]

El amor maduro está centrado en la otra persona. En su libro *Marriage is for Love* (El matrimonio es para amarse), el doctor Richard Strauss escribe que "esta suma satisfacción consiste en hacer a otros felices. Nunca obtendremos la felicidad simplemente buscándola. Cuanto más la buscamos, tanto más frustrados y decepcionados nos sentimos. La búsqueda egoísta de nuestro propio disfrute no proporciona más que infelicidad. Por el contrario, el vivir desinteresadamente en bien de otros, trae grandes recompensas." Y Strauss añade: "El amor maduro implica crecer de un estado en el que se recibe mucho y se da poco, a otro en el que se da con alegría todo y no se exige nada a cambio."[2]

¿Qué es lo que usted más desea?

Esa actitud tan corriente de "quiero lo que quiero y cuando lo quiero" es la causa principal de las guerras y de la fricción internacional; y lo que destruye las naciones, destruye también los matrimonios y las familias. A mi modo de ver, si fuéramos capaces de adoptar una actitud desinteresada y poner las necesidades de otros en primer lugar, podríamos resolver una gran mayoría de los problemas que asedian al mundo actual. Casi todas las relaciones matrimoniales y familiares podrían ser sanadas con un cambio simple pero profundo de nuestras actitudes.

Elof G. Nelson es supervisor de un cursillo de preparación para el matrimonio, de doce horas de duración, que se da cada primavera como parte de un programa de religión y salud en el Hospital Fairview de Minneápolis, E.U.A. Nelson cuenta el siguiente relato en su libro *Your Life Together* (Su vida juntos):

> Poco después de contraer matrimonio, John empezó a vivir como cuando estaba soltero. Ya que le encantaba el baloncesto, y la temporada había comenzado, volvió a apuntarse en los tres equipos con que había estado jugando durante los últimos cinco años.
>
> Dos meses después de la boda, John estaba fuera del hogar todas las noches de lunes a viernes, bien por los entrenamientos o por los partidos que tenía que jugar. Luego, el sábado por

la tarde, llevaba a casa a varios de sus amigos para ver por televisión los campeonatos universitarios. Esta fue su vida durante los meses de otoño, invierno y comienzo de la primavera del primer y segundo años de su matrimonio; y al llegar cada primavera hacía este mismo tipo de compromiso con un equipo de béisbol.

Aquello dio lugar a amargas disputas. John raras veces pasaba una velada con Nancy. Cuando estaba en casa, dedicaba su tiempo a leer todas las revistas deportivas que podía comprar. Nancy pensaba que él se había casado para tener una ama de casa, no una esposa. Luego, empezó a salir con los amigos casi todos los sábados y domingos por la noche, lo que dejó claro que no pensaba dedicarse a la vida de casado. Su frase favorita era: "No voy a permitir que nadie cambie mi manera de vivir".[3]

Era obvio que John todavía pensaba y vivía únicamente para sí mismo, sin tomar en consideración los deseos de su esposa. Era un perfecto ejemplo de la filosofía del "quiero lo que quiero y cuando lo quiero", claramente responsable de su mala relación matrimonial.

Hace poco, en un vuelo de Los Angeles a Atlanta, decidí hablar con el hombre que tenía a mi lado. La mayoría de las veces suelo conversar acerca de una de las dos cosas que por lo general ocupan mi mente: Jesucristo o mi esposa; y en esta ocasión pensé que debía comenzar a hablar de mi esposa.

—¿Está usted casado? —le pregunté.

Mi pregunta casi lo hizo saltar del asiento.

—¡Oh, no, amigo, eso no es para mí!

Lo dijo tan fuerte, que todo el mundo pudo oírlo hasta la quinta fila de asientos más allá.

—¿No? —contesté; y luego empecé a hablarle de mi esposa, de mis dos hijas, de mi hijo y de la relación que tenemos.

Un fracaso al 50 por ciento

Pronto el hombre cambió de actitud y dijo:

—Bueno, tal vez algún día me case. Pero déjeme decirle algo, amigo, en mi caso será: 50 por ciento el hombre y 50 por ciento la mujer.

—¡Pues no se case, por favor¡ —le contesté.

Una relación máxima requiere entregar el 100 por ciento

sea cual sea la respuesta. El problema con la fórmula del 50 por ciento el hombre y 50 por ciento la mujer es que uno siempre está tratando de determinar si el otro ha hecho su parte o no; y de alguna forma jamás parece ser bastante. Cuando usted da su 100 por ciento, se encuentra libre para amar y aceptar a la otra persona incondicionalmente.

Si considera el dar como una prioridad, obtendrá una maravillosa recompensa: descubrirá que al entregar su 100 por ciento, recibe a cambio el 150 por ciento del otro. Cuando una persona sabe que la aman incondicionalmente, no puede menos que responder también con amor. Siempre se recibe más de lo que se da.

Si su amor es maduro, usted no se preocupará solamente de que sean satisfechas sus necesidades, sino que también se dedicará a satisfacer las de la otra persona; y siempre que estas últimas parezcan entrar en conflicto con las suyas propias, si tiene un amor maduro, no le será necesario echar una moneda al aire para decidir cuáles debe satisfacer primero. El amor maduro decide atender primero a la otra persona. Usted descubrirá que considera las necesidades del otro más importantes que las suyas propias.

El escritor C. S. Lewis hizo el siguiente comentario: "De un gran salto, (el amor) ha pasado por encima del grueso muro de nuestro egoísmo, haciendo altruista el apetito mismo, apartando la felicidad personal a un lado como algo trivial y plantando los intereses de otra persona en el centro de nuestro ser."[4]

Luego Lewis sigue comparando el amor entre dos personas con un violín y su arco, los cuales, en manos de un músico experto, producen un hermoso sonido difícil de imaginar cuando se ven ambos por separado. De igual manera, cuando un hombre y una mujer se unen en una relación de amor maduro y desinteresado, la belleza y la armonía que existen al estar los dos juntos, resultan difíciles de imaginar si se los ve a cada uno por su lado.

Dar hasta que duela

Uno de los principales aspectos del dar consiste en tener en cuenta los sentimientos y las opiniones del otro en el momento de tomar dicisiones.

Cindy y Kip, una joven pareja, no experimentaron el amor maduro ni siquiera después de dieciocho meses de noviazgo formal. Cindy no sabía tener en cuenta los sentimientos y las opiniones de Kip a la hora de tomar decisiones acerca de su relación. La joven daba por sentado que él estaría entusiasmado con sus planes. Kip comprendió por último que él no representaba para Cindy más que una fuente de satisfacción de sus propias necesidades de amor. *Ella* estaba planeando *su relación como pareja*, y al joven le parecía que se esperaba de él que aceptara en silencio cada una de las decisiones unilaterales de su novia. Kip no podía ni siquiera darle a ella, ya que Cindy no estaba abierta a recibir de él.

Sin embargo, el amor maduro está dispuesto a sacrificarse, y cuando a uno le importa de veras la felicidad, la seguridad y el desarrollo de la otra persona, no duda en respaldar su amor con acciones.

Nuestro modelo de amor maduro es Jesucristo. Su amor estuvo dispuesto al sacrificio. El fue un ejemplo vivo de su enseñanza en cuanto al amor: "Nadie tiene mayor amor que éste, que uno ponga su vida por sus amigos" (Juan 15:13). El propósito de la vida de Jesús y de su muerte en la cruz no fue solamente nuestra salvación, sino también "que mi gozo esté en vosotros, y vuestro gozo sea cumplido" (Juan 15:11). En Efesios 5:2, Pablo subrayó nuestra necesidad diciendo: "Andad en amor, como también Cristo nos amó, y se entregó a sí mismo por nosotros, ofrenda y sacrificio a Dios en olor fragante."

Siguiendo el ejemplo de Cristo, el apóstol expresa: "Cada uno de nosotros agrade (haga feliz) a su prójimo en lo que es bueno, para edificación" (Romanos 15:2; paréntesis del autor).

El amor de usted es maduro cuando le importa más la relación y la otra persona, que sus propios deseos. Es maduro cuando las metas y los valores comunes llegan a ser una prioridad para ambos; y cuando el ganar y demostrar que se tiene razón deja de ser importante.

Preguntas a considerar

- ¿Por qué no funcionan las relaciones en que el hombre pone el 50 por ciento y la mujer el 50 por ciento restante?
- ¿De qué manera es Jesucristo un modelo del amor que está dispuesto a dar y a sacrificarse?
- ¿De qué formas se manifiesta el dar en una relación madura?

UN AMOR QUE MUESTRA RESPETO Y DEFERENCIA

Todos nos reímos cuando un cómico se queja de que no lo respetan, pero cuando el respeto está ausente de una relación en la vida real, no es un asunto de risa. Me asombra ver cuántos no tratan a su cónyuge ni siquiera con el respeto corriente con que suelen tratar a los extraños. El consejero familiar Judson Swihart hizo de este punto el tema de su provechoso libro *How to Treat Your Family As Well As You Treat Your Friends* (Cómo tratar a su familia tan bien como trata a sus amigos).

Un indicador decisivo del amor maduro es el nivel de respeto y deferencia que usted manifiesta hacia su ser querido. En una relación madura dicho respeto y dicha deferencia serán mutuos. Pero cuando el respeto y la deferencia faltan en un matrimonio, el amor deja de ser amor y se transforma meramente en una pasión egoísta.

El *respeto* se demuestra dando a la otra persona la libertad de crecer y madurar. Respetar es decir: "Me pareces bien, y te admiro como eres." El respeto anima al individuo amado a ser auténtico, así como a crecer y a desarrollarse, no para servir a su cónyuge, sino simplemente por su propio bien.

La *deferencia* es una actitud de gran consideración hacia otra persona sin rastro de interés de explotación. La estima mutua protege al matrimonio impidiéndole convertirse en la víctima de los altibajos inevitables a que habrá de enfrentarse.

Larry Christenson, escritor y consejero familiar, comenta: "Si la ternura y la solicitud de un esposo por su esposa dependen del aspecto que ésta tenga o de la forma en que él se encuentre un determinado día, o si el respeto de la esposa por su marido fluctúa según el talante momentáneo de ella o su juicio respecto de lo bien que el hombre está satisfaciendo sus criterios y expectativas, ese matrimonio se halla sobre un terreno inseguro. El amor se ha convertido entonces en un peón al servicio de estados de ánimo y sentimientos pasajeros. Dios quiere que en el matrimonio el amor tenga una base más estable: la de la estima por la posición en que Dios ha colocado a nuestro cónyuge."[1]

El respeto y la deferencia que dos personas se tienen la una a la otra, preservan la integridad y la individualidad de ambas en una relación de amor.

"Por último —dice el psicólogo Nathaniel Branden—, el amor romántico debe definirse como un apego espiritual, emocional y sexual apasionado, el cual refleja una alta estima de cada uno por el valor de la persona del otro".[2]

Y John Powell, uno de los escritores más perspicaces en cuanto al amor, escribe: "Sabemos que si el capullo de una flor es dañado por fuerzas hostiles —como por ejemplo una helada intempestiva—, no se abre. De igual manera, un ser humano que no tiene el cálido estímulo del amor, y que debe soportar la fría ausencia de alabanza y afecto, permanecerá encerrado en sí mismo".[3]

La pregunta reveladora

Una área clave en que la falta de respeto conduce a la manipulación, es la de las relaciones sexuales antes del matrimonio. El respeto y la deferencia no utilizan frases explotadoras como: "Si me quieres, me dejarás hacerlo." Dicha demanda merece la respuesta de: "Si me amaras de veras, no insistirías." O esta otra: "¿Tan poco me quieres que necesitas acostarte conmigo para demostrarlo?"

El pretexto de "todo el mundo lo hace" constituye un hedonismo egocéntrico disfrazado de amor. Una buena respuesta para él sería: "Entonces no te resultará difícil encontrar a alguna otra persona." Y la pregunta egoísta de: "¿Quieres pasar al asiento de atrás?" puede contrarrestarse con la respuesta: "No, prefiero sentarme aquí delante contigo." En cierta ocasión me topé con un renglón clásico al preguntarme una estudiante:

—Señor McDowell, ¿podría usted ayudarme?

—¿Qué problema tienes? —inquirí.

—Mi novio me ha dicho que si no llevo a cabo el acto sexual, eso puede afectar a mis riñones —contestó la chica.

Cualquier expresión o afirmación de las mencionadas, u otra parecida, reflejan algunas de las actitudes y motivaciones más baratas que impregnan muchas pretendidas "relaciones de amor".

En un congreso de creyentes solteros celebrado en Chicago, cierta mujer me hizo una pregunta muy delicada. Al cabo de algún tiempo, cuando conté su historia durante una charla que di en la Universidad de California en Los Angeles, olvidé mencionar dónde había sucedido dicha historia. Al terminar la conferencia, un graduado enfurecido se me acercó pensando que su novia me había hablado sobre él y que yo había compartido su caso con todo el auditorio.

El relato se refería a una joven que estaba embarazada y me pidió mi opinión en cuanto al aborto. Mi respuesta fue:

—Antes de contestarle, ¿me permite hacerle una pregunta personal?

—Sí —respondió ella.

—¿Por qué entró en esa relación física íntima con su novio?

—Josh, yo siempre quise esperar el tiempo debido; la relación debida... pero la presión se hizo demasiado fuerte. El seguía diciéndome: "Cariño, si me quieres, déjame hacerlo. Querida, si te importo, déjame hacerlo... ¡Oh, Joyce, si me amas, déjame hacerlo!"

—Y ahora que usted está embarazada ¿qué dice su gran amante?

Por cientos de llamadas telefónicas y cartas que recibo, así como por la gran cantidad de entrevistas que tengo con personas que buscan consejo, sabía exactamente lo que me iba a responder.

—Ahora me dice: "Cariño, si me amas, aborta. Querida, si te importo, aborta..."

Cómo contrarrestar tentativas baratas

La expresión que dice: "Si me quieres, me dejarás hacerlo", es una de las más baratas y degradantes que puedan usarse con alguien en una relación. De manera que si un hombre o una mujer la(lo) está presionando para que ceda en el terreno sexual, lo primero que debe contestar es: "No." Si la persona insiste, sea franco(a) con ella y dígale: "¿Sabes cómo me hace sentirme esto?" Y si el haber compartido sus sentimientos no da resultado, acabe su relación con dicha persona. No se trata de una relación que le interese, ya que usted no es considerado(a) como un individuo con valor, sino meramente un objeto para usar.

Muchos vienen a verme y me dicen: "Josh, yo quiero esperar." O también: "Hasta ahora no he esperado, pero de ahora en adelante me propongo aguardar hasta que encuentre la persona adecuada y me case." Y luego añaden: "Necesito saber cómo explicarle a la persona con quien estoy saliendo por qué quiero esperar."

Yo les digo: "Si usted quiere esperar, debe saber por qué. Si usted dice *No* y el otro sigue insistiendo, es que no lo (la) ama de veras, que no se trata de una relación de amor. Lo que esa persona quiere fundamentalmente es un alivio sexual y satisfacer sus propios deseos. Usted tiene buenas razones para esperar y no tiene necesidad de darle explicaciones".

Cualquiera que la presione en el terreno sexual, es muy probable que luego haga lo mismo en otras áreas —tal vez en cuanto a mentir, engañar o alguna otra cosa. Se trata de un defecto del carácter que la persona ha contraído a lo largo de los años y que saldrá de nuevo a la superficie. Recuerde que la calidad de la vida amorosa de uno es un reflejo de su propio carácter.

¿Qué espera usted?

En su libro *The Total Couple* (La pareja total), Albert Lee y Carol Allman Lee cuentan la clásica historia del profesor que comete la equivocación de vincular las puntuaciones de los exámenes de inteligencia con los estudiantes como individuos.

Al parecer, el primer día de clase le dieron a un profesor una lista con los nombres de los niños en la que cada uno tenía adjudicado un número de dos o tres cifras. Cuando llegó el fin de curso, las notas de los niños coincidieron con los números de la lista del profesor. El estudiante que tenía puesto "140" al lado de su nombre recibió un sobresaliente, mientras que el alumno cuyo número era el "87", fracasó. No fue sino sólo después de poner las notas, que el profesor se dio cuenta de que aquellos números originales no correspondían a la puntuación de los exámenes de inteligencia, sino a las taquillas de efectos personales de los niños. Ese profesor había hecho suposiciones en cuanto a la capacidad de los alumnos, todos los cuales fueron fieles a lo que se esperaba de ellos. Al formar equipo, usted debe dar a su cónyuge la puntuación más alta posible.[4]

En su fragmento *The Secrets Behind Successful Marriages* (Los secretos tras los matrimonios con éxito), Madora Holt escribe acerca de la importancia del respeto, y cuenta la historia de una mujer que pensaba haberse realizado en la relación con su marido. "Cuando nos casamos —explicaba ella—, mis padres dijeron que nuestro matrimonio no duraría ni siquiera seis meses, y que yo siempre tendría que trabajar para mantenernos. Se equivocaron al respecto. Hemos capeado muchos temporales, y siempre he sido yo quien ha ganado el sustento. Con la paciencia, el respeto afectuoso y el carácter ahorrativo de mi esposo, pude convertir un talento en una carrera profesional fructuosa, lucrativa, larga y emocionante. Si él no hubiera velado sabiamente por nuestras inversiones y no las hubiera dirigido de la misma forma , muy bien podría yo haber terminado como tantos de mis contemporáneos: con muy poco o ningún dinero.

"El respeto, el respeto mutuo, es la clave. Por ejemplo: En cierto momento de mi carrera profesional me encontré en la cumbre y ganando mucho dinero. Entonces apareció en escena un hombre al que yo creí que podía admirar. Era sociable, inteligente, amante de diversiones y multimillonario. Me separé de mi esposo y pedí el divorcio, confiando en que por fin contraería matrimonio con alguien que era mejor que yo.

"Sin embargo, más tarde supe por una amiga que, mientras yo estaba fuera de la ciudad, él la había llamado con objeto de que 'se conocieran mejor'. Supe que su mujer se había divorciado de él por infidelidad, de modo que me puse a pensar mucho y objetivamente sobre la situación.

"Hasta aquel momento yo llevaba ya casi veinticinco años de casada, y ni una sola vez mi esposo me había avergonzado mirando a otras mujeres. ¿Compensaban la fama, el dinero y unas pocas risas sofisticadas la tranquila integridad de un hombre muy decente? ¡No! De manera que volvimos a unirnos; lo cual considero la mejor decisión que he tomado en toda mi vida. Ahora tiemblo al pensar en la mala influencia que habría supuesto para nuestra hija adoptiva el que sus padres no hubieran podido armonizar sus diferencias."[5]

El poder de la veneración

Mi esposa me considera un rey: cree que soy el mejor orador, el mejor marido y el mejor padre que hay en el mundo. ¿Sabe usted de qué manera me afecta eso a mí? Pues me motiva a ser todo aquello que debo ser en mi relación con ella. Hay algo en el respeto que ella me tiene, lo cual hace que yo desee llegar a ser la clase de persona que los demás querrían que fuera. El respeto preserva la integridad de la relación al crear un deseo de proteger de las presiones exteriores, no sólo a la otra persona, sino también a la misma relación. El mutuo respeto y deferencia ayudarán a una pareja a pasar por muchas dificultades y la protegerán contra todo tipo de ataques que pueda sufrir su relación.

Si en el momento presente usted está saliendo con alguien y está pensando en casarse, debo insistir en que se haga una pregunta muy elemental: "¿Respeto a la persona con quien salgo? ¿Puedo expresar deferencia a ese individuo durante el resto de mi vida por lo que es o hace?"

Si su respuesta es un "Sí" sincero, utilice ese dato no sólo para decidir si debe casarse o no con la persona en cuestión, sino también para evaluar el nivel de madurez auténtico de su propio amor.

Preguntas a considerar

- ¿Por qué son el respeto y la deferencia unos ingredientes tan importantes para la relación matrimonial íntima?
- ¿Cuáles son algunas de las formas en que puede demostrar deferencia y respeto por otra persona?

18

UN AMOR QUE NO PONE CONDICIONES

Me sería imposible describir para usted el amor maduro sin llevarlo a la más grandiosa síntesis del amor que jamás se haya hecho. La lista de cualidades que voy a compartir no ha aparecido únicamente en unos pocos libros modernos de psicología, sino que originalmente apareció en la Biblia. Déjeme mostrarle los atributos de una relación amorosa, sexual y matrimonial en su máxima expresión como se nos presenta en 1 Corintios 13:4–8.

Ahora bien, no piense que este conocido pasaje de las Escrituras es una definición del amor. La única verdadera definición del amor que tenemos en la Biblia es la muerte de Cristo en la cruz. Gary Inrig dice esto mismo de un modo perfecto en su libro *Quality Friendship* (La amistad de calidad) cuando expresa: "Amor es la acción consecuente con la voluntad y el carácter de Dios, y que, motivada por la personalidad del amante y la necesidad del amado, actúa sin reparar en el costo personal que le supondrá el beneficio de otro. Solamente en la cruz podemos ver un amor así, y cualquier definición del amor que no sea la del Calvario resulta inadecuada."[1]

Amor es un verbo

Inrig nos recuerda que en el texto original las palabras que se usan para describir el amor no son adjetivos, sino verbos; lo cual, explica, "constituye un recordatorio deliberado de que el amor nunca es pasivo o estático, sino que siempre está en acción, en movimiento..."[2]

Veamos lo que dice 1 Corintios 13:4–8:

> El amor es sufrido, es benigno; el amor no tiene envidia, el amor no es jactancioso, no se envanece; no hace nada indebido, no busca lo suyo, no se irrita, no guarda rencor; no se goza de la injusticia, mas se goza de la verdad. Todo lo sufre, todo lo cree, todo lo espera, todo lo soporta. El amor nunca deja de ser.[3]

Con esta clase de amor dejaremos de exigir tenerlo todo a nuestro gusto, no pondremos condiciones para amar y pondremos los intereses y los deseos de la persona amada delante de los nuestros propios.

Un ejercicio transformador

¿Cómo responde usted cuando alguien hace un comentario irreflexivo? ¿No ha pensado alguna vez que ya ha dado bastante a otros y que les toca a ellos ahora darle a usted un poco?

Si las actitudes que usted tiene están de algún modo por debajo del amor bíblico, trate de leer 1 Corintios 13:4–8 sustituyendo "amor" con "Dios" ("Dios es sufrido, es benigno..."). A continuación ponga su nombre donde dice amor: "Josh es sufrido, es benigno..." ¡Ay! Ahí nos duele, ¿verdad? Cuando la Biblia habla de ser transformados a la imagen de Cristo, se refiere a esto mismo. Dios tiene cánones elevados.

Aunque 1 Corintios 13 no es la última palabra en cuanto al amor, ya que el amor de Dios se revela de innumerables formas a lo largo de toda la Biblia, lo invito a que tome las cualidades de dicho amor que aparecen aquí y haga un esfuerzo por llevarlas a la práctica en su vida y en sus relaciones con otros.

¡Nada de 'si...' ni de 'porque...'. ¡Punto!

Ahora voy a describirle tres clases de amor, y quisiera que usted utilizase esta descripción como un espejo para evaluar las relaciones que tiene actualmente con amigos, familiares, algún miembro del sexo opuesto o su cónyuge.

La primera clase de amor es la única que mucha gente ha conocido en su vida; yo la llamo: "amor si. . .". Usted y yo damos o recibimos esta clase de amor cuando se cumplen ciertos requisitos. La motivación que tenemos es fundamentalmente egoísta, y nuestro propósito es conseguir algo a cambio de nuestro amor: "Si eres un buen niño, papá te querrá". "Si cumples mis expectativas como esposo. . . si satisfaces mis deseos. . . si te acuestas conmigo. . . te querré."

He conocido a muchísimas mujeres que no saben de otro tipo de amor que aquel que dice: "Te amaré si produces." Gran cantidad de matrimonios se rompen porque fueron construidos sobre esta clase de amor. El marido o la mujer resultan estar enamorados(as) de alguna imagen fantástica o romántica de su cónyuge, y cuando sobreviene la desilusión, o sus expectativas dejan de cumplirse, a menudo el "amor si. . ." se convierte en resentimiento.

La segunda clase de amor (y yo creo que la mayor parte de la gente basa su matrimonio en ésta) es el "amor porque. . ." Se ama a la persona por algo que ella es, o tiene, o ha hecho. Este es un amor producido por cierta cualidad o condición en la vida del individuo. El "amor porque. . ." a menudo dice algo así: "Te quiero porque eres bonita". "Te amo porque me das seguridad". "Te amo porque eres muy popular"; etc.

Tal vez usted piense que el "amor porque. . ." parece bastante bueno. Todos queremos que se nos ame por ciertas cualidades que hay en nuestra vida, y el que alguien nos quiera por lo que somos, puede hacer que nos sintamos a gusto en un principio, ya que sabemos que hay algo atractivo en nosotros. Pero pronto esta clase de amor pasa a ser algo no mejor que el "amor si. . ." y constituye una base insegura para el matrimonio.

Piense por ejemplo en el problema de la competencia: ¿Qué pasa en una relación de "amor porque. . ." cuando aparece alguien que tiene en mayor grado que usted aquellas cualidades por las que usted es querido? Supongamos que usted es una mujer, y que su belleza constituye uno de los distintivos del amor de su esposo. ¿Qué pasa cuando entra en escena otra más hermosa que usted? O imagínese que es hombre y el amor de su esposa está basado en el sueldo que usted gana y en lo que se puede hacer con el mismo. ¿Qué sucede si se presenta alguien con más dinero? ¿Lo pondrá ansioso la competencia? ¿Se sentirá amenazado su amor? Si pasa eso, su amor es del tipo "porque".

La mayoría de nosotros tenemos dos imágenes de nosotros mismos. Por fuera somos una persona; pero también sabemos que en lo más hondo de nuestro ser llevamos otra, que poca gente conoce de veras. Yo he aprendido que en las relaciones de "amor porque. . ." tenemos miedo de hacer saber a nuestra pareja cómo somos realmente en lo íntimo, no sea que ésta nos acepte menos, nos ame menos o incluso nos rechace si llega a conocer nuestro verdadero yo.

¿Hay algo en su vida que usted no puede compartir con su cónyuge, por temor incluso a una pequeña incomodidad o un pequeño rechazo? En tal caso, le prometo que tendrá dificultad para experimentar la relación sexual máxima, ya que una profunda intimidad sexual requiere un 100 por ciento de confianza y entrega. El primer lugar donde se manifiesta cualquier miedo o inseguridad es entre las sábanas.

En una máxima expresión de la verdadera sexualidad siempre nos hacemos completamente vulnerables. Es esta franqueza misma lo que posibilita una máxima expresión en el placer sexual y en el compartir. Esta misma franqueza hace también posibles las más profundas heridas si no somos aceptados plenamente. En una relación de "amor porque. . ." la persona nunca puede entregarse completamente al compartir el amor físico, ya que el riesgo de sufrir daño es muy alto.

Amor sin condiciones

Me alegra decir que existe aún otra clase de amor: el amor sin condiciones. Este amor dice: "Te amo a pesar de cómo puedas ser en lo íntimo. Te amo, cambies lo que cambies. Te amo. . . ¡como seas!"

Pero no se equivoque, este amor no es ciego; puede conocer plenamente los defectos y las faltas del otro, y sin embargo lo acepta por completo, sin exigir nada a cambio. No es posible ganar este amor, ni apagarlo; se trata de un amor incondicional, diferente del "amor porque..." en que no está basado en ninguna cualidad atractiva de la persona amada.

El "amor sin condiciones" sólo pueden experimentarlo los individuos completos y realizados —aquellos que no tienen que llenar el vacío que hay en su propia vida sacando algo de las relaciones.

Por el hecho de viajar mucho, he visto tanto a cristianos como a no cristianos experimentar esta tercera clase de amor. Pero aquellos que he visto experimentarlo por un período más largo (y es así como a mí me gusta juzgar la calidad de algo) no eran simplemente cristianos, sino individuos "Cristocéntricos".

Quizá recuerde usted que durante mi segundo año en la universidad empecé a escribir el primero de mis libros —*Evidencia que exige un veredicto*— con la intención de hacer una mofa intelectual del cristianismo. Yo pensaba: *Cualquier tonto puede hacer eso, está a mi alcance*. Mi propósito era humillar a algunos profesores que sencillamente me irritaban con tanto hablar de Jesús. Sin embargo, después de dos años de investigaciones por todos los Estados Unidos y Europa, me salió el tiro por la culata, al comprender intelectualmente que Jesucristo es quien decía ser, de lo cual hoy estoy más seguro que nunca.

Cristo dijo: "He aquí, yo estoy a la puerta y llamo; si alguno oye mi voz y abre la puerta, entraré a él." De manera que lo invité a que entrara en mi corazón, y entre los seis y los doce meses siguientes El me satisfizo tanto interiormente, que me sentí libre para dar sin exigir nada a cambio.

Esto es lo que diferencia fundamentalmente al "amor si..." y al "amor porque..." del "amor sin condiciones". El amor está impaciente por dar, mientras que la concupiscencia sólo quiere recibir. La razón por la que me gusta llamar a este tipo de amor "sin condiciones" en vez de "incondicional", es que cada uno de nosotros se encuentra restringido y limitado por su propia naturaleza, que es egoísta. Nuestra rebelión contra Dios ha afectado a nuestra capacidad para amar incondicionalmente. Sólo Dios, por medio de Jesucristo, ha manifestado un amor del todo incondicional; y únicamente por la fe en Jesucristo podemos nosotros ser perdonados y tener una relación personal con nuestro Padre celestial, debido a que Jesús murió en la cruz por nuestros pecados. Sea que usted se dé cuenta de ello o no, el "amor sin condiciones" es muy importante para usted.

El sueño posible

Si usted no está experimentando esta clase de amor en la actualidad, probablemente todavía tenga la esperanza de que algún día lo hará. El "amor sin condiciones" se escribe con D de DAR, y consiste en una entrega voluntaria de uno mismo. En esta relación no hay sitio para el miedo, la frustración, la presión, la envidia o los celos.

A estas alturas quizá usted se esté preguntando si esta tercera clase de amor será práctica, o incluso posible. En Inglaterra, cierta mujer me dijo: —Si yo quisiera a mi prometido como es, sin importarme lo que ocurriese, él se preocuparía menos del aspecto que tiene o de cómo actúa; y nuestra relación se deterioraría.

—Ahí es donde usted se equivoca —le respondí yo.

Esta tercera actitud en cuanto al amor constituye un amor creativo que produce cambios en la persona que lo recibe.

Durante los dieciséis años que llevamos casados, mi esposa me ha señalado ciertas cosas en mi vida que necesitaban cambiarse; y dichos cambios me han capacitado para ser una mejor persona, un mejor marido, un mejor padre, un mejor representante de Jesucristo y un mejor amigo. Pero en esos dieciséis años, Dottie nunca me ha expresado: "¡Cariño, tienes que cambiar!" En vez de ello, me señala algo, me da la razón lógica que hay detrás, me anima a cambiar y continúa amándome. Yo, por mi parte, sé que aunque jamás cambie en esa área, eso no afectará a su aceptación de mi persona. ¿Y sabe usted qué pasa? Algo absolutamente asombroso: dentro de mí surge un deseo de cambiar; no porque tenga que hacerlo, sino porque quiero cambiar. Sólo esta tercera clase de amor produce tales cambios creativos.

Déjeme que comparta con usted, en las propias palabras de Dottie, por qué el amor sin condiciones la motiva a ella a ser mejor: "Tengo la plena confianza de que Josh me ama y me acepta exactamente como soy, y sin embargo me anima a ser mejor. Esto produce en mí la libertad de ser yo misma y procurar mejorar aun más, ya que no me siento encajonada ni controlada."

El amor maduro se caracteriza por una aceptación incondicional, o para ser más realistas "sin condiciones"; y no sólo se centra en la otra persona, sino que también nos proporciona un deseo de aceptar a nuestros seres queridos tales como son, y no por lo que puedan llegar a ser o cambiar en el futuro. Dicho en palabras sencillas: el amor maduro no es ni más ni menos que desear obtener plenamente "lo que uno ve".

Preguntas a considerar

- ¿Cuáles son algunos de los problemas del "amor porque. . ."?
- Explique lo que es el "amor sin condiciones".
- ¿Por qué el "amor sin condiciones" nos motiva a ser mejores?

UN AMOR QUE SE GOZA DE ESTAR CON EL OTRO

Una de las mayores pruebas de que se ama consiste en si uno siente dolor al estar separado de la persona amada, y un aumento del gozo estando en su presencia. El amor maduro manifiesta una tremenda alegría en la compañía del ser querido, y un anhelo de estar junto a él cuando se encuentran separados.

Un martes me hallaba en el Instituto Politécnico de Virginia, cuando cierto joven vino a verme para pedirme consejo. Se trataba de un estudiante graduado, y su prometida trabajaba en la plantilla de otra universidad. Este joven me participó que iban a casarse el sábado siguiente:

—Pero —explicó— ya hemos suspendido la boda dos veces, una vez cuando sólo faltaba una semana. Mi problema es que no sé realmente si la quiero.

Por lo agitado que estaba el joven, yo podía ver que su problema no era un mero nerviosismo prematrimonial, y me asombraba que no hubiera resuelto meses antes si amaba a su novia o no; de modo que le pregunté:

—¿Has tenido alguna vez un "largo fin de semana perdido"? Como él no entendía, le expliqué:

—Las festividades del Día de Acción de Gracias proporcionan un buen ejemplo de lo que es un "largo fin de semana perdido": cuatro días más o menos en los que puedes visitar a tu novia o ella puede visitarte a ti. Yo llamo a eso un "largo fin de semana perdido", porque no te queda ningún recuerdo de lo que haya podido pasar en las noticias.

—Hemos tenido muchos fines de semana así —contestó él.

—Muy bien —seguí diciendo—; ahora quiero determinar qué actitud es la tuya durante los mismos.

Dos guiones

—Déjame presentarte dos guiones distintos y veremos cuál de ellos se ajusta mejor a tu caso:

"Según el primero, dos o tres semanas antes del Día de Acción de Gracias empiezas a contar los días, las horas e incluso los minutos que les faltan para estar juntos. Luego llega la víspera. Es por la tarde y has acabado tus clases, o hace poco que has salido del trabajo, ¡y estás impaciente por encontrarte allí! De modo que corres a tu automóvil y partes a toda velocidad. (Casi las únicas veces que me han puesto multas por exceso de velocidad fueron cuando iba a ver a Dottie en los días de nuestro noviazgo.)

"Por fin llegas allá, recibes un fuerte abrazo y te sientes como si fueras el rey del mundo. Pasan el jueves y el viernes, y cuando llega el sábado, no quieres ni siquiera pensar en el domingo, ya que sabes que entonces tendrás que marcharte. Intentas cerrar tu mente a ello. El sábado por la noche no quieres acostarte, porque cuando te levantes al día siguiente sólo quedarán unas horas más para estar juntos. El domingo alargas de veras las horas, pero el tiempo sencillamente vuela; y cuando dices 'adiós' te sientes como si estuvieras dejando atrás una parte de ti mismo.

"¿Te resulta esto familiar, o tal vez se ajusta mejor a tu caso este otro guión?:

"Llegas el miércoles por la noche y todo es estupendo. El jueves y el viernes resultan magníficos. Lo estás pasando muy bien. Pero cuando viene el sábado, ya tienes ganas de que llegue el domingo porque sabes que necesitas un descanso. Y el domingo, en realidad, no te importa mucho tener que irte —es tiempo de tomar un respiro."

Luego pregunté al estudiante: —¿Esperas con ilusión esos respiros? ¿Te parece que necesitas algo de libertad?

—Durante mucho tiempo el primer guión se adaptaba a mi caso —respondió él—; pero tengo que reconocer que en los últimos seis o nueve meses he esperado realmente esos respiros.

—En tal caso —le aconsejé—, no te cases. No te cases con alguien con quien puedas vivir, sino con una persona sin la cual *no puedas* vivir. Hay una enorme diferencia.

Diferentes anhelos

El amor maduro se regocija en la compañía del ser querido, y su gozo no disminuye después de unos pocos días; de hecho aumenta tanto, que el individuo quiere cerrar la mente al día en que habrán de separarse. No se case hasta que por todas las razones correctas no desee que llegue el domingo.

Esta fue una de las mayores diferencias entre mi relación con Dottie y mi relación con Paula. Paula y yo creíamos estar enamorados, y los fines de semana que pasábamos juntos eran divertidos, pero cuando llegaba el domingo, en realidad no me importaba; deseaba tener un descanso.

Al hacerme novio de Dottie la cosa fue muy distinta: cuando llegaba el jueves, yo no quería pensar en el viernes; ni el viernes quería que llegara el sábado, ya que éste era la víspera de mi partida. El sábado ideaba cualquier excusa posible para quedarme. Y cuando llegaba el domingo, ni siquiera ponía el despertador, pensando que si me quedaba dormido no tendría que irme.

Recuerdo nuestro primer "fin de semana largo perdido" en casa de un amigo en Houston, Texas. El domingo ella tenía que tomar un avión para Austin, y yo debía continuar hacia Chicago con objeto de asistir a una conferencia. Mientras la llevaba al aeropuerto en el auto, yo oraba para que su avión saliese con retraso. Nos quedamos en el vestíbulo y luego le di un beso de despedida. Cuando recorrió el pasillo y desapareció en el interior del avión, me costó trabajo no correr tras ella y decirle: "¡No te vayas!"

En todas las ocasiones en que estuvimos juntos, nuestro gozo por la presencia del otro aumentó, e incluso hoy, cuando nos encontramos separados, tenemos un anhelo de estar juntos. Con la gracia de Dios, yo podría vivir sin Dottie; pero si he de ser sincero, desde luego no quisiera hacerlo. Creo que ésta es una señal de amor maduro.

En su notable libro *I Loved A Girl* (Yo amé a una chica), Walter Trobisch dice que uno está enamorado "si no puede pensar en vivir sin ella (la amada); si siente dolor cuando está lejos de ella; si ella ocupa su mente e inspira sus sueños en todo momento; si la felicidad de ella le importa más que la suya propia".[1]

El doctor Henry Brandt, consejero matrimonial y familiar, escribe que un amor es maduro cuando la pareja "disfruta más estando juntos que en compañía de cualquier otra persona, aun cuando los demás no estén excluidos de su vida. Los amantes descubren que incluso pueden pasarlo bien haciendo juntos unidos algo de lo que ninguno de ellos disfrutaría haciéndolo solo. Y cuando se hallan distantes, cada uno tiene al otro en el trasfondo de sus pensamientos".[2] Ese viejo dicho de "el amor aumenta con la distancia" es más indicativo del amor maduro de lo que la mayoría de la gente piensa.

Cada vez más difícil

El ministerio que tengo me obliga a viajar la mitad del tiempo, y aunque a veces mi familia me acompaña, estoy separado de Dottie y de los niños por lo menos doce días al mes. Uno podría suponer que la cosa se hace más fácil después de dieciséis años de una vida así, pero sucede lo contrario. Hay hombres que vienen a verme tras pasar un fin de semana separados de su esposa y me dicen: "¡Qué difícil me ha resultado! No sé cómo lo hace usted, pero yo no podría estar lejos de mi mujer y de mis hijos por un período más largo. Aunque —añaden— me imagino que uno se acostumbra". Eso me irrita. Yo nunca me acostumbro a ello; ni tampoco quiero. Cuando el amor es maduro y profundo, uno trata desesperadamente de acortar un viaje de diez días a nueve esforzándose siempre por estar juntos.

A menudo Dottie se ve confrontada en cuanto al tiempo que paso viajando. Algunas personas bien intencionadas y solícitas le expresan su simpatía y la alientan diciéndole que esperan que yo pueda estar en casa con más frecuencia en el futuro. Dottie entonces explica sus sentimientos y contesta:

> Nunca me gusta verlo marchar de viaje, pero estoy comprometida con la labor que realiza. En cierto sentido hay un proceso de aflicción cada vez que tiene que irse, porque lo echo de menos. Siento un vacío que no puedo llenar con ninguna otra cosa. Pero debido a que ambos estamos comprometidos con lo que él hace, se trata de una decisión que hemos tomado. Las decisiones no siempre son fáciles, pero sí necesarias. Creo tanto en esa decisión, que lo dejo hacer aquello que necesita hacer —lo que Dios le ha dado que haga— y yo hago aquello que Dios me ha llamado a hacer a mí.
>
> No es que me guste que él salga por la puerta y se vaya. Yo soy el tipo de persona que fácilmente podría llegar a depender de él para todo; sin embargo he tenido que ser en cierto modo independiente y tomar algunas decisiones personalmente, lo cual es muy bueno para mí. Pero no resulta fácil, y el estar separados no es algo a lo que una se pueda acostumbrar.
>
> Me siento orgullosa de lo que él hace y de lo que hacemos como equipo, aunque ello suponga algo de incomodidad para ambos. Siento gozo al estar con él y al no estar con él, porque sé que lo que está haciendo es lo que Dios quiere que haga, y que puede ejercer ese increíble don que Dios le ha dado.

El amor maduro puede decidir el estar separados, aun cuando no sea fácil.

Preguntas a considerar

- Si usted se halla comprometido actualmente en una relación de noviazgo seria, aplique el examen del "largo fin de semana perdido".
- ¿Es cierto en su caso el dicho de que "el amor aumenta con la distancia"?

UN AMOR REALISTA

Tal vez sea cierto que los matrimonios se hacen en el cielo; pero tienen que ser vividos aquí, sobre la tierra, por personas imperfectas. Cuando el amor es maduro, toma esto en cuenta y tiene unas perspectivas realistas. Si su amor hacia otro individuo es maduro, usted amará y aceptará a esa persona sencillamente como es —con sus defectos y demás— y no por lo que espera que llegue a ser algún día.

Sin embargo, este tipo de amor maduro siempre encuentra diferentes barreras que no dejan ver con realismo a un individuo o una relación.

La primera de dichas barreras la constituyen unas *fantasías idealistas en cuanto a nuestro matrimonio y nuestro cónyuge.* Evelyn Duvall escribe: "La persona más peligrosa con quien puede casarse es con su ideal; peligrosa porque resulta muy probable que usted pase por alto la presencia de algunos defectos que descalifican o la ausencia de ciertos rasgos esenciales del carácter".[1]

Alguien ha dicho que el matrimonio corta las penas a la mitad, duplica el gozo, y muy bien puede triplicar los gastos de la persona. No obstante, en su celo por contraer nupcias, el hombre que cree haber encontrado su ideal, quizá pase por alto fácilmente las imperfecciones de su esposa; y la mujer que mira una relación a través de anteojos de cristales rosados, tendrá una visión distorsionada del hombre con quien se une en matrimonio. Esto siempre constituye una barrera para experimentar el amor verdadero y maduro.

El escritor Charles Swindoll hace mención de la realidad en las relaciones cuando comenta: "No hay tal cosa como un hogar totalmente desprovisto de conflictos. La última pareja de la cual se puede decir que 'vivieron siempre felices', fue la de Blancanieves y el Príncipe Encantado. Aun cuando usted esté comprometido o comprometida con su cónyuge, aún habrá momentos de tensión, lágrimas, luchas, desacuerdos e impaciencia. ¡El compromiso no borra nuestra humanidad! Esta es una mala noticia, pero es realista".[2]

Cuando uno se enamora de una fantasía o de una imagen idealizada, puede esperar generalmente uno de dos resultados: rechazará a su cónyuge porque éste no da la talla de la imagen que se ha forjado, o bien realizará un esfuerzo concertado para transformarlo en dicha imagen.

Una montaña rusa de sentimientos

El segundo obstáculo para un amor realista, es un *deseo constante de sentimientos y pasiones*. El amor maduro no es simplemente un sentimiento intenso, sino un compromiso, una promesa, un voto. Los sentimientos van y vienen; pero el amor permanece firme. No se sienta desconcertado si no está siempre desbordante de sentimientos de amor, ni desespere en cuanto a la relación la primera vez que cualquiera de ustedes piense que los sentimientos se están enfriando. El amor realista se halla preparado para esas ocasiones y las utiliza para fortalecer la relación y no para debilitarla.

Una tercera barrera para el realismo en el amor, es pensar: *Mi cónyuge satisfará todas mis necesidades en todo momento*. Esta idea errónea comúnmente aceptada hace tropezar a más de un matrimonio. Muchos están buscando a la persona que los comprenda plenamente y les dé todo aquello que creen que falta en su vida.

Lo que sucede muchas veces en estos casos es que el hombre conoce a una mujer que satisface algunas de sus necesidades más agudas y magnifica esto en su mente generalizándolo a *todas* ellas. Piensa que ha encontrado a "la mujer adecuada", quien cumple todos sus deseos, cuando en realidad ha hallado a alguien que casualmente satisface algunas áreas claves de su vida. Lo que hace en realidad ese hombre es pasar por alto las necesidades que no han sido satisfechas, y es como decirle a ella: "Te quiero *únicamente* porque suples las necesidades que tengo en mi vida y cumples mis expectativas."

Cierto escritor lo expresa de este modo: "Probablemente no hay pareja en la que cada uno supla por completo las necesidades del otro. Si dos personas pudieran satisfacer, aunque fuera en un 80 por ciento, sus necesidades mutuas, ello constituiría un pequeño milagro. La expectativa de una satisfacción total de las necesidades en el matrimonio arruina muchas relaciones matrimoniales".[3]

Detalles... detalles

En mi propio matrimonio me he dado cuenta de muchos casos en los cuales no he satisfecho las necesidades o las emociones de Dottie. Como mencioné anteriormente, ella esperaba de mí que me interesase en los detalles más primorosos de su relato, cuando en realidad los detalles no son siempre objeto de mi interés. Ahora Dottie lo explica de la siguiente manera:

> Al principio me molestaba más, pero he llegado a comprender que no puedo esperar que Josh sea alguien que no es. El no puede satisfacer siempre cada una de las necesidades que yo tengo; si pudiera, sería Dios. A su vez, Josh se da cuenta de que yo tampoco puedo suplir todas las suyas, pero hago lo que puedo.
>
> Si pensara que Josh no presta atención a lo que digo, sentiría que no hace un esfuerzo por comprenderme. Cuando él no está pendiente de cada una de las palabras de mi relato, puedo escoger entre sentirme herida o comprender que se trata de su temperamento y personalidad.
>
> Yo soy la clase de persona que escucha cada detalle de una historia. El, por el contrario, tiene una mente que cambia a otras cosas después de oír demasiados detalles, porque éstos no le son necesarios. Ya que comprendo su modo de ser y su personalidad, puedo tener una actitud realista en nuestra relación. Me gustaría que absorbiese todos los detalles, pero ese no es su estilo, y no puedo esperar de él más de lo que es capaz de dar.

El doctor Larry Crabb, psicólogo, explica por qué somos incapaces de satisfacer todas las necesidades de nuestro cónyuge:

> *La mujer más condescendiente del mundo no puede satisfacer la necesidad de significado que tiene su marido.* Debido a su naturaleza pecaminosa, mi esposa no siempre me ministrará como debe; y aun cuando lo hiciera, no tendría la capacidad de hacerme idóneo para una tarea eternamente importante, que es lo único que me satisfaría.
>
> *El marido más amante del mundo jamás podrá satisfacer la necesidad de seguridad que tiene su esposa.* La mancha del egocentrismo ha descolorado toda motivación dentro de nosotros. Somos completamente incapaces de proporcionar a nuestra esposa la aceptación incondicional y abnegada que ella necesita. Sencillamente no bastamos el uno para el otro.[4]

Un esposo o una esposa pueden satisfacer ciertos deseos de su cónyuge, pero hay otros a los que sólo Dios puede hacer frente. Y obligar a un marido o a una mujer a que asuma el papel de proveedor para todas sus necesidades, crea conflictos y destruye la relación. Los cristianos sabemos que estamos completos en Cristo y que no hay nada en nuestra vida que Él no pueda suplir; sin embargo, con mucha frecuencia, esperamos que nuestro cónyuge haga el papel de Dios para con nosotros. Necesitamos comprender que la incapacidad de nuestro cónyuge para satisfacernos plenamente es un don de Dios, el cual mantiene nuestra vista fija en Él.

Promesas. . . promesas

Otra barrera que no deja considerar de un modo realista a una persona o una relación, son las *promesas de cambio* que por lo general dependen de un acontecimiento o de un período de tiempo. Cuántas personas han dicho: "No te preocupes, querida, cuando nos casemos dejaré de beber". O también: "Créeme, una vez que estemos casados dejaré de tontear a tus espaldas."

Ahora bien, quiero que usted subraye lo que voy a decir: No hay nada en la promesa o en el carácter de esa persona digno de creerse. Las promesas jamás tocarán a su fin: "Puedes dar por seguro que dejaré de beber cuando tengamos nuestro primer hijo. . . Cuando reciba ese ascenso. . . Cuando tengamos nuestra propia casa. . ."; y así sucesivamente.

No base su relación en promesas, arréglela de antemano; lo que cuenta es esa relación en la actualidad.

Si quiere que su cónyuge lo considere verdaderamente alguien digno de fiar, tiene que ser confiable ahora. Si desea que su esposo o su esposa lo(la) vea como una mujer o un hombre de Dios, ha de serlo ahora. Si todos los acontecimientos que han tenido lugar en su vida hasta ahora no lo han hecho dejar de beber, ¿por qué piensa que lo hará algún mágico suceso futuro? En una relación se pierde el realismo cuando la misma está basada en promesas.

El quinto obstáculo para una evaluación realista del ser querido es un *deseo de cambiarlo* —"¡Una vez que estemos casados eso se acabó!" Este es un problema semejante al de las promesas, excepto que aquí uno de los cónyuges está proponiéndose cambiar o moldear al otro: "Lo único que necesita es un poco de tiempo; puedo cambiarlo una vez que nos establezcamos." El simple sentido común aconseja que se le dé el tiempo necesario para sentar cabeza y cambiar, antes de empezar a ensayar el *Yo lo hago*.

Se lleva más de lo que ve

Asegúrese bien de que ama a la persona por lo que ella es, y no por lo que usted se imagina o quiere que llegue a ser dicha persona. He perdido la cuenta de aquellos a quienes he aconsejado, que pensaban que podrían cambiar a alguien después de haberse casado con él. La frase clave que debe recordar es: *Lo que usted es de soltero es lo que será también de casado, sólo que en un grado mayor.* Cualquier rasgo negativo de su carácter se intensificará en una relación matrimonial, ya que usted se sentirá libre para bajar la guardia —esa persona habrá adquirido un compromiso y usted ya no necesitará preocuparse de si la espanta o no.

La pareja que discute a menudo, o es incapaz de resolver sus diferencias, no tendrá una vida mejor cuando se casen.

"Usted no puede hacer a alguien de nuevo —advierte el doctor Herman Weiss—. No podrá hacerlo más romántico, ingenioso o sociable; ni menos jugador, bebedor o fumador; ni siquiera curarle la alergia que le tiene a su gato. No puede permitirse el lujo de convertirse en su madre, su maestro o su terapeuta. Antes de lanzarse a una relación, mire usted bien."[5]

Una mujer puede enamorarse de cierto hombre porque quiere creer que él es todo lo que dice ser. El problema reside en que muchos hombres son muy valientes de palabra, pero una vez en el *ring* no pueden ni asestar un golpe. El amor maduro no habla grandes cosas, ni se las cree. Si su amor es así, no se engañarán el uno al otro.

Dottie sabía en lo que se estaba metiendo cuando se casó conmigo —que Dios me había llamado a un ministerio de conferenciante—, y no se engañó en cuanto al tipo de vida que podría llevar. Estas fueron sus palabras:

> Al comprometerme con Josh, me comprometí plenamente con él como persona y con el hecho de que él era conferenciante; lo cual lleva implícita la realidad de que tiene que viajar mucho y no siempre podemos estar juntos.
>
> Cuando consideramos el matrimonio, yo me vi confrontada con la cuestión de los viajes; y tuve que hacerle frente y resolverla antes de poder tomar una decisión inteligente acerca de la boda.
>
> La gente dirá: "¿No es una pena que pasen ustedes tanto tiempo separados? ¿No te gustaría que él no tuviera que viajar?" A veces reacciono ante esa clase de comentario, ya que no es que Josh me abandone. Nadie sabe cuánto nos ha costado decidir que él viaje. No se trata de una decisión a la ligera, sino de una elección conjunta.
>
> Creo que puedo y soy capaz de soportar dichos viajes porque Dios me preparó de antemano. Yo era soltera y estaba en la plantilla de la Cruzada Estudiantil y Profesional para Cristo en la Universidad de Texas cuando oí a Josh hablar por primera vez. Nunca antes lo había escuchado y lo que dijo me influyó profundamente. Después de eso yo solía ir por ahí citándolo: "Como dice ese famoso orador. . ." (Una de mis citas preferidas era: "Paz no significa ausencia de conflicto, sino la capacidad de hacerle frente." La usaba muchísimo.)
>
> Yo estaba muy impresionada con su ministerio y con el impacto que él había causado en nuestra universidad, aunque no tenía ni idea de que un día me casaría con él; por su parte, él ni siquiera sabía que yo existía.
>
> Más tarde, cuando aún éramos novios, tuve la maravillosa oportunidad de viajar con él a la Universidad de Tennessee y pude ver su ministerio desde una perspectiva diferente, y el modo en que afecta a la vida de los estudiantes y del profesorado. De manera que yo había hecho los preparativos para su

visita a una universidad y lo había acompañado cuando fue a otra. Pude presenciar el increíble trabajo que suponen sus viajes de conferencias —la preparación, las tareas en casa, las reuniones hasta horas avanzadas, el agotamiento, los horarios apretados, el dormir en una cama distinta cada noche, etc. Eso me proporcionó una comprensión bien equilibrada de su ministerio antes de que llegáramos a casarnos.

Respaldo a Josh al 100 por ciento, porque creo que Dios lo ha dotado de un estilo único para compartir con gente de todo el mundo cómo pueden conocer a Cristo personalmente y andar con El en su vida diaria.

He compartido esto para mostrar que cuando abordé el aspecto de los viajes en la vida de Josh, lo hice considerando dicho aspecto desde todas las perspectivas, a fin de poder comprenderlo de un modo realista. Necesitaba evaluar la situación a la luz de mi amor por él, de lo que él hace, y de aquello que Dios me ha llamado a hacer a mí.

Ya que este problema lo encaramos y atajamos desde el principio de nuestra relación, no se ha convertido en causa de disgusto en nuestro matrimonio. De hecho ha llegado a ser una bendición al elaborar los dos juntos el programa y ver cómo Dios obra.

El amor no es ciego

Una de las trabas más sutiles que no permite evaluar de manera realista una relación la constituye ese tópico exageradamente aceptado de "El amor es ciego". Esta actitud se manifiesta en frases como: "Pero tú la quieres, ¿no? Entonces no te preocupes por esas cosas." O también: "¡Ven, hombre, cásate! Ya verás cómo todo va bien; siempre funciona." Las estadísticas de divorcio demuestran que más de la mitad de las veces sencillamente no funciona, y que el pasar por alto de un modo voluntario los puntos potenciales de conflicto no es sino invitar al desastre.

Alguna gente bromea diciendo que el matrimonio es "un salto en la oscuridad a la luz de la luna". Otros creen en el "flechazo". . . Déjeme sugerirle que lo piense dos veces antes de saltar. A menudo la persona queda tan enredado en sueños e ideales, que su amado no es una persona de carne y hueso, sino meramente un compuesto de sus propios deseos. El amor ciego quizá pase por alto los defectos del otro durante algún tiempo, pero eso no puede durar para siempre.

Si su amor es ciego, más tarde o más temprano usted tropezará inevitablemente. Cuando uno ama a la persona total, no se engaña a sí mismo acerca de ella. El amor maduro saca a la luz y encara todos los aspectos del otro individuo —tanto los positivos como los negativos—, y consiste en entender con la mente que se puede amar a esa persona en toda circunstancia.

Es cierto que hay cenas íntimas y besos, pero también ropa que lavar y comestibles que comprar; así como dos personas que tratan de maniobrar en un solo cuarto de baño por las mañanas. Se tiene oportunidad de dar largos paseos románticos y de acariciar los cabellos del ser querido; pero no hay que olvidar las arrugas y los granos. El amor es ciego cuando vemos y aceptamos al otro como algo menos que una persona total.

Cierta mujer dijo que la aceptación realista de un hombre significa "amar a ese hombre hoy con todos sus puntos fuertes y debilidades, y no por lo que una quisiera ayudarlo a ser el día de mañana". Eso, naturalmente, no significa que dicha mujer sea ciega a los defectos de su marido, sino simplemente que les da cabida. "En verdad, yo no le cambiaría en absoluto —escribió—. *Si pudiera*, le proporcionaría el don del tacto. Es de esa clase de hombre tan franco que me cuesta trabajo creer lo bien que le va en la política. El es estrictamente 'un libro abierto'."[6]

El matrimonio es la unión de dos individuos imperfectos. El amor maduro, el compromiso incondicional con una persona imperfecta.

Exageraciones fatídicas

En su libro *American Ways of Love* (Amor a la americana), Frank Cox escribe:

A menudo proyectamos nuestras creencias sobre otra persona, exagerando aquellas características que concuerdan con las cualidades que estamos buscando y ocultando aquellas otras que no concuerdan; es decir, que transformamos al otro en un héroe o una heroína irreal que se adapte a nuestro propio concepto de la pareja matrimonial romántica. Lo que sucede con frecuencia, es que nos enamoramos de nuestras propias ideas románticas más que de un ser humano real.

Aquellos que se "enamoran" de esta forma sufrirán decepciones cuando la persona real de su pareja elegida comience a salir a la superficie. En vez de recibir con gozo y entusiasmo a esa persona que emerge, los cónyuges que albergan ideales romantizados puede que rechacen la realidad en beneficio de sus imágenes estereotipadas y comiencen nuevamente la búsqueda del objeto adecuado de su amor, despreciando a la pareja de la vida real como indigna o cambiada.[7]

Pasos realistas

Aunque los obstáculos con que se topa la evaluación realista de una relación son grandes, se pueden vencer. Dando ciertos pasos positivos, usted puede determinar mejor la situación real de su relación y su comprensión de la otra persona.

Uno de dichos pasos consiste en hacerse a sí mismo algunas preguntas difíciles y realistas como: ¿Por qué quiero casarme con él (o ella)? ¿Es acaso por dinero, seguridad, posición social o cualquier otra razón de esas? ¿Se trata de un escape? ¿O tal vez porque pienso que eso resolverá mis problemas? ¿Qué sentiría hacia esa persona si algo hiciera que dejase de ser rica o bien parecida?

¿Se comunican ustedes? ¿Estimulan cada uno la mente del otro? ¿O alguno de los dos considera al otro intelectualmente aburrido? ¿Comparten ustedes las mismas metas e intereses generales? ¿Se encuentran en la misma longitud de onda en su vida espiritual? ¿Le gustan a cada uno los amigos del otro? (Eso dice mucho). ¿Hasta qué punto concuerdan sus actitudes respecto a los hijos, las finanzas y los parientes políticos?

¿Qué defectos o debilidades tiene su pareja? ¿Y usted? ¿Qué es lo que no le gusta de él o ella? ¿Por qué? ¿Qué cosas de usted cree que no le gustan a él o ella? ¿Cuál es la razón?

Si usted piensa que va a pasar el resto de su vida con esa persona, mejor sería que le apareciera una gran sonrisa en el rostro. Si no está listo para aceptarla como es ahora, entonces, haría bien en reconsiderar su posición. Usted tiene que poder aceptar al otro como una persona real, con faltas y todo, y de encarar sus diferencias de un modo piadoso y condescendiente.

El amor maduro y realista se da cuenta de que los compañeros de relación tienen diferentes perspectivas en muchas áreas, y ama al otro por lo que es, y no por lo que puede ofrecerle.

¿Cuáles son sus expectativas?

Otro paso positivo consiste en compartir entre ustedes lo que esperan el uno del otro y del matrimonio. Eso los protegerá de los desastrosos resultados que produce el casarse con expectativas poco realistas y una imagen distorsionada de la otra persona. Aprendan lo más posible el uno acerca del otro, a fin de proporcionar a su relación la base más sólida que puedan.

El doctor H. Norman Wright, consejero matrimonial y escritor, describe el valor de la transparencia al discutir las expectativas matrimoniales de la siguiente manera:

> Cada individuo se casa teniendo una serie conocida y otra desconocida de expectativas en cuanto al matrimonio y al comportamiento y la actuación de su cónyuge. A medida que el matrimonio avanza, algunas de esas expectativas salen a la superficie y otras permanecen ocultas. Cuando todas esas expectativas se sacan a la luz, se evalúan, se impugnan y se discuten, el matrimonio experimenta una mayor armonía. "Será como árbol plantado (y cuidado) junto a corrientes de aguas, que da su fruto en su tiempo, y su hoja no cae; y todo lo que hace prosperará (y madurará)" (Salmo 1:3; paréntesis del autor).[8]

El manifestar esperanzas y expectativas es una práctica muy saludable en una relación, ya que permite a cada uno de los implicados evaluarse a sí mismo debidamente a la luz de los deseos del otro y ver si tanto el uno como el otro pueden satisfacer las necesidades de su pareja. El dar expresión a los propios pensamientos permite también que salgan a la luz posibles áreas de conflicto mucho antes de que dicha situación surja, y permite que cada uno esté mejor preparado para comprender el punto de vista del otro en un conflicto. Al mismo tiempo, la pareja descubrirá áreas de compatibilidad e interés común de las que nunca antes habían hablado.

Cierta mujer describió cómo el compartir expectativas con su (futuro) marido la había ayudado a aclarar algunas áreas que eran motivos de fricción:

> La mayoría de los ajustes tenían que ver con la manera de comunicarnos mejor y de comprendernos más el uno al otro; ya que siempre que dos personas quieren casarse, hay que tener en cuenta que ello implica diferentes sexos (naturalmente), diferentes familias, diferentes trasfondos educacionales, dife-

rencias de trasfondo cultural, etc. De repente, hay que poner todo esto junto y la pareja descubre que tienen perspectivas distintas sobre todo tipo de cosas. Por alguna razón me parece que yo no esperaba que tuviésemos tantas perspectivas diferentes.

De algún modo, yo pensaba que una vez casados seríamos rociados con un polvo mágico y siempre estaríamos de acuerdo; pero el discutir nuestras expectativas de antemano nos enseñó muchísimo. Entonces comencé a comprender que no siempre concordaríamos; pero creo que lo que más me asombró fue lo diferentes que eran en realidad nuestras expectativas. ¡Esas cosas hay que conocerlas!

Un consejo difícil

Brad y Margy son como tantas otras parejas que luchan por resolver sus diferencias y nerviosismos prematrimoniales, y que vienen a mí buscando consejo. Lo que yo les dije, fue: "No estoy seguro de que ustedes dos deban casarse. Esa es una decisión que tendrán que tomar ustedes mismos, pero permítanme animarlos, mientras evalúan su relación y el amor que se tienen el uno al otro, a hacerle frente, franca y sinceramente, a todas las dudas y temores que experimenten en estas áreas. Comprendan que tal vez esos recelos en realidad carecen de fundamento, pero no los pasen por alto. Al tratar dichos sentimientos desagradables, ustedes fortalecerán su relación o descubrirán que no son el uno para el otro.

"En segundo lugar, quiero afirmar el valor del matrimonio cuando uno ha encontrado a la persona adecuada. El matrimonio es una bendición maravillosa; pero tiene demasiada importancia como para entrar en él con dudas. Resulta natural experimentar algunos temores en cuanto a comenzar un compromiso matrimonial para toda la vida; pero si sus sentimientos son algo más que nerviosismo prematrimoniales comunes y corrientes, no se casen ahora mismo, dejen que pase algún tiempo.

"La peor cosa que ustedes pueden hacer es pasar por alto esos sentimientos de inseguridad o aparentar que no existen. He visto a demasiadas personas lastimadas porque decidieron casarse sin resolver antes sus dudas. También he visto cómo Dios salvaba matrimonios que parecían forzados más allá de toda reparación posible. El problema reside en que la mayoría de la gente no está dispuesta a transigir en sus demandas y dejarlo a El obrar en ellos.

"Yo doy gracias a Dios por Dottie y por la relación que tenemos; pero sé que para dos personas que no están hechas la una para la otra, el matrimonio puede resultar algo catastrófico."

Evite los escapismos espirituales

El amor maduro tiene los ojos abiertos y es realista. Por desgracia muchas parejas tratan de superespiritualizar la relación en un intento de ocultar sus dudas. El hacer hincapié en el aspecto espiritual de la relación tratando de ignorar las dificultades diarias, es un escapismo.

Antes de poder plantearle sus expectativas a su futuro cónyuge, usted tiene que conocerlas. La mejor manera de comprender sus propias ideas es escribirlo todo. Anote las expectativas que tiene para sí mismo, para su matrimonio, para su cónyuge, para su futuro, y para cualquier otra cosa que le venga a la mente. Cuando cada uno de ustedes lo haya hecho, júntense con una actitud de expectación y curiosidad. Esa es su oportunidad de descubrir lo que el otro realmente espera de la vida, y si los dos van por el mismo camino. Cuanto más realista sea ahora su visión de la otra persona, tanto más firme será el fundamento de su matrimonio si se casan.

Preguntas a considerar

- ¿Qué obstáculos hay al amor realista?
- ¿Cuál de ellos está presente en su vida?
- ¿Qué preguntas difíciles necesita usted hacerse a sí mismo en cuanto a sus expectativas?

21

UN AMOR PROTECTOR

Me asombra constantemente lo que la gente dice en público acerca de su cónyuge, y me pregunto qué se proferirán el uno al otro en privado. Cierto hombre me dijo delante de su esposa: "Permítame señalarle que pocos son los que cocinan como mi mujer; aunque el Ejército se le aproxima bastante." Y como yo, probablemente usted también habrá dado un respingo en la clásica cena con invitados donde la comida no ha salido bien y el marido dice: "¡Nunca serás una buena cocinera!"

El amor verdadero no hace comentarios así. Un amor maduro se manifiesta mediante la actitud protectora. Y si tales observaciones tienen lugar, el amor maduro se arrepiente inmediatamente y pide perdón.

Si su amor es maduro, usted pensará primeramente en la otra persona, y querrá protegerla tanto en público como en privado. Cuando la felicidad, la seguridad y el desarrollo del otro hayan llegado a ser para usted tan importantes como los suyos propios, deseará salvaguardarle de cualquier daño.

Cierta mujer compartió cómo su esposo había comenzado a ridiculizarla en público. Tras el incidente el marido expresó:

—Sólo estaba bromeando, ¿no eres capaz de soportar eso?

"Yo me sentía aturdida, dolida y humillada" —confesó ella.

Créame, si en mi casa quiere usted criticarme de forma negativa, no lo haga delante de mi esposa. Dottie me ama y tiene una actitud muy protectora para conmigo, de modo que te pondrá en tu lugar.

Después de una charla que di en cierta iglesia de Alaska, el antagonista del lugar, que con frecuencia iba por la iglesia, pasó al frente y comenzó a lanzarme acusaciones. Yo permanecí en calma; en tanto que mi esposa quería tomar un paraguas que tenía a su lado y echar de allí al hombre. Dottie recuerda que estaba tan furiosa que tuvieron que sujetarla dos personas —ella quería protegerme.

Norman Wright ha señalado sabiamente que "el matrimonio es como un par de tijeras: tan unidas que no pueden separarse, y que a pesar de que con frecuencia se mueven en direcciones opuestas siempre castigan a quien se pone entre ellas".[1]

La defensa del cónyuge

Yo también protejo a Dottie, aunque de una forma distinta y muy práctica. La guardo de los niños cuando éstos actúan de manera irrespetuosa hacia ella. Hace poco, Dottie compartía:

El siempre me está exaltando ante mis hijos y diciéndoles cuán ordenada es su mamá. Yo necesito ver y sentir el apoyo de mi esposo en las actividades y enseñanzas que llevo a cabo con mis hijos. Hay algo que Josh hace que me deja ver que está de mi parte y de cuánto me ama, y es que siempre viene a rescatarme inmediatamente cuando uno de los niños muestra cualquier señal de falta de respeto hacia mí.

Cuando nos casamos, tomé un libro que versaba sobre el matrimonio y leí cómo el padre protege a la madre de los hijos. Entonces me rasqué la cabeza y pensé: "Pero ¿de qué está hablando?" Para mí aquello no tenía sentido; sin embargo, algunos años más tarde, cuando uno de los niños me respondió en forma insolente, Josh se encaró resueltamente con él y le dijo:

—Puedes hablar así a tu madre, ¡pero que no te oiga yo nunca hacerlo a mi esposa!

Los niños comprendieron y el asunto se cortó.

En aquel momento Josh me estaba protegiendo de la inmadurez y las acusaciones de un niño en actitud ingobernable, una de las cosas más maravillosas que un padre puede hacer por una madre. Esto representa un beneficio para la madre, porque ella comprende que su marido la apoya; y es también un beneficio para el niño, ya que éste se da cuenta de que ambos padres se respaldan el uno al otro.

En su artículo *20 Commandments for a Better Marriage* (Veinte mandamientos para mejorar su matrimonio), el escritor Harold J. Sala da un buen consejo: "No dejarás que nadie critique a tu esposa delante de ti impunemente."[2] El proteger al cónyuge no significa estar ciego a sus defectos y faltas, sino que significa guardarla y protegerla del abuso tanto físico como verbal.

Cuando uno sabe que su esposa o esposo lo protegerá y saldrá en su defensa, se hace más confiado y vulnerable, más íntimo y solícito.

Preguntas a considerar

- ¿Qué significa tener una actitud protectora hacia un ser querido?
- ¿De qué maneras puede usted proteger a la persona que ama?
- ¿Cuáles son algunos de los resultados positivos de demostrar una actitud protectora?

22

UN AMOR RESPONSABLE

¿Recuerda usted al marido comprometido con el baloncesto y el béisbol y a sus amigos? ¿Qué pensó usted de su actitud? Estoy seguro de que se sintió indignado —como me pasó a mí—, ya que el amor maduro acepta la responsabilidad.

El amor verdadero siempre se traduce en una preocupación real por la otra persona y demuestra una disposición a hacerse cargo de las responsabilidades referentes a la familia, las finanzas, la salud, los niños. . . Si usted no cree que su cónyuge esté tomando responsabilidad en la relación, nunca será de entregarse completamente a él.

Y viceversa: Cuando sabe que el otro toma una responsabilidad verdadera por su amor, se siente realmente libre para amarle y abandonarse plenamente a él. Es este abandono total a la pareja en una relación amorosa, matrimonial y sexual máxima lo que Dios diseñó para nuestro disfrute. Este es nuestro llamamiento espiritual; pero resulta inalcanzable si uno o ambos cónyuges son irresponsables.

En *The Total Couple* (La pareja total), los Lee escriben:

> En la era del "ve a lo tuyo", "responsabilidad" ha llegado a ser una palabra obscena. En cada esquina se nos dice que no debemos sentirnos culpables por librarnos de responsabilida-

des en aras de nuestro mayor beneficio. ¡Qué insensibilidad¡ La verdad es que cualquiera que abandona una serie de responsabilidades debe, si le preocupan los demás, sentir alguna culpabilidad por el cambio... el sentimiento de culpa no debería impedirnos vivir nuestras propias vidas, sino simplemente frenarnos en cuanto a dañar innecesariamente las vidas de otros.[1]

Relaciones sexuales y responsabilidad

Si su cónyuge no demuestra una responsabilidad consistente, usted siempre se cohibirá en su relación con él o con ella y no estará nunca totalmente confiado(a). Mucha gente hoy en día quiere sexo sin responsabilidad, e intimidad sin compromiso; no es de extrañar que se sientan frustrados y vacíos en sus vidas sexuales, ya que el sexo se creó para ser expresado en un contexto de compromiso y responsabilidad.

La doctora Betty Hamburg, una investigadora siquiátrica del Instituto Americano de la Salud Mental, dice acerca de los jóvenes: "Hemos acelerado el reloj sin ser muy útiles a los adolescentes. Les enseñamos acerca de las trompas de falopio, pero no les decimos casi nada en cuanto al significado de las relaciones y de la responsabilidad hacia otros".[2]

En *I Loved A Girl* (Yo amé a una chica), el doctor Walter Trobisch señala: "El verdadero amor implica responsabilidad —del uno hacia el otro y de ambos ante Dios—; donde hay amor, uno no dice ya 'yo', sino 'tú'; yo soy responsable por ti, y tú por mí'. De manera que juntos están delante de Dios y no dicen 'tú y yo', sino más bien 'nosotros'.[3]

Sin responsabilidad, un matrimonio no es otra cosa que una relación egocéntrica de dos individuos egocéntricos. El amor maduro implica responsabilidad y seriedad. Así escribe Strauss:

> Los trabajos inacabados, las promesas rotas y las buenas intenciones incumplidas son ejemplos de irresponsabilidad.
> Una persona inmadura no puede realizar felizmente las tareas de las que es responsable: murmura y se queja, sin poder encontrar satisfacción o disfrute en un trabajo bien hecho. Las amas de casa murmuran porque la vida es aburrida y rutinaria; las madres a pleno tiempo; los hombres saltan de un trabajo a otro mediante rápidas y azarosas decisiones que no incluyen

a sus esposas; algunos esposos pasan por alto la elemental cortesía de telefonear a sus esposas cuando no pueden llegar a casa a la hora esperada. El fruto del Espíritu es fe, una palabra que significa "fidelidad" o "seriedad"; ¡necesitamos entregarnos al Espíritu y crecer hacia la fidelidad![4]

Preguntas a considerar

- ¿Qué sucede en una relación cuando no hay sentido de responsabilidad?
- ¿Qué pasa si los dos cónyuges toman responsabilidad por si mismos y por la relación?

UN AMOR COMPROMETIDO

¿Qué clase de compromiso incorporó usted a sus promesas de boda? ¿Incluyó tal vez "hasta que la muerte nos separe"? Si es así, forma usted parte de una minoría.

"Compromiso" es una palabra que apenas se oye hoy en día. Nuestra sociedad, dispuesta a dejar todo aquello que le molesta, parece decidida a deshacerse del principio del compromiso en las relaciones. El doctor Robert Taylor, autor del libro *Couples—The Art Of Staying Together* (Parejas: El arte de permanecer juntos), expresó: "Hoy en día vivimos en la era de lo desechable: Uselo una vez y luego tírelo. A lo largo de la década pasada ha ido surgiendo la idea de que las relaciones son igualmente desechables".[1] Sin embargo, uno de los distintivos del amor maduro es el compromiso.

Yo he llegado a la convicción de que la mayoría de las parejas están derrotadas aun antes de casarse, ya que entran en el matrimonio con la actitud de: "Si no funciona, o si tenemos problemas, lo tiramos y fuera". Las frases "Ojos que no ven, corazón que no siente: y "Si no estás con quien amas, ama a aquél con quien estás" describen mejor la noción superficial que se tiene del compromiso; sin embargo, en una relación amorosa, sexual y matrimonial cristiana no hay sitio para actitudes tan

245

egocéntricas. El amor maduro dice: "Si no estoy con quien amo, esperaré".

Respondiendo a la pregunta de: "¿Cree usted que la llamada 'sociedad del yo' produce más matrimonios rotos?", el doctor Taylor dijo:

> Sí, creo que la filosofía del "yo" está contribuyendo al alto índice de divorcios que tenemos hoy en día. El problema se remonta a los principios que se emplearon en la educación de los niños entre mediados de la década de los 40 y mediados de los años 60. Aquella se consideró la era de la permisividad, cuando los deseos se convertían en necesidades y los padres dejaban de enseñar a sus hijos cómo enfrentarse a la frustración. Tampoco les enseñaron un sentido del compromiso con las relaciones y con otras personas. Mucha gente de aquel grupo son ahora adultos jóvenes en los primeros años del matrimonio, cuando se encuentran más vulnerables al divorcio.[2]

La otra cara de la moneda

No es sorprendente que el sacrificio esté atravesando los mismos tiempos difíciles que el compromiso; sin embargo, sin el sacrificio el compromiso no tiene sentido. El sacrificio es el vocero del compromiso. Sabemos que nuestro cónyuge está comprometido cuando se halla dispuesto a sacrificarse por nosotros; no sólo por lo que dice, sino también por lo que hace. A menos que usted esté seguro del compromiso de su cónyuge con la relación y de que él o ella tiene la disposición a sacrificarse por ésta, no puede abandonarse al otro como era la intención de Dios; siempre estará cohibido, y como resultado de ello se verá despojado de la intimidad y la unidad en el matrimonio que Dios le destinó a gozar.

Esa actitud predominante de "me esforzaré por la relación siempre que haya algo para mí en la misma" es absolutamente destructiva. En lugar de abandonar el barco cuando la situación se pone difícil, un amor maduro está dispuesto a quedarse y a resolver el problema. Los estudios demuestran que el compromiso es esencial para que los matrimonios se enfrenten con éxito a las dificultades y frustraciones, e indican que cuando una pareja demuestra compromiso mutuo, crece también la atracción del uno por el otro. La percepción del cónyuge cambia, y marido y mujer se hacen más tiernos entre sí.

Uno de dichos estudios revela que un compromiso creciente y la disposición a sacrificarse y trabajar por la relación es la clase para un matrimonio feliz y duradero. El doctor Charles Swindoll, anfitrión del popular programa de radio "Insight for Living" (Comprensión para vivir) y su esposa Cynthia se declaran su compromiso el uno al otro varias veces al año. El expresa: "Nos quedamos a solas; a menudo a pasar la noche en alguna parte acogedora y privada. Una vez allí, nos miramos el uno al otro y expresamos con palabras nuestra promesa de permanecernos fieles; en realidad declaramos nuestro compromiso en voz alta. No podemos explicar por qué o cómo funciona, pero hay algo tranquilizador en el decir con palabras cosas como esas; y mientras nuestros oídos escuchan lo que expresan nuestras bocas (de hecho desde el fondo de nuestro corazón), nuestra lealtad se ve reafirmada".[3]

Yo mismo, hace poco, sentí la necesidad de volver a expresar con palabras mi compromiso para con mi esposa; le dije que si tuviera que hacerlo todo de nuevo la escogería a ella sin un momento de vacilación. Cuando su cónyuge sabe que usted tiene ese tipo de compromiso con la relación y con él, hay un sentimiento de seguridad y cercanía mayor.

¿Por qué resulta tan importante estar comprometido a resolver los problemas en vez de simplemente dar por terminada la relación? Charles Swindoll enumera las siguientes razones:

1. Es el consejo continuo de la Escritura.

2. El crecimiento personal en Cristo se ve fortalecido.

3. Se realza el testimonio de Jesús ante la gente.

4. El resolver los problemas obliga a hacer cambios necesarios; el abandonar significa llevar a la siguiente relación los mismos problemas emocionales.

5. Los niños de la familia mantienen su seguridad, estabilidad y equilibrio; también ellos aprenden a huir si los padres huyen, o a resolver las dificultades si eso es lo que ejemplifican mamá y papá.[4]

No lo dude: el amor maduro se caracteriza por un compromiso dispuesto a sacrificarse.

Preguntas a considerar

- ¿Cómo puede usted demostrarle su compromiso a la persona que ama?
- ¿Qué le pasa a una relación cuando se demuestra el compromiso?
- ¿Por qué es importante estar comprometido a resolver los problemas?

C A P I T U L O **24**

UN AMOR DE CRECIMIENTO DINAMICO

Como sucede con el ejercicio "aeróbico", el amor no es estático. El amor que se comparte en una relación matrimonial y sexual de máxima expresión, o crece o se atrofia. Un amor maduro seguirá experimentando crecimiento dinámico.

En cierta ocasión al principio de nuestra vida matrimonial, yo estaba hablando sobre economía a aproximadamente 300 miembros del profesorado y de la administración de la Universidad de Tennessee, y como es mi costumbre, en los primeros minutos de la charla hice algunos comentarios sobre mi esposa. Después de todo, aquello que ocupa un lugar más importante en el corazón de uno está más a menudo en sus labios. En todo caso, yo pensé que se trataba de unos comentarios muy apropiados.

De repente, un joven profesor de unos veinticinco a treinta años de edad interrumpió mi conferencia y me preguntó en tono sarcástico:

—¿Cuánto tiempo lleva usted casado?

—Seis meses —respondí.

Entonces él dijo algo negativo que he oído repetir muchas veces:

—¡Ya veremos cómo habla después de cinco años de matrimonio!

Espera y verás

Antes de hacerme novio de Dottie yo ya hablaba sobre el secreto de amar, y la gente solía decirme: "¡Veremos cómo piensas cuando te comprometas!" Luego, sus comentarios cambiaron, y empezaron a decirme que cuando estuviese casado no diría lo mismo. Más tarde, al contraer matrimonio, afirmaron que cambiaría de canción después de cinco años... de diez... de veinte...

Yo estaba convencido de que se equivocaban. Sin embargo, siempre he tenido la filosofía de que un hombre con experiencia tiene una ventaja sobre el otro que sólo cuenta con un argumento; de manera que allí, delante de aquel auditorio en la Universidad de Tennessee, parecía que el profesor tenía a su favor la ventaja de la experiencia. Fue una de las pocas veces en mi vida en que no he sabido cómo responder.

Justamente entonces, un hombre que se hallaba sentado en la parte de atrás del auditorio se levantó y vino andando hacia el frente. Tenía aproximadamente setenta y cinco años de edad. Yo no lo conocía, pero mi impresión era que me iba a dar una buena. Sin embargo más tarde supe que se trataba de Roger Rusk, un profesor muy respetado en la Universidad y hermano del antiguo secretario de Estado Dean Rusk, quien al mismo tiempo era un cristiano dinámico.

Pues bien, aquel hombre se dirigió a la primera fila y me miró directamente a los ojos. Luego, volviéndose hacia el profesor que había hablado, se inclinó hacia él y le dijo:

—Caballero, ¡después de cincuenta y cinco años es aún mejor!

Me sentí increíblemente aliviado.

Aquel incidente subrayó para mí una de las principales características del amor maduro: que no permanece estancado. Si su amor es maduro, crecerá; si no lo es, se desvanecerá.

Cuatro etapas de crecimiento

Actualmente, cierto número de estudios llevados a cabo demuestran que los matrimonios realizados son relaciones crecientes y cambiantes. Esas investigaciones indican que la relación de una pareja pasa por cuatro etapas fundamentales de crecimiento.

En la primera etapa "los cónyuges son típicamente egocéntricos y buscan sólo de qué manera puede servirles la relación. En el siguiente paso, negocian compensaciones —servicio por servicio, concesión por concesión. Durante la tercera etapa, cada uno empieza a apreciar la individualidad del otro y hace ajustes por el bien del matrimonio y de su esposo o esposa. Cuando se encuentran en la cuarta etapa, han desarrollado una serie de 'reglas de la relación' mediante las cuales pueden evitar o resolver los problemas. 'Por desgracia —señala el doctor Roland Levant, profesor de la Universidad de Boston y terapeuta familiar— muchos matrimonios no pasan de la segunda etapa. Los esposos nunca van más allá de decir: Te lavo la espalda si tú me la lavas a mí".[1]

Si ustedes tienen un amor fundamentalmente incondicional —que acepta a la otra persona como es y sin embargo la estimula a mejorar— experimentarán crecimiento. Añádanle a esto un compromiso con la relación y un factor de confianza que lleva a una comunicación íntima y significativa, y tendrán su crecimiento *dinámico*; crecimiento que conducirá a unos sentimientos más profundos y una solicitud mayor de parte de cada uno.

Si usted cuenta con un amigo entrañable —alguien a quien conoce profunda e íntimamente— es muy probable que esa persona le agradara desde el primer momento. Cuando se conocieron usted sintió algo como: "¡Oh, qué bien nos entendemos! ¡Cómo disfrutamos juntos!" Luego, con el paso de los años, su historia y sus experiencias comunes aumentaron; de manera que ahora ama aún más a su amigo (o amiga) porque lo (la) conoce mejor. Cuanto más tiempo pasa, tanto más crece su afecto por él (o por ella). Esta misma dinámica se da también con el Señor: cuando uno acaba de conocer a Cristo, está tan enamorado de El que apenas puede soportarlo; y a medida que pasa el tiempo esos sentimientos se hacen más profundos.

Eche un buen vistazo a su relación. ¿Ve usted crecimiento en ella? Y especialmente si usted está comprometido y va a casarse, ¿observa una profundización de sus sentimientos, de su compromiso, de su confianza, de su capacidad para comunicarse en el nivel sentimental más íntimo? Si su amor es maduro, ello se hará evidente por el tremendo crecimiento que podrá constatar en la relación.

Preguntas a considerar

- ¿En qué etapa de crecimiento se halla usted en su relación?
- ¿Qué puede hacer usted para experimentar más crecimiento?

25

UN AMOR CREATIVO

Ya sé lo que usted está pensando: que este *examen* del amor maduro no es justo, pues usted no es una persona creativa. Relájese, aquí no se trata de la creatividad artística, sino de que el amor maduro es imaginativo en su forma de mostrar respeto y deferencia hacia la otra persona, y es sensible a las necesidades de él o de ella; y por lo tanto encontrará formas de expresarse de una manera creativa. El amor maduro encuentra oportunidades y modos originales para decir "te amo" al objeto de su afecto.

Hay una manera creativa y muy práctica en que yo demuestro a Dottie que la quiero: la ayudo con los niños. Como buena madre de tres hijos, ella está de servicio las veinticuatro horas del día. Cuando los niños eran pequeños, la ayudaba a cambiar pañales; ahora, a menudo me los llevo a desayunar fuera, con objeto de proporcionarle un poco de tiempo para sí misma. Cuando estoy en casa, me esfuerzo por encontrar formas creativas de aliviarla de algunas de sus responsabilidades domésticas y mostrarle así que la amo.

También Dottie es muy creativa. Recuerdo una ocasión en particular en que ella fue a visitar a sus padres y yo me quedé en casa. Cierta noche al abrir el congelador me encontré con una nota que decía: "Te quiero, cariño." Cuando me dirigí al armario y comencé a preparar mi equipaje, vi que había otra prendida con un alfiler a cada una de mis chaquetas deportivas, otra más metida en mis zapatos, todavía otra en la toalla, y un mensaje escrito con lápiz de labios en el espejo. ¡Fue emocionante!

Cuando vamos de viaje, yo trato de dejarle tiempo para sí misma. Dottie tiene una amiga entrañable que vive en Tampa, Florida, y cuando hace poco tuvimos que volar a Nueva Orleáns, su amiga pudo tomar un avión y reunirse con nosotros. Ella y Dottie pasaron juntas veinticuatro horas mientras yo me ocupaba de los niños. Esa fue mi manera creativa de decirle: "Te quiero."

Dé cupones de amor

Entre las cosas favoritas de Dottie están los "cupones de amor". Así lo explica ella:

> A menudo, cuando Josh se va de viaje me deja por la casa "cupones de amor". En esos certificados promete llevarme a ver una película, o a cenar, o simplemente a darme un abrazo cuando vuelva. Puedo cobrar dichos cupones a su regreso. Los encuentro prendidos en mi toallero, o quizá en la puerta corrediza de la ducha, o en mi almohada. El cupón que requiere más sacrificio por su parte es aquel en que me promete llevarme a ver el ballet, ¡ya que ese espectáculo no le entusiasma en absoluto!

Ahora bien, si yo le diera a usted una lista de todas las cosas creativas que hacemos Dottie y yo para demostrarnos nuestro amor, tal vez le robaría el gozo de inventarlas por sí mismo. Lo único que tiene que hacer es buscar una necesidad en la vida de la otra persona. Puede ser algo tan práctico como conceder a su esposa unas vacaciones de tener que cuidar a los niños, o tan divertido como comprarle a su marido una cosa con cierto dinero que pensaba usted gastarse en sí misma. Si usted tiene un amor maduro y creciente, jamás se quedará sin ideas. La mejor clase de creatividad por lo general no cuesta nada.

Preguntas a considerar

- ¿De qué formas creativas puede usted mostrar a otra persona que la ama? Lleve a efecto sus ideas.
- ¿Por qué cree usted que es importante manifestar constante

y creativamente su amor a otra persona?

- ¿Qué expresión creativa de amor está presente en su relación?
- ¿Qué puede hacer usted esta semana para mostrar su amor de una manera más creativa?

CONCLUSION

Usted no es la primera persona que busca "El secreto de amar y de ser amado". La búsqueda del cónyuge adecuado ha conducido a docenas de investigadores a escribir cientos de artículos y libros, de muchos de los cuales he citado extensamente en este volumen, indicando las fuentes por medio de notas para ayudarlo a encontrar la información que pueda serle más útil a usted.

No obstante, mi verdadero objetivo consiste en verlo disfrutar finalmente de un matrimonio seguro y que sea agradable tanto para Dios como para usted mismo. Yo sé lo que es experimentar una vida matrimonial gozosa y plena, y me gustaría que todos conocieran esta experiencia. Creo sinceramente que todo matrimonio puede ser una bendición y un éxito.

Resulta obvio que usted no se despertará una mañana y descubrirá que de repente su matrimonio lo satisface en lo más íntimo. Una relación matrimonial de máxima expresión supone mucho trabajo, tanto antes como después de intercambiarse los anillos —lo sé por propia experiencia.

Y no sólo eso, sino que habrá veces cuando parezca que usted es quien está haciendo todo el esfuerzo. Tal vez se encuentre dando pero no recibiendo, perdonando pero no obteniendo perdón, amando al otro incondicionalmente como persona total, y sin embargo no siendo totalmente aceptado, y se diga: "¿Para qué molestarse?" Pues debe hacerlo por una simple razón: *¡Vale la pena!*

Olvidamos con facilidad, pero trate de recordar que el matrimonio es un proceso de aprendizaje que dura toda la vida. Si su cónyuge parece contentarse con la relación como está, o dejar que dicha relación vaya a la deriva, el que sale perdiendo en realidad es él y no usted.

Tanto usted como su pareja fueron creados a imagen de Dios —del Dios que de tal manera amó al mundo. El creó dentro de cada uno de nosotros, incorporó directamente en nuestra vida, un deseo de amar y de responder al amor. Y cuando alguien nos da, comprendemos que se está abriendo a nosotros, y ello hace que nosotros queramos responderle de igual manera. Cuando otra persona nos acepta aun con nuestros defectos, nos damos cuenta de que somos amados por ser quienes somos, y eso nos mueve a querer amar a otros de idéntico modo.

Si usted se está dando al 100 por ciento a una relación, pero no está recibiendo mucho de ella, no la abandone. Yo creo que la otra persona *responderá*, ya que Dios nos hizo de esa manera.

Amor irresistible

Tal vez sea ésta una de las razones por las que tanta gente rechaza a Cristo: simplemente no pueden creer que alguien a quien ni siquiera conocen pueda amarlos tanto, que dé su vida para que a ellos les sea posible estar completamente perdonados delante de Dios. Ya que muchos de nosotros no hemos visto nunca un amor en ese grado, dicho amor parece estar fuera de nuestra comprensión, y resulta fácil rechazar aquello que no se entiende.

Una persona puede rechazar el evangelio y jamás volver a reconsiderarlo. Pero es mucho más difícil —incluso imposible— ignorar el amor palpable de otro individuo, principalmente de alguien que vive bajo el mismo techo que uno. La mujer a la que no le es posible comprender el perdón de Cristo, puede *ver* ese perdón en su marido; y es esa auténtica interacción aquí y ahora lo que posibilita una respuesta. Como ya dije anteriormente, cuando usted se da al 100 por ciento, recibe el 150 por ciento.

No hay excepciones

Cada una de las cualidades necesarias para ser "la persona adecuada" y cada aspecto del amor maduro se aplican a todo individuo. Ya sea que usted lleve treinta años de casado o espere todavía con ilusión su primera cita, necesita establecer en su vida el carácter y los principios indispensables para construir un matrimonio duradero y piadoso.

Tal vez le parezcan innecesarias algunas de las cosas que he tocado. ¿Qué tiene de importante por ejemplo el mantener una conciencia limpia? ¿Quién me dice que deba ser creativo en mi forma de amar a mi cónyuge? Si usted piensa que cualquiera de las cualidades personales o aspectos del amor maduro de los cuales he hablado, no es realmente necesario en una relación, debe examinar las bases de su razonamiento; quizá usted esté viendo características indeseables de su persona o de su relación, que sencillamente no quiere encarar.

Los problemas de los matrimonios no desaparecen por sí solos; uno tiene que resolver las áreas de fricción abordándolas resuelta y honestamente, y siempre en amor. Si resulta que la solución mejor y más directa a un determinado problema es que usted se trague su orgullo y pida perdón, ¡hágalo! He perdido la cuenta de todos los matrimonios muertos que he visto revivir debido a que uno de los dos aceptó dar el primer paso para la reconciliación. Si su relación matrimonial no es viva y excitante, o necesita reconciliación, haga algo al respecto. Los beneficios que cosechará en términos de un amor reavivado y de un matrimonio vibrante, son imposibles de describir.

El verdadero secreto

La clave es: *Trate de mejorarse personalmente y busque el mejor interés del otro.* Este es el secreto de llegar a ser la "persona adecuada" y, a fin de cuentas, el secreto de amar y de ser amado. La mayoría de la gente enfoca el asunto al revés. Y si se ha preguntado alguna vez por qué uno de cada dos matrimonios termina actualmente en divorcio, esa es la razón.

Trate de mejorarse personalmente. El Salmo 119:11 dice: "En mi corazón he guardado tus dichos, para no pecar contra ti." El salmista buscaba sabiduría en las Escrituras, y cuando la encontró, aprendió de memoria los dichos del Señor, *no* para poder ir por ahí mejorando a otros, sino a fin de hacer lo bueno delante de Dios.

Busque el mejor interés del otro. En Mateo 25, Jesús da su definición de lo que es una persona justa. Los justos, sus seguidores, son aquellos que dan de lo que tienen, tanto en lo material como en otras esferas, que se extienden para reconocer las necesidades de los demás y satisfacerlas, que aceptan y perdonan de todo corazón. ¿Actúa usted así con su cónyuge?

En ocasiones tendrá que señalarle a su esposo o esposa áreas de la vida de él o de ella en las que necesita mejorar; pero si lo que usted persigue es simplemente moldear al otro para hacerlo como usted quiere que sea, su egoísmo, en vez de sumar a la relación, restará de la misma. Por el contrario, si lo que busca sinceramente es el mejor interés de su cónyuge, va por buen camino.

En caso de que usted no esté casado, tal vez le parezca que tiene por delante una enorme tarea; y con toda sinceridad la tiene. El matrimonio no se puede enfocar ligeramente. Dios lo diseñó para que fuera un reflejo de su propio carácter: un amor total, desinteresado y generoso, sin condiciones. Al igual que el Padre, el Hijo y el Espíritu Santo son uno, así el marido y la mujer han de ser individuos únicos que funcionan como una sola unidad: "Por tanto, dejará el hombre a su padre y a su madre, y se unirá a su mujer, y serán una sola carne" (Génesis 2:24).

Como inclinados al pecado que somos, siempre nos quedaremos cortos de un modo u otro en cuanto a vivir en perfecta unidad; pero eso no es ninguna excusa para abandonar.

Trátela con oración

Una relación amorosa, matrimonial y sexual vivida en grado sumo supone un gozo y una celebración. Se trata de un don de Dios y de un compromiso con el Señor y de uno con el otro.

Ore pidiendo sabiduría para ser un marido piadoso y un líder espiritual; alguien que comunica a su esposa el hambre de Dios. Ore pidiendo sabiduría para ser una esposa y auxiliar piadosa, que crea en su esposo la sed de justicia. Pida a Dios que El lo haga la persona adecuada para algún otro individuo.

Cuando usted busca a Dios, busca mejorarse a sí mismo, y busca el mejor interés del otro, su matrimonio lo satisfará y hará surgir lo mejor que tengan, tanto usted como su cónyuge, en una forma como nunca hasta el presente.

Notas

SECCION 1

Capítulo 1

1. *USA Today* (12 Oct., 1984), p. 10A.
2. "Lot of Women Grinning and Bearing It", *USA Today* (15 Ene., 1985), p. 1.
3. Leslie Linthicum, "The Hug or the Whole Thing?", *The Houston Post* (16 Ene., 1985).
4. *USA Today* (15 Ene., 1985), p. 1.
5. Dorothy T. Samuel, *Love, Liberation and Marriage* (Nueva York: Funk and Wagnalls, 1976), Prefacio.
6. Rollo May, *Love and Will* (Nueva York: Dell Publishing Co., 1969), p. 40.
7. William H. Masters, Virginia E. Johnson, *The Pleasure Bond* (Nueva York: Bantam Books, 1976), pp. 113, 114.
8. *USA Today* (12 Oct., 1984). p. 10A.
9. *USA Today* (12 Oct., 1984), p. 10A.

Capítulo 2

1. Evelyn Duvall y Reuben Hill, *When You Marry* (Nueva York: Association Press, 1948), p. 1.
2. Duvall y Hill, *When You Marry*, p. 26.

3. Elof G. Nelson, *Your Life Together* (Richmond: John Knox Press, 1967), p. 18.
4. Bob Phillips, *A Humorous Look At Love & Marriage* (Eugene, OR: Harvest House Publishers, 1981). pp 54–57.

Capítulo 3

1. Matt Clark, "The Sex-Therapy Revolution", *Newsweek* (17 Nov., 1980), p. 98.
2. "I Am Loved" por Wm. J. y Gloria Gaither. Copyright 1978 por Wm. J. Gaither. Todos los derechos reservados. Se usa con permiso.
3. C. S. Lewis, *The Screwtape Letters* (Macmillan Publishing Co., Nueva York, NY, 1961); p. 64.

Capítulo 4

1. Claire Safran, "Troubles that Pull Couples Apart", *Redbook* (Ene. 1979), p. 83.
2. Terri Schultz, "Does Marriage Give Today's Women What They Really Want?", *Ladies' Home Journal* (Jun., 1980, pp. 90, 150.
3. Carla Stephens, "50 Question Before You Say, 'I Do'", *Christian Life* (Sep. 1979), p. 26.
4. Herbert A. Glieberman, "Why So Many Marriages Fail", *U.S. News & World Report* (20 Jul., 1981), p 54.
5. *USA Today* (12 Oct., 1984), p. 11A.
6. Marilyn Elias, "Affairs: Women Look For Intimacy", *USA Today* (6 Nov., 1984), p. 1D.
7. H. Norman Wright, *Comunicación: Clave de la felicidad conyugal* (Ft. Lauderdale, FL: Editorial CLIE).
8. Dwight Small, *After You've Said I Do* (Old Tappan, NJ: Fleming H. Revell, 1968). p.51.
9. Cynthia Deutsch, "The Dangers of a Silent Partner", *Parents* (Oct., 1979, p. 24.
10. *Hamlet*, Act. 1, esc. 3, 1. 68.
11. Richard B. Austin, Jr., *How To Make It With Another Person* (Nueva York: Macmillan Publishing Co. 1976), p. 93.

12. David Augsburger, *Freedom of Forgiveness* (Chicago: Moody Press, 1973), p. 87.
13. David Augsburger, *Caring Enough To Hear and Be Heard* (Venture, CA: Regal Books, 1982), p. 104.
14. H. Norman Wright, *More Communication Keys To Your Marriage* (Ventura, CA: Regal Books, 1983), p. 89.
15. Michelle Sandlass, "The Power of a Happy Positive Self-Image". *Glamour* (ene. 1979), p. 120.
16. David Augsburger, *Caring Enough To Hear and Be Heard*, pp. 149–150.

Capítulo 5

1. H. Norman Wright, *More Communication Keys To Your Marriage*, p. 90.
2. David Augsburger, *Caring Enough To Hear and Be Heard*, p. 74.
3. Richard Strauss, *Marriage Is For Love* (Wheaton, IL: Tyndale House Publishers, 1979, p. 87.
4. George E. y Nikki Koehler, *My Family: How Shall I Live With It?* (Chicago, IL: Rand McNally & Co., 1968), p. 27.
5. Jody Gaylin, *"First-Year Fights"*, Glamour (Dic., 1979), p. 26.
6. J. Allen Petersen, *Before You Marry* (Wheaton, IL: Tyndale House Publishers, Inc., 1974), p. 43.
7. David R. Mace, *Getting Ready For Marriage* (Nueva York: Abingdon Press, 1972), p. 71.
8. Wright, *More Communication*, pp. 127–128.
9. Leo Buscaglia en *USA Today* (12 Oct., 1984), p. 11A.
10. Margaret Lane, "Are You Really Listening?" *Reader's Digest* (Nov., 1980), p. 183.
11. Richard L. Strauss, *Marriage Is For Love*, p. 86.
12. H. Norman Wright, *The Pillars Of Marriage* (Ventura, CA: Regal Books, 1979), p. 86.
13. H. Norman Wright, *Comunicación: Clave de la felicidad conyugal* (Ft. Lauderdale, FL: Editorial CLIE).

Capitulo 6

1. David Augsburger, *Caring Enough To Hear and Be Heard*, p. 20.

Capítulo 7

1. Tim LaHaye, "How To Live Happily Ever After", *Christian Life* (Sep., 1979), p. 26.
2. Richard Strauss, *Marriage Is For Love* pp. 95–96.
3. Hal Lindsay, *La liberación del planeta tierra* (Editorial Mundo Hispano).

Capítulo 8

1. Richard Strauss, *Marriage Is For Love*, p. 17.
2. Gretchen Kurz, "Sexual Liberation; Is It Worth the Hassle?" *Mademoiselle* (Ago., 1977), pp. 207–208.
3. Lonnie Barbach y Linda Levine, "How To Turn Good Sex Into Great Sex", *Mademoiselle* (Oct., 1980), p. 207.

Capítulo 9

1. Sally Wendkos Olds, "Do You Have What It Takes To Make A Good Marriage?", *Ladies' Home Journal* (Oct., 1980), p. 202.
2. David R. Mace, "What Makes A Good Marriage?", *Family Guide To Good Living* (Woodbury: Bobley Publishing Corp., 1977), p. 175.
3. H. G. Zerof, *Pitfalls Of Romantic Love*, p. 166.
4. David Bogard, "Marriage Made In Heaven", *Decision* (Jun., 1981, p. 8.

Capítulo 10

1. Herbert J. Miles, *Sexual Understanding Before Marriage* (Grand Rapids: Zondervan Publishing House, 1971), p. 197.
2. Elof G. Nelson, *Your Life Together*, p. 20.
3. David R. Mace, *Getting Ready For Marriage*, p. 45.

Capítulo 11

1. Sally Wendkos Olds, "Do you Have What It Takes To Make a Good Marriage?", *Ladies' Home Journal* (Oct., 1980), pp. 76–78, 202–204.

2. Lorna y Philip Sarrel, eds., "The Redbook Report On Sexual Relationships: A Major New Survey Of More Than 26,000 Women and Men", *Redbook* (Oct., 1980), pp. 76, 77.
3. Natalie Gittelson, "Happily Married Women: How They Got That Way, How They Stay That Way", *McCall's* (Feb., 1980), p. 36.
4. George A. Hughston y Michael J. Sporakowsky, "Prescriptions For Happy Marriage: Adjustments and Satisfactions of Couples Married for 50 or More Years", *The Family Coordinator* (Oct., 1978), p. 323.
5. Robert B. Taylor, citado en "Behind The Surge In Broken Marriages", *U.S. News & World Report* (22 Ene., 1979), p. 52.
6. David Milofsky, "What Makes A Good Family", *Redbook* (Ago., 1981), pp. 60, 62.
7. Evelyn Millis Duvall, *Building Your Marriage—The Family Guide To Good Living* (Woodbury: Bobley Publishing Corp., 1977), p. 68.
8. James Robison, "Survey Hints Religion May Aid Sexual Enjoyment", *Chicago Tribune*
9. Herbert J. Miles, *Sexual Understanding Before Marriage*, pp. 76- 78. (Para las bases de la investigación del doctor Miles, véase su libro *Sexual Happiness in Marriage*, Apéndice I, p. 131; Apéndice II, pp. 132–146.)
10. Josh McDowell, *A la imagen de Dios* (Miami, FL: Editorial Vida).
11. J. Allen Petersen, *Before You Marry*, p. 28.

Capítulo 12

1. Don Osgood, *Christian Herald*, (Dic., 1976).
2. DPD Digest, IBM Corporation.

Capítulo 13

1. Terri Schultz, "Does Marriage Give Today's Women What They Really Want?", *Ladies' Home Journal* (Jun., 1980), p. 91.
2. Urban G. Steinmetz y Bernard R. Weise, *Everything You*

Need To Know To Stay Married And Like It (Grand Rapids: Zondervan Publishing House, 1972), p. 143.
3. Carta Personal de Larry Burkett, Dic., 1984.
4. Ibid.
5. Dr. John MacArthur (hijo) de *"Mastering Materialism"*, notas de estudio.

SECCION II

Introducción

1. Evelyn Duvall y Reuben Hill, *Before You Marry*, (Nueva York; Association Press, 1959), p. 36.

Capítulo 15

1. H. Norman Wright, *The Pillars of Marriage*, pp. 41, 42.
2. Evelyn Duvall, "Mature Enough To Marry", *The Marriage Affair* (Wheaton: Tyndale House Publishers, 1971), p. 17.
3. Ben A. Ard (hijo) y Constance C. Ard, *Handbook Of Marriage Counseling* (Palo Alto: Science and Behavior Books Inc.), p. 289.
4. Jerry Adler, "The Science of Love", *Newsweek* (25 Feb., 1980), p. 89.
5. Kenneth Woodward, "What the Pope Is Really Saying About Sex And Marriage", *McCall's* (Abr., 1981), p. 192.
6. Howard Hendricks, "Yardsticks for Love" (notas de conferencia), p. 25.
7. George F. Gilder, *Sexual Suicide* (Nueva York: Quadrangle, 1973), p. 72.

Capítulo 16

1. Evelyn Duvall y Reuben Hill, *When You Marry*, p. 35.
2. Richard Strauss, *Marriage Is For Love*, p. 35.
3. Elof G. Nelson, *Your Life Together*, pp. 68, 69.
4. C. S. Lewis, *The Four Loves* (Nueva York: Fontana, 1963), p. 104F.

Capítulo 17

1. Larry Christenson, *La familia cristiana* (Miami, FL: Editorial Betania).
2. Stanley L. Englebardt, "What Is This Thing Called Love?", *Reader's Digest* (Jun., 1980), p. 109.
3. John Powell, *Why Am I Afraid To Love?* (Niles: Argus Communications, 1972), pp. 25, 27.
4. Albert Lee y Carol Allman Lee, *The Total Couple* (Dayton: Lorenz Press, 1977), pp. 75, 76.
5. Madora Holt, "The Secrets Behind Successful Marriages", *Christian Science Monitor* (5 Oct., 1978), p. 17.

Capítulo 18

1. Gary Inrig, *Quality Friendship* (Chicago: Moody Press, 1981), pp. 156, 157.
2. Inrig, Friendship, pp. 156–157.
3. Kenneth S. Wuest, *The New Teatament, an Expanded Translation* (Grand Rapids, MI: Erdmans, 1981), p. 407.
   Referencias adicionales: *The Christian Home*, "Walking In Love", pp. 16–18.

Capítulo 19

1. Walter Trobisch, *I Loved A Girl* (Nueva York: Harper & Row, 1963). p. 25.
2. Henry Brandt, *When A Teen Falls In Love* (Grand Rapids: Zondervan,), p. 27.

Capítulo 20

1. Evelyn Duvall y Reuben Hill, *Before You Marry*, p. 33.
2. Charles R. Swindoll, *Commitment: The Key To Marriage*, (Portland, OR: Multnomah Press, 1981), p. 15.
3. Frank O. Cox, *Human Intimacy: Marriage, the Family and Its Meaning* (St. Paul: West Publishing Co., 1984), p. 118.
4. Lawrence Crabb (hijo), *The Marriage Builder* (Grand Rapids, MI: Zondervan Publishing House, 1982), pp. 33, 34.
5. Herman Weiss y Judy Davis, *How To Get Married* (Nueva

York: Ballantine Books, 1983), p. 12.

6. Natalie Gittelson, "Happily Married Women: How They Got That Way, How They Stay That Way", *McCall's* (Feb., 1980), p. 36.

7. Frank O. Cox, *American Ways Of Love*, St Paul: West Publishing Co., 1978), p. 79.

8. H. Norman Wright, *Pillars Of Marriage*, p. 44.

Capítulo 21

1. H. Norman Wright y Marvin Inmon, *A Guidebook To Dating, Waiting, And Choosing A Mate* (Eugene, OR: Harvest House Publishers, 1978), p. 17.

2. Harold J. Sala, "20 Commandments For A Better Marriage", *Christian Life* (Ene., 1979), p. 53.

Capítulo 22

1. Albert Lee y Carol Allman Lee, *The Total Couple*, p. 54.

2. Kathleen Fury, "Sex and the American Teenager", *Ladies' Home Journal* (Mar., 1980), p. 159.

3. Walter Trobisch, *I Loved A Girl*, p. 4.

4. Richard L. Strauss, *Marriage Is For Love*, pp. 34–35.

Capítulo 23

1. Robert B. Taylor, "Behind The Surge In Broken Marriages", *U. S. News & World Report* (22 Ene., 1979), p. 53.

2. Ibid.

3. Charles R. Swindoll, *Commitment: The Key To Marriage* p. 18.

4. Swindoll, *Commitment*, p. 18.

Capítulo 24

1. David Gelman, "How Marriages Can Last", *Newsweek* (13 Jul., 1981), p. 73.

¿Es posible tener Amistad Íntima con Dios?

¿Es éste un concepto nuevo que tal vez nos asusta un poco?

112 págs.   ISBN 0-88113-019-2

Mucha gente cree que Dios es el Creador del universo, pero muy pocos experimentan la relación maravillosa con Él que lleva a la intimidad. Y esa relación comienza cuando el temor de Dios está presente en nuestra vida.

Al oír la palabra temor, muchas veces la relacionamos con un sentimiento negativo. Pero el temor de Dios de que nos habla Joy Dawson es una actitud positiva que debe llevarnos a odiar el pecado y a respetar la santidad de Dios.

Para llegar a la amistad íntima con Dios hay un precio que pagar, pero las recompensas que recibiremos serán inmensurables.

EDITORIAL ❦ BETANIA

¿Cómo contestaría usted esta pregunta?
¿Debe meditar el creyente?

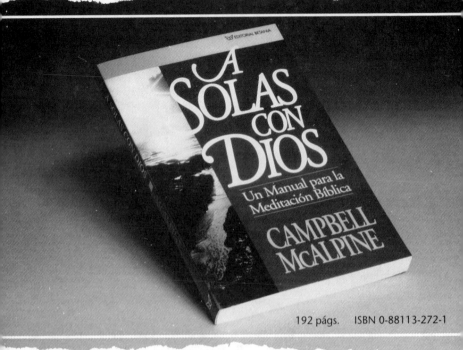

192 págs.   ISBN 0-88113-272-1

En este libro, que consta de dos partes, se presenta un estudio exhaustivo de lo que dice la Palabra de Dios sobre la meditación bíblica. La primera parte explora las verdades fundamentales de la meditación bíblica y presenta los requisitos esenciales para una meditación eficaz de la Palabra de Dios.

La segunda parte ofrece instrucciones detalladas para meditar en la Palabra de Dios y para pasar tiempo a solas con el Señor. Al final de cada capítulo de esta sección se ofrece un ejercicio para aplicar las verdades aprendidas.

A Solas con Dios es un libro excelente para estudio bíblico personal o en grupo.

EDITORIAL ✥ BETANIA

En este libro no se presenta una nueva u original dieta; sino que se enseña una nueva manera de vivir.

176 págs.   ISBN 0-88113-247-0

Neva Coyle, con la colaboración de la escritora Marie Chapian, nos cuenta su historia de cómo luchó con su obesidad y con el hecho de no tener control sobre su manera de comer y otras disciplinas de su vida.

Por sus propias experiencias, Neva elaboró un plan con el cual muchos de su propio país, y ahora alrededor del mundo, pueden aprender cómo y qué comer, y la manera de vivir para la gloria de Dios.

Si desea ser delgado, saludable, fuerte y estar en control de sus hábitos alimenticios, este libro fue escrito para usted.

EDITORIAL ❦ BETANIA

Lo último en novedades

368 págs.   ISBN 0-88113-022-2

Al alcance de su mano, un novedoso tesoro de inspiración y aliento para usar sobre su escritorio, escaparate, mesa o donde usted desee. Este libro devocional contiene, para cada día del año, un versículo bíblico y una selección inspiradora del "best-seller" *Manantiales en el Desierto*.

- *Esmerada presentación con una base tipo atril.*
- *Armado con espiral de plástico de colores.*
- *Práctico, con una página para cada día.*
- *Un regalo ideal para toda ocasión.*

Puede comprar este libro hoy mismo y comenzar a usarlo inmediatamente. Puesto que está fechado sólo con el mes y el día, podrá usarlo año tras año.

Printed in U.S.A.

EDITORIAL ✤ BETANIA